U0626490

应用型本科高校系列教材

商业银行经营管理理论与实务习题集

主　编　殷平生　石滢琦

副主编　杜　桦

西安电子科技大学出版社

内 容 简 介

　　本书是为配合《商业银行经营管理理论与实务》(殷平生，西安电子科技大学出版社，2021)一书的教学而编写的。本书内容包括：商业银行概述以及商业银行资本管理、商业银行负债管理、商业银行贷款管理、商业银行现金资产管理、商业银行证券投资管理、商业银行中间业务管理、商业银行电子业务管理、商业银行风险管理、商业银行贷款交易与贷款证券化的理论与实务等方面的习题。习题的题型有单项选择题、多项选择题、填空题、判断题、名词解释、简答题、论述题、计算题和案例分析题。为更好地满足教学需要，每章习题均配有习题参考答案。

　　本书既可作为高等院校金融学、会计、工商管理等专业学生的教材，也可以作为相关理论研究者和实际工作者的参考用书。

图书在版编目(CIP)数据

商业银行经营管理理论与实务习题集 / 殷平生，石滢琦主编. —西安：西安电子科技大学出版社，2022.8
ISBN 978-7-5606-6594-8

Ⅰ. ①商…　Ⅱ. ①殷…　②石…　Ⅲ. ①商业银行—经营管理—习题集　Ⅳ. ①F830.33-44

中国版本图书馆 CIP 数据核字(2022)第 143766 号

策　　　划　毛红兵
责任编辑　吴祯娥　毛红兵
出版发行　西安电子科技大学出版社(西安市太白南路 2 号)
电　　话　(029) 88202421　88201467　　　　邮　编　710071
网　　址　www.xduph.com　　　　　　　　电子邮箱　xdupfxb001@163.com
经　　销　新华书店
印刷单位　陕西天意印务有限责任公司
版　　次　2022 年 8 月第 1 版　　2022 年 8 月第 1 次印刷
开　　本　787 毫米×1092 毫米　1/16　印张 13
字　　数　307 千字
印　　数　1~3000 册
定　　价　35.00 元
ISBN　978-7-5606-6594-8 / F
XDUP 6896001-1
如有印装问题可调换

前　言

　　商业银行是最早出现的现代金融机构，也是长期以来各国金融机构体系的主体，在国民经济中发挥着极其重要的作用。我国商业银行在金融体系中一直占据着主导地位。"商业银行经营与管理"是高校金融学专业的一门核心课程。为了加强高校学生对金融学基本理论的理解，提高其分析和思考能力，并配合《商业银行经营管理理论与实务》一书的教学，编者编写了本书。

　　本书由多年来一直从事"商业银行经营管理""金融学""金融风险管理"等核心课程教学工作的一线教师，以及具有丰富金融实务工作的"双师型"教师一同参与编写。本书题型丰富，每章习题均配有详细的参考答案，能更好地满足教学需要。习题集内容符合国家应用型本科院校系列教材要求，实例翔实丰富，体系结构合理，叙述通俗易懂，适合本科教学的特点，可作为应用型大学生培养之用。

　　本书由殷平生、石滢琦任主编，杜桦任副主编。本书第一章由殷平生编写；第二章与第三章由杜桦编写；第四章与第五章由石滢琦编写；第六章与第七章由卓翎编写；第八章与第九章由张莉编写；第十章由刘晓然编写；第十一章与第十二章由张雨编写。

　　在本书的编写过程中，我们参阅和借鉴了许多同仁的研究成果，这些成果均列入书后的参考文献中，在此向其作者表示感谢。

　　由于编者水平有限，书中难免会有疏漏与不足之处，欢迎读者对本书提出批评与建议。

编　者

2022 年 1 月

目　录

习　题

参考答案

习　题

第一章 商业银行概述

一、单项选择题

1. 最早出现的现代商业银行产生于( )。
A. 1272 年 　　　　　　　　　B. 1694 年
C. 1979 年 　　　　　　　　　D. 2008 年

2. 最早出现的银行是( )。
A. 巴尔迪银行 　　　　　　　　B. 佩鲁齐银行
C. 麦迪西银行 　　　　　　　　D. 热那亚乔治银行

3. 现代商业银行在不同国家的名称各不相同,比如在英国称之为( )。
A. 国民银行、州银行 　　　　　B. 城市银行
C. 存款银行、清算银行 　　　　D. 地方银行

4. 我国商业银行经营原则按重要性排列为( )。
① 盈利性　　② 安全性　　③ 流动性
A. ①②③ 　　　　　　　　　　B. ③②①
C. ②①③ 　　　　　　　　　　D. ②③①

5. 商业银行的目标是( )。
A. 企业财富最大化 　　　　　　B. 每股盈余最大化
C. 利润最大化 　　　　　　　　D. 股东财富最大化

6. 商业银行最基本的职能是( )。
A. 信用中介 　　　　　　　　　B. 金融服务
C. 支付中介 　　　　　　　　　D. 信用创造

7. 商业银行的特殊职能是( )。
A. 信用中介 　　　　　　　　　B. 金融服务
C. 支付中介 　　　　　　　　　D. 信用创造

8. 据查,中国工商银行在 2021 年负债最多的是( )。
A. 存款 　　　　　　　　　　　B. 同业存款
C. 同业拆放 　　　　　　　　　D. 发行债券

9. 商业银行流动性最强的资产是( )。
A. 短期投资 　　　　　　　　　B. 银行存款
C. 现金 　　　　　　　　　　　D. 其他货币资金

10. 从历史上看，现代商业银行起源于(　　　　)。

A. 中国　　　　　　　B. 英国　　　　　　　C. 意大利　　　　　　　D. 法国

二、多项选择题

1. 西方国家商业银行形成的主要途径有(　　　　)。

A. 从旧的高利贷银行转变而来

B. 按资本主义组织原则

C. 富商个人建设

D. 政府政策

E. 货币兑换需求

2. 商业银行的职能有(　　　　)。

A. 信用中介　　　　B. 支付中介　　　　　C. 信用创造

D. 信息中介　　　　E. 金融服务

3. 商业银行的经营原则有(　　　　)。

A. 盈利性　　　　　B. 安全性　　　　　　C. 流动性

D. 合理性　　　　　E. 保值性

4. 商业银行的外部组织形式有(　　　　)。

A. 单元银行制　　　B. 分支行制　　　　　C. 联合制

D. 银行持股公司制　E. 跨国联合制度

5. 目前，我国的政策性银行有(　　　　)。

A. 深圳发展银行　　B. 中国农业发展银行　　　C. 国家开发银行

D. 中国进出口银行　E. 中国银行

6. 现代股份制银行的内部组织形式可分为(　　　　)。

A. 决策机构　　　　B. 执行机构　　　　　C. 监督机构

D. 信用机构　　　　E. 同业监管

7. 银行的管理系统由(　　　　)方面组成。

A. 全面管理　　　　B. 财务管理　　　　　C. 人事管理

D. 经营管理　　　　E. 市场营销管理

8. 政府对银行业实行谨慎监管原则，即"CAMEL(骆驼)原则"，包括(　　　　)。

A. 资本　　　　　　B. 资产　　　　　　　C. 管理

D. 收益　　　　　　E. 流动性

9. 股份制商业银行的监督机构由(　　　　)和(　　　　)组成，其职能是对商业银行各项经营决策及经营管理活动进行事前、事中及事后的监督。

A. 职能部门　　　　B. 监事会　　　　　　C. 稽核部门

D. 董事会　　　　　E. 股东大会

10. 以商业银行能否从事证券、保险业务为标准，我们可以将商业银行的经营体制分为两种：(　　　　)银行体制和(　　　　)银行体制。

A. 混业经营式　　　B. 独立经营式　　　　C. 综合经营式

D. 混合经营式　　　E. 分业经营式

三、填空题

1. 1694 年，历史上最早的股份制银行——(　　　　　)诞生了。

2. (　　　　　)是商业银行最基本，也是最能反映其经营活动特征的职能。

3. (　　　　　)在美国非常普通，是美国最古老的银行组织形式之一。

4. 目前，世界上多数政府对银行的监管秉承的是(　　　　　)原则。

5. 我国现行的银行业监管机构是(　　　　　)。

6. 商业银行是一种特殊的企业，因为其经营的对象是特殊商品——(　　　　　)。

7. 支付中介职能是指商业银行利用活期存款账户，为客户办理各种(　　　　　)、(　　　　　)、(　　　　　)和(　　　　　)等业务活动。

8. 商业银行的五大职能有(　　　　　)、(　　　　　)、(　　　　　)、(　　　　　)、(　　　　　)。

9. 目前，世界上商业银行的主要组织制度有(　　　　　)、(　　　　　)、(　　　　　)、(　　　　　)、(　　　　　)。

10. 商业银行的三大经营原则是(　　　　　)、(　　　　　)、(　　　　　)。

四、判断题

1. 最早出现的现代商业银行是 1694 年英国的巴尔迪银行。(　　　　　)

2. 商业银行管理的最终目标是追求利润最大化。(　　　　　)

3. 商业银行三大经营原则具有有机联系，盈利性是目的，安全性是基础，流动性是条件。(　　　　　)

4. 商业银行的信用创造是无限的。(　　　　　)

5. 支付中介职能是商业银行最基本，也是最能反映其经营活动特征的职能。(　　　　　)

6. 商业银行信用创造要以原始存款为基础。(　　　　　)

7. 美国大部分商业银行实行的是分支行制度。(　　　　　)

8. 在不发生损失的情况下能迅速以合理的价格获取可用资金，这就是资产的流动性的内容。(　　　　　)

9. 商业银行的内部组织结构一般由决策机构、执行机构和监督机构组成。(　　　　　)

10. 商业银行是金融体系的最后贷款人。(　　　　　)

五、名词解释

1. 信用中介

2. 信用创造

3. 信息中介

4. 流动性

5. 商业银行道德风险

6. 道德风险

六、简答题

1. 商业银行的性质。

2. 商业银行的职能。

3. 商业银行的组织制度。

七、论述题

1. 商业银行的发展演变过程。

2. 商业银行的三大经营原则及其相互关系。

八、案例分析题

商业银行会消失吗?

知名财经作家吴晓波在一篇文章里提到"传统意义上的银行消失的时间可能不需要二十年"。美国麻省理工学院的金融学教授王江认为:"传统的商业银行有可能真的会消失,而其功能会被其他的金融企业所替代"。比尔·盖茨认为:"互联网的发展也许有一天会令传统商业银行丧失存在的价值,成为'21 世纪的恐龙'"。安德森顾问公司的高级顾问罗伯·巴尔多克认为:"银行 100 年来的发展历史不能确保银行今后 50 年或者 10 年的发展"。美国权威的《芝加哥论坛报》发表评论:20 世纪初,美国的商业银行几乎拥有全国的全部金融资产,到了 1993 年银行资产下降到 25%,事实表明,银行资产还有进一步下降的趋势,甚至,在竞争更加激烈的 21 世纪,银行将面临"消失"的危险。

毫无疑问,以上都是唱衰商业银行的言论。实际情况也确实如此,商业银行在过去的几百年中,一直扮演着重要的角色,一直扮演着社会经济发展不可取代的信用中介的功能。随着社会的发展,技术的更新,目前商业银行面临巨大挑战。

在以前投资渠道比较少的时候,大多数投资者把钱存进银行,而随着理财方式的多样化,投资者综合素质的提高,储蓄存款占主导地位的局面正在悄悄发生改变,现在的投资者正在转变自己的思想,把自己的钱放进不一样的篮子里。以支付宝、微信支付为代表的互联网金融模式带来的便捷性,让越来越多的投资者把钱放进了支付宝、微信里。对很多90 后、00 后人来说,在他们的世界里不存在。现在是创新的时代,人们都倾向于去选择新兴事物,对银行已然有厌倦之意。这也就给银行的生存基础带来了威胁,传统银行没有了存款,也就失去了立行之本。

随着 P2P 网贷平台的迅猛发展,各种新型金融模式兴起,依托大数据和云计算的互联网公司摩拳擦掌,跃跃欲试。以阿里巴巴旗下的支付宝、腾讯旗下的微信支付为代表的互联网金融模式极大地侵蚀了传统商业银行的腹地。同时国家对民营银行的政策逐步放开,利率市场化,互联网金融的发展速度和创新活力让受各种束缚传统的商业银行无法望其项背。传统的商业银行的地位受到前所未有的威胁,传统的商业银行网点模式似乎正在成为传统商业银行的负担,便捷的网络银行对银行实体是一种挑战。商业银行由于长期处在缺乏竞争的环境下发展,革新的动力极小,现在在民营银行和互联网公司的冲击下,商业银行步履维艰。那么,网络银行会不会是未来的主流?商业银行会不会消失呢?

通过该案例,请回答以下问题:

(1) 商业银行的性质与职能是什么?

(2) 你认为商业银行会消失吗?为什么?

第二章 商业银行资本管理理论与实务

一、单项选择题

1. ( )是从普通会计原则出发来衡量资本的，按照银行账面价值来计算的银行资本量，也称之为股东权益或净资产。
   A. 注册资本　　　B. 会计资本　　　C. 监管资本　　　D. 经济资本

2. ( )是由商业银行的管理层内部评估产生的，配置给资产或某项业务用于减缓风险冲击的资本。
   A. 注册资本　　　B. 会计资本　　　C. 监管资本　　　D. 经济资本

3. 银行最原始的资金来源是( )。
   A. 资本金　　　B. 客户存款　　　C. 客户贷款　　　D. 央行借款

4. ( )是一国金融监管当局为了降低银行风险维持金融稳定制定的，银行必须按照监管当局对资本的定义和计算要求所持有的资本。
   A. 注册资本　　　B. 会计资本　　　C. 监管资本　　　D. 经济资本

5. ( )是指通过保留盈余或其他领域的方式在资产负债表上明确反映的储备，如股票发行溢价、未分配利润和公积金等。
   A. 公开储备　　　B. 附属资本　　　C. 未公开储备　　　D. 重估储备

6. 下列选项不属于商业银行资本内部筹集手段的是( )。
   A. 发行优先股　　　　　　　B. 收益留存
   C. 增加投资损失准备金　　　D. 增加贷款损失准备金

7. 下列选项不是提高商业银行资本充足率策略中分子对策的是( )。
   A. 发行普通股　　　　　　　B. 提高留存利润
   C. 发行可转债　　　　　　　D. 降低操作风险

8. 国内系统重要性银行附加资本要求为风险加权资产的( )，由核心一级资本满足。
   A. 2%　　　B. 1%　　　C. 3%　　　D. 8%

9. 一般来说，( )是银行补充资本、提高资本充足率的第一选择。
   A. 内源性融资　　　　　　　B. 外源性融资
   C. A 和 B 都对　　　　　　　D. A 和 B 都不对

10. 逆周期资本要求为风险加权资产的 0～2.5%，由( )来满足。
    A. 核心一级资本　　　　　　B. 附属资本
    C. 普通准备金　　　　　　　D. 未公开储备

二、多项选择题

1. 商业银行资本的功能包括( )。

    A. 营业功能   B. 盈利功能   C. 信用功能

    D. 管理功能   E. 保护功能

2. 《巴塞尔协议 I》将银行资本分为两大类：一类是核心资本，又称一级资本；另一类是( )，又称( )。

    A. 一级资本   B. 次级资本   C. 二级资本

    D. 附属资本   E. 附加资本

3. 核心资本包括( )。

    A. 股本   B. 重估储备   C. 混合资本工具

    D. 公开储备   E. 长期附属债务

4. 二级资本包括( )。

    A. 未公开储备   B. 重估储备   C. 普通准备金

    D. 公开储备   E. 股本

5. 为了计算准确，《巴塞尔协议 I》对资本中模糊的成分应予以扣除作了规定，包括( )。

    A. 从总资本中扣除对从事银行业务和金融活动的附属机构的投资

    B. 商誉   C. 存款准备金

    D. 公开储备   E. 股本

6. 《巴塞尔协议 II》形成了资本监管的"三大支柱"，包括( )。

    A. 最低资本要求   B. 资本充足率   C. 市场约束

    D. 盈利能力   E. 监管部门的监督

7. 我国商业银行各级资本充足率不得低于如下最低要求：核心一级资本充足率不得低于( )；一级资本充足率不得低于( )；资本充足率不得低于( )。

    A. 4%   B. 5%   C. 6%

    D. 8%   E. 2.5%

8. 债券筹资的优点包括( )。

    A. 资本成本低   B. 具有财务杠杆作用

    C. 限制性条款多   D. 所筹集资金属于长期资金

    E. 财务风险大

9. 下列选项属于外源性融资的策略的是( )。

    A. 发行普通股   B. 发行债券   C. 发行资本票据

    D. 增加贷款损失准备   E. 增加收益留存

10. 发行优先股的优点包括( )。

    A. 财务负担轻   B. 财务上灵活机动

    C. 财务风险小   D. 不减少普通股股票收益和控制权

    E. 股利支付的固定性

三、填空题

1. (　　　　　)旨在通过市场力量来约束银行，其运作机制主要是依靠利益相关者(包括银行股东、存款人、债权人等)的利益驱动，出于对自身利益的关注，会在不同程度上和不同方面关心其利益所在银行的经营状况，特别是风险状况，为了维护自身利益免受损失，在必要时采取措施来约束银行。

2. 商业银行资本即资本金，它包括(　　　　　)和(　　　　　)两个方面。

3. (　　　　　)是商业银行设立时，在银行章程中注明的向政府主管机关登记注册的资金。

4. 会计资本实质上是由(　　　　)、(　　　　)和(　　　　)等组成。

5. 债券的利息可以税前列支，具有(　　　　　　)作用。

6. 商业银行作为信用中介，其资金来源主要是(　　　　　　)。

7. 商业银行资本充足至少要达到两个要求：一是(　　　　　)的要求，即总量要达标；二是(　　　　)的要求，即结构要合理。

8. 小商业银行为吸引投资者及增强其经营灵活性，应力求以(　　　　　　)筹措资本。

9. 在最低监管要求之上的资本留存超额资本应达到(　　　　　)，以满足扣除资本扣减项后的普通股要求。

10. (　　　　　)一般是指由于经营产品价格波动而形成的风险，银行的市场风险是由于利率、汇率变化而造成银行损失的可能性。

四、判断题

1. 注册资本是商业银行设立时，在银行章程中注明的向政府主管机关登记注册的资金。(　　　　)

2. 《巴塞尔协议》要求核心资本在总资本中要达到40%以上。(　　　　　)

3. 商业银行的核心资本由股本和未公开储备两部分组成。(　　　　　)

4. 普通准备金是为防备未来可能出现的一切亏损而设立的。(　　　　　)

5. 《巴塞尔协议Ⅰ》对风险权重的灵活度欠缺考虑，风险权重的级次过于简单且不合理，仅有0、20%、50%及100%四个档次。(　　　　　)

6. 发行债券所筹集的资金一般属于长期资金,可供商业银行在1年以上的时间内使用,这为商业银行安排长期贷款项目提供了有力的资金支持。(　　　　　)

7. 如果一家银行核心资本及监管当局的要求相差很远，就必须采用发行债券的形式来筹集资本。(　　　　　)

8. 降低风险加权总资产的方法，主要是减少风险权重较高的资产，增加风险权重较低的资产，其具体方法包括贷款出售或贷款证券化，即将已经发放的贷款卖出去；收回贷款，用以购买高质量的债券(如国债)；尽量少发放高风险的贷款等。(　　　　　)

9. 留存利润是银行增加核心资本的重要方式，相对于发行股票来说，其成本要低得多。(　　　　)

10. 商业银行通过发行普通股或非累积优先股的形式来筹集资本，会使商业银行降低负债率、提高信誉、增强借款能力，从而降低借款成本，并且通过发行股票期间的宣传，能够

有效地提高银行的知名度，树立银行良好的形象，有利于银行的进一步发展。（   ）

五、名词解释

1. 资本充足性

2. 市场约束

3. 资本结构合理

4. 混合资本工具

5. 公开储备

六、简答题

1. 简述商业银行资本的功能。

2. 简述商业银行资本来源的两种方式。

3. 简述商业银行通过发行普通股进行外源性融资的优缺点。

4. 简述商业银行通过发行优先股进行外源性融资的优缺点。

5. 简述商业银行通过债券筹资进行外源性融资的优缺点。

七、论述题

论述《巴塞尔协议Ⅱ》的主要内容。

八、计算题

假设一家银行的总资本为 3600 万元，对私人企业的长期贷款承诺和备用信用证的信用转换系数分别为50%和100%，该银行的资本充足率是否符合《巴塞尔协议Ⅰ》的要求？(保留两位小数)

某银行资产负债表

类　别	项　　　目	金额/万元	权数/%
表内项目	现金	2600	0
	政府债券	13 000	0
	住房抵押贷款	3000	50
	对私人企业的贷款	42 000	50
表外项目	对私人企业的长期贷款承诺	15 000	100
	为 OECD 成员国银行的一般负债发行提供担保开出备用信用证	1000	20

九、案例分析题

案例一：外源资本是银行增加资本金的最佳来源吗？

1. 背景资料

根据公开资料可知，上海浦东发展银行 1998 年年底的资本充足率仅为 8.65%，上市募集的 39.55 亿元资金使其 1999 年年底的资本充足率大幅度提高到 18.3%。中国民生银行 2000 年 A 股上市，募集资金 40.89 亿元，其资本充足率从 10.48% 提高到 21.3%。

目前国有商业银行资本充足率还比较低，例如，中国银行 2002 年年末其资本净额 1882 亿元，其中核心资本 1814 亿元，加权风险资产 23 099 亿元，资本充足率为 8.15%，核心资本率 7.85%；中国建设银行 2002 年年末资本净额 1283 亿元，核心资本 1072 亿元，资本充足率 6.91%，核心资本充足率只有 5.78%。为提高国有银行资本充足率，2003 年年底，中国人民银行决定从外汇储备集中拿出 450 亿美元充实中国银行和中国建设银行的资本金，增加国有商业银行的资本实力，这对于我国国有商业银行的改革将起到巨大的推动作用。

但是随着银行资产规模的扩张，资本充足率会不断降低。以上海浦东发展银行为例，2000 年年底和 2001 年年底分别为 13.5%、11.27%，2002 年底已降至 8.54%，2003 年中期报告已经降到了 8.3%。民生银行也出现同样趋势，2002 年底，民生银行的资本充足率降至 8.22%。2003 年上半年曾一度降至 7.11%，低于资本充足率 8% 的监管指标。同理，随着国有商业银行资产规模的不断扩张，资本充足率的降低将是不可避免的。外源资本是银行补充资本的最优来源？从下面的案例可以看出，银行资本来源渠道很多，其中内源资本尤为重要，不可忽视。

2. 案情

某银行年末加权风险资产 30 440 亿元，资本净额 2283 亿元，资本充足率为 7.5%，监管当局要求在报告期末必须将资本充足率提高到 8%，否则将暂停该行银行业务市场准入。银行资产负债管理委员会研究后提出以下几个方案：

1) 提高股本收益率

为保持银行股票价格的稳定，银行在报告年度不发行新股，资本增长全部靠内源资本解决，如果上年 30% 的红利分配比率不变，银行应当赚取 7.1429% 的股本收益率，才能支持资本增长的要求。

计算过程如下：

报告年度资本增长 11.415 亿元(即 2 283 × 0.5% = 11.415)，根据资产增长模型：

内源资本增长率 = 股本收益率 × 留存收益率 = 股本收益率 × (1 − 红利分配比率)

$$5\% = X \times (1 - 30\%)$$

$$X = \frac{5\%}{70\%} = 0.071\ 429$$

结果表明，报告年度股本收益率要增长 7.1429%，该银行资本充足率才能达到监管当局的要求。

2) 缩域加权风险资产规模

如果报告年度股本收益率不能达到预测的增长率，银行还可以通过缩减资产规模的途径提高资本充足率。很显然，加权风险资产应控制为

$$8\% = \frac{2286}{X}$$

$$X = \frac{2286}{8\%} = 28\,575(亿元)$$

也就是说，加权资产减少 1865 亿元，才能达到法律要求的资本充足率指标。显然此方案不可取，因为风险资产的减少往往会导致银行资产收益率的降低，银行正常的财务指标将难以实现。

3) 提高资产收益率

在红利分配保持上年度增长水平的条件下，如果不减少加权风险资产规模，必须提高资产收益率，保证内源资本的增长需要。若本年度资产收益率达到 1.2%，根据资产增长模型：

$$SG_1 = \frac{ROA(1-DR)}{\dfrac{EC}{TA_1} - ROA(1-DR)} = \frac{1.2\% \times (1-30\%)}{8\% - 1.2\% \times (1-30\%)} = 11.73\%$$

式中，SG_1 为资产增长率，ROA 为资产收益率，EC/TA_1 为资本充足率，DR 为红利分配比率。

如果银行资产收益率只能达到 0.99%，要保持 11.73% 的资产增长率，必须降低红利分配比率。

根据资产增长模型：

$$DR = 1 - \frac{(EC/TA_1) \times SG_1}{ROA(1+SG_1)} = 1 - \frac{(8\% \times 11.73\%)}{0.99\% \times (1+11.73\%)} = 15.15\%$$

在资产收益率为 0.99% 的情况下，红利分配比率减低到 15.15%，才能满足资本充足率的要求。

3. 思考题

该案例对我们有什么启示，可以从以下几个方向进行思考：

(1) 银行董事会预测报告年度资产增长率为 11.73%，资产收益率为 0.99%，红利支付比率为 30%，并认为降低红利分配比率会引起银行股票价格下跌，银行能否达到 8% 的资本充足率？请提出你的设计方案。

(2) 你认为上述方案中哪一种方案对银行最优？

(3) 对已上市银行来说，在股票市场发行新股增加资本金还需要内源资本吗？为什么？

(资料来源：《商业银行经营管理学案例》，刘忠燕主编，中国金融出版社)

案例二：巴林银行倒闭案分析

1. 背景资料

巴林银行是英国一家有着两百多年历史的著名银行，主要从事证券和期货交易。虽然20世纪90年代中期由于金融市场动荡，许多大银行收入减少，但巴林银行经营状况良好。1994年税后利润高达1.5亿美元。正是这样一家声名卓著、业绩良好的银行，却在一夜之间破产。1995年2月27日英格兰银行宣布，英国巴林银行因发生巨额亏损和财务危机而不能继续营业，由英格兰银行接管该银行，这引起了人们的震惊和思考。分析其破产的前因后果，有利于我们吸取教训、引以为戒。

1763年，弗朗西斯·巴林爵士在伦敦创建了巴林银行，它既为客户提供资金和有关建议，自己也做资金买卖。当然它也得像其他商人一样承担买卖股票、土地或咖啡的风险。由于经营模式灵活变通、富于创新，巴林银行很快就在国际金融领域获得了巨大的成功。其业务范围也相当广泛，无论是在刚果提炼铜矿、从澳大利亚贩运羊毛，还是开掘巴拿马运河，巴林银行都可以为之提供贷款。但巴林银行有别于普通的商业银行，它不开通普通客户存款业务，故其资金来源比较有限，只能依靠自身的力量来谋求生存和发展。

1803年，刚刚诞生的美国从法国手中购买南部的路易斯安那州时，所用资金就出自巴林银行。尽管当时巴林银行有一个强劲的竞争对手——一家犹太人开办的罗斯切尔特银行，但巴林银行还是各国政府、各大公司和许多客户的首选银行。1886年，巴林银行发行"吉尼士"证券，购买者手持申请表如潮水一样涌进银行，后来不得不动用警力来维持秩序，很多人排队几个小时后买下少量证券。等到第二天抛出时，证券价格已涨了一倍。

20世纪初，巴林银行荣幸地获得了一个特殊客户：英国皇室。由于巴林银行的卓越贡献，巴林家族先后获得了五个世袭的爵位。这可算得上是一个世界纪录，从而奠定了巴林银行显赫地位的基础。但是就是这样一家老字号银行竟葬送在新加坡分行的期货首席交易员尼克·里森(Nick Leeson)手中。

2. 案情

1) 案例背景

在期货交易中出现错误是在所难免的。例如，有人会将"买进"手势误为"卖出"手势、有人会在错误的价位购进合同、有人可能本该购买6月份的期货却买进了3月份的期货，等等。一旦失误，就会给银行造成损失，在出现这些错误之后，银行必须迅速妥善处理。按照规定，如果错误无法挽回，当时唯一可行的办法就是将错误转入计算机设立的一个"错误账户"中，然后向银行总部报告。尼克·里森于1992年在新加坡分行任期货交易员时，巴林银行开立的所谓"错误账户"为"99905"，该账户专门处理交易过程中因疏忽所造成的错误。1992年夏天，伦敦银行总部全面负责清算工作的哥顿·鲍塞电话通知尼克·里森，要求他在"99905"外再设立一个"错误账户"，记录相对较小的错误，并自行在新加坡分行处理，以免加大银行总部的业务量。于是尼克·里森通过负责办公室清算的利塞尔，在计算机里设立了以吉祥数字"88888"为代码的"错误账户"。但是几周之后，伦敦银行总部又打来电话，告知银行总部已配置了新计算机，要求新加坡分行还是按规矩行事，所有错误记录仍由"99905"账户直接向伦敦银行总部报告。"88888"这个被人忽略的"错误账户"提供了尼克·里森日后制造假账的机会，如果当时取消这一账户，则巴林银行的历史可能就会改写。

2) 里森陷入巨额亏损的 3 笔交易

1992 年 7 月 17 日,里森手下一名加入巴林银行仅一个星期的交易员金·王犯了一个错误:客户(富士银行)要求买进 20 口日经指数期货合约时,此交易员误为卖 20 口合约。里森当天晚上进行清算工作时发现了这个错误。欲纠正此项错误,须买回 40 口合约,以当日的收盘价计算,其损失为 2 万英镑,并应报告伦敦银行总部。但在种种考虑下,里森决定利用"88888"账户承接 40 口日经指数期货合约,以掩盖这个错误。

第二个与此如出一辙的错误是里森的好友及委托执行人乔治犯的。乔治是他最好的朋友,里森示意他卖出的 100 份 9 月的期货(价值高达 8000 万英镑)全被他买进,而且好几份交易的凭证根本没有填写。如果乔治的错误泄露出来,里森将不得不告别他已很如意的生活。将乔治出现的几次错误记入"88888"账户对里森来说虽说是举手之劳,但至少有三个问题困扰着他:一是如何弥补这些错误;二是如何躲过伦敦银行总部月底的内部审计;三是 SIMEX(用于投资和数字资产交易的平台)每天都要他们追加保证金,他们会计算出新加坡分行每天赔进多少。"88888"账户也可以被显示在 SIMEX 大屏幕上。为了弥补手下员工的失误,里森将自己赚的佣金转入账户,但其前提是这些失误不能太大,所引起的损失金额也不是太大,但乔治造成的错误确实太大了。为了赚回足够的钱来补偿所有损失,里森承担着愈来愈大的风险,他当时从事大量跨式部位交易,因为当时日经指数稳定,里森将在交易中赚取期权权利金。但若运气不好,日经指数变动剧烈,此交易将使巴林银行承受极大损失。里森在一段时日内做得还算是极顺手。到 1993 年 7 月,他已将"88888"账户的 600 万英镑亏损弥补且略有盈余,当时他的年薪为 5 万英镑,年终奖金则将近 10 万英镑。如果里森就此打住,那么,巴林银行的历史也会改变。

第三个严重的错误是争取日经市场上最大的客户波尼弗伊。1993 年下半年,接连几天,每天市场价格破记录地飞涨 100 多点,用于清算记录的计算机屏幕故障频繁,无数笔交易入账工作都积压起来。因为系统无法正常工作,交易记录都靠人力。等到发现各种错误时,里森在一天之内的损失便已高达将近 170 万美元。在无路可走的情况下,里森还是决定继续隐藏这些失误。1994 年,里森对损失的金额已经麻木了,"88888"账户的损失由 2000 万英镑、3000 万英镑,到 7 月时已达 5000 万英镑。事实上,里森当时所做的许多交易是在被市场走势牵着鼻子走的,并非出于他对市场的理性预期。他已成为被其风险部位操纵的傀儡。正如里森在自传中描述的那样:"我为自己变成这样一个骗子感到羞愧,开始是比较小的错误,但现已整个包围着我,像是癌症一样……我的母亲绝对不是要把我抚养成这个样子的。"

3) 巴林银行的倒闭

巴林银行破产的原因是其新加坡分行的期货首席交易员尼克·里森越权购入大量日经股票指数期货,因其判断失误导致巨额亏损。1995 年 1 月 26 日,里森认为日本股市将上升,未经批准就开始进行风险很大的衍生金融产品交易,他购进大批日经股票指数期货,指望在日经股票指数上升后大赚一笔。1 月 30 日,里森以每天 1000 万英镑的速度从伦敦获得资金,已买进了 3 万股日经指数期货,并卖空日本政府债券。2 月 10 日,里森以新加坡期货交易所交易史上创记录的数量,已握有 55 000 股日经期货及 2 万股日本政府债券合约。但事与愿违,2 月初由于日本神户发生大地震,其后数日东京日经指数大幅度急速下跌，里森一方面遭受巨大损失，另一方面购买数量更庞大的日经指数期货合约，希望日经指数会上涨到理想的价格范围。里森的交易未能奏效，反而使他在这种高风险的交易中越陷越深。据伦敦的交易商估计，日经指数在下跌到 18 500 点以下时，每下跌 1 点，里森的这些期货指数交易就要损失 200 万美元。交易数量愈大，损失愈大。所有这些交易均进入"88888"账户。账户上的交易以里森兼任清查职权而被隐瞒，但追加保证金所需的资金却是无法隐藏的。里森以各种借口继续转账。2 月中旬，巴林银行全部的股份资金只有 47 000 万英镑。1995 年 2 月 23 日，在巴林银行期货的最后一日，里森对影响市场走向的努力彻底失败。日经股价收盘降至 17885 点，而里森的日经期货多头风险部位已达 6 万余口合约；其日本政府债券在价格一路上扬之际，其空头风险部位亦已达 26 000 口合约。在巴林银行的高级主管仍做着次日分红的美梦时，里森为巴林银行所带来的损失，终于达到了 86 000 万英镑的高点，造成了世界上最老牌的巴林银行终结的命运。随着日经股票指数在 2 月 24 日下跌到 1742.94 点，里森造成的亏损已达 10 个亿美元以上。里森最终因无力挽回损失而畏罪潜逃。巴林银行在伦敦的总部得到消息后，因全部资本及储备金不足以抵偿亏损，不得不向英国中央银行——英格兰银行请求帮助。英格兰银行连夜召集伦敦各大银行首脑商议挽救巴林银行的办法，希望由别的大银行出资援救。但巴林银行这些衍生金融产品的交易风险极大，在将来可能遭到的损失无法预计和防范，各大银行均不愿踏进这无底黑洞。在东京股票指数不断下跌的影响下，仅 1995 年 2 月 28 日一天，巴林银行的亏损额就增加了 28 亿美元。英格兰银行无法向巴林银行提供资金，只能决定由国际会计公司接管巴林银行。1995 年 3 月，荷兰国际集团(ING)将其收购。

新加坡在 1995 年 10 月 17 日公布的有关巴林银行破产的报告及里森自传中的一个感慨，也最能表达我们对巴林银行破产事件的遗憾。报告结论中的一段讲道："巴林集团如果在 1995 年 2 月之前能够及时采取行动，那么他们还有可能避免崩溃。截至 1995 年 1 月底，即使已发生重大损失，这些损失毕竟也只是最终损失的四分之一。"巴林银行破产后，英国中央银行总裁发表讲话，指出巴林银行破产不会使英国银行系统受到很大影响。但实际上，巴林银行破产引起的余波是深远的。首先，一个有着两百多年历史的银行在几天之内遭到灭顶之灾，而英国中央银行却无力挽救，使该银行 3000 多储户的 20 多亿美元资产受到损失，人们对英国银行业的信心受到巨大打击。其次，巴林银行危机对国际金融市场的影响也是巨大的。新加坡、马来西亚、韩国、印度以及日本等很多国家都不同程度地受到了影响。

(资料来源:《商业银行经营管理学案例》，刘忠燕主编，中国金融出版社)

3. 思考题

该案例对我们有什么启示，可以从以下几个方向进行思考:

(1) 我们从巴林银行破产事件中可得到哪些启示？

(2) 巴林银行破产事件反映了金融风险的哪些特征？商业银行应如何规避风险？

(3) 从银行内部风险控制角度来看，巴林银行的破产给予我们哪些教训？

第三章 商业银行负债管理理论与实务

一、单项选择题

1. 银行发行的合约相对标准化、具有可转让性质的定期存款凭证，凭证上载有发行的金额及利率，还有偿还日期和方法的存款类创新业务是指(　　　　)。

A. 个人退休金账户　　　　　B. 大额可转让定期存单
C. 自动转账服务账户　　　　D. 货币市场存款账户

2. 短期负债是指(　　　　)。

A. 期限在一年以内(包含一年)的负债
B. 期限在一年以内(不包含一年)的负债
C. 期限在三年以内(包含三年)的负债
D. 期限在三年以内(不包含三年)的负债

3. (　　　　)也被称为付息的活期存款，是对个人和非营利机构开立的、既可用于转账结算，又可支付利息，年利率略低于储蓄存款，存户可随时开出支付命令书，或直接提现，或直接向第三者支付，其存款余额可取得利息收入。

A. 可转让支付命令账户　　　B. 自动转账服务账户
C. 货币市场存款账户　　　　D. 协定账户

4. (　　　　)是一种可以在活期存款账户、可转让支付命令账户和货币市场存款账户三者之间自动转账的新型活期存款账户。

A. 可转让支付命令账户　　　B. 自动转账服务账户
C. 货币市场存款账户　　　　D. 协定账户

5. (　　　　)又叫对公存款，是机关、团体、部队、企业、事业单位和其他组织以及个体工商户将货币资金存入银行，并可以随时或按约定时间支取款项的一种信用行为。

A. 活期存款　　　　　　　　B. 定期存款
C. 单位存款　　　　　　　　D. 保证金存款

6. 商业银行为维持日常性资金周转、解决短期资金余缺、调剂法定准备头寸而在商业银行间相互融通资金的重要方式是(　　　　)。

A. 同业拆借　　　　　　　　B. 再贴现
C. 再贷款　　　　　　　　　D. 回购协议

7. 商业银行的短期借款不包括(　　　　)。

A. 同业拆借　　　　　　　　B. 证券回购

C. 再贷款　　　　　　　　　　　D. 资本性金融债券

8. 目前我国商业银行的主要收入来源是(　　　　　)。

A. 非利息收入　　　　　　　　　B. 利息收入

C. 信托业务收入　　　　　　　　D. 客户存款服务费用

9. 我国的中央银行是(　　　　　)。

A. 工商银行　　　　　　　　　　B. 中国人民银行

C. 建设银行　　　　　　　　　　D. 招商银行

10. 下列选项不是存款业务的创新品种的是(　　　　　)。

A. 可转让支付命令账户　　　　　B. 协定账户

C. 活期账户　　　　　　　　　　D. 自动转账服务账户

二、多项选择题

1. 商业银行的负债从取得资金的方式来讲，商业银行负债业务分为(　　　　　)。

A. 被动负债　　　　　　B. 主动负债　　　　　C. 短期负债

D. 其他负债　　　　　　E. 流动性负债

2. 居民增加的收入有三个主要的去向，即(　　　　　)。

A. 消费　　　　　B. 储蓄　　　　　C. 投资　　　　　D. 其他

3. 单位存款一般分为(　　　　　)。

A. 单位活期存款　　　　　　　　B. 单位定期存款

C. 单位通知存款　　　　　　　　D. 单位协定存款

E. 单位长期存款

4. 单位通知存款按存款人提前通知的期限长短，可再分为(　　　　　)和(　　　　　)两个品种。

A. 三天通知存款　　　　B. 一天通知存款　　　　C. 七天通知存款

D. 十天通知存款　　　　E. 十五天通知存款

5. 在商业银行负债管理的基本原则中，依法筹资原则有三重含义，即(　　　　　)。

A. 不得超范围筹集资金

B. 不得违反利率政策筹集资金

C. 不能利用不正当竞争手段筹集资金

D. 不得主动向储户筹集资金

E. 不得利用虚假财务信息筹集资金

6. 商业银行的短期借款包括(　　　　　)。

A. 同业拆借　　　　　　B. 证券回购　　　　　C. 转贴现

D. 转抵押　　　　　　　E. 再贴现

7. 商业银行向中央银行借款包括(　　　　　)。

A. 再贷款　　　　　　　B. 再贴现　　　　　　C. 转抵押

D. 转贴现　　　　　　　E. 同业拆借

8. 以下属于欧洲金融债券的有(　　　　　)。

A. 新加坡的商业银行在美国发行的以日元为面值的金融债券

B. 泰国的商业银行在美国发行的以人民币为面值的金融债券

C. 美国的商业银行在中国发行的以日元为面值的金融债券

D. 日本的商业银行在日本发行的以人民币为面值的金融债券

E. 美国的商业银行在中国发行的以人民币为面值的金融债券

9. 根据筹集资金的用途，金融债券可分为(　　　)与(　　　)。

A. 一般性金融债券　　　　　B. 资本性金融债券

C. 国内金融债券　　　　　　D. 国际金融债券

E. 长期金融债券

10. 商业银行在中央银行的存款由两部分构成，分别是(　　　)。

A. 准备金　　　　　　B. 超额准备金　　　　C. 法定存款准备金

D. 备用金　　　　　　E. 货币性黄金

三、填空题

1. 负债是指过去的交易事项形成的现时业务，履行该义务预期会导致企业的经济利益流出。商业银行负债是商业银行在经营活动中尚未偿还的经济(　　　)。

2. (　　　)是商业银行生存发展的基础，是商业银行维持资产增长的重要途径，对商业银行经营活动至关重要。

3. 广义负债除了包括商业银行对他人的债务之外，还包括商业银行的(　　　)等，也就是说，所有形成商业银行资金来源的业务都是其负债业务。

4. 盈利性是商业银行追求的最终经营目标，而商业银行盈利水平的高低取决于(　　　)的配比关系，其中，筹资成本又是经营成本的重要内容。

5. 由于商业银行具有(　　　)、(　　　)的特点，客观上要求商业银行只有严格遵守各项风险监管指标的规定，才能提高经营信誉，保证经营的安全性，避免经营亏损甚至破产。

6. 作为商业银行重要的资金来源之一，(　　　)总是被现代商业银行的管理者衡量市场份额、评判银行业绩的重要标志。

7. 活期存款具有货币支付手段和流通手段职能，还具有较强的(　　　)，从而成为商业银行的一项重要资金来源，也是商业银行扩大信用、联系客户的重要渠道。

8. 现金管理账户是一种综合多种金融服务于一体的金融产品，它集支票账户、信用卡账户、证券交易账户于一体，通过(　　　)进行运作。

9. 我国商业银行的存款包括人民币存款和外币存款两大类。其中，人民币存款又分为(　　　)、(　　　)和(　　　)。

10. 我国《商业银行法》规定，办理储蓄业务遵循"(　　　)、(　　　)、(　　　)、(　　　)"的原则。

11. 活期存款通常(　　　)元起存，部分银行的客户可凭存折或银行卡在全国各网点通存通兑。

12. 定期存款主要有(　　　)、(　　　)、(　　　)和(　　　)四种。

13. 单位活期存款帐户又称为单位结算帐户,包括(　　　　)、(　　　　)、(　　　　)和(　　　　)。

14. 同业存款,也称(　　　　),是指因支付清算和业务合作等的需要,由其他金融机构存放于商业银行的款项。

15. 金融市场主要由两大市场构成:以依靠商业银行为主的(　　　　)市场和以依靠证券机构为主的直接融资市场,这两大市场争夺社会上的闲散资金。

16. 商业银行的存款成本主要由(　　　　)和(　　　　)两部分构成。

17. 从各国商业银行的存款利率来看,主要有三种类型,包括(　　　　)、(　　　　)、(　　　　)。

18. 市场是由客户主体的需求,商家为满足这种需求的购买能力以及(　　　　)三因素组成。

19. 存款保险制度是指由符合条件的各类存款性金融机构作为投保人,按一定存款比例,向特定保险机构(存款保险公司)缴纳(　　　　),建立存款保险准备金。

20. 存款保险制度主要有三种组织形式:由(　　　　)出面建立、由政府与银行界共同建立、在政府支持下由银行同业联合建立。

四、判断题

1. 负债的综合平均成本低,负债结构就合理。(　　　　)

2. 对于投资者而言,CD 为其闲散资金的利用提供了极好的选择。(　　　　)

3. 定活两便储蓄存款存期在一年以上的,无论存期多长,整个存期一律按支取日整存整取定期储蓄一年期存款利率打五折计息。(　　　　)

4. 一般存款账户可以办理现金缴存,也可以办理现金支取。(　　　　)

5. 存款保险的实施可能使存款人对银行经营行为的监督产生"搭便车"的现象,银行股东往往容易出现赌博心理而拿存款人的钱去冒险。(　　　　)

6. 商业银行只有作为"借者的集中",才有可能作为"贷者的集中",即必须首先使自己成为全社会最大的债务人,才能成为全社会最大的债权人。(　　　　)

7. 商业银行通过负债业务创新,提供新型的多样化的金融工具,把社会闲置资金聚集起来,一方面满足居民的资产需求;另一方面有力地推动社会经济的发展。(　　　　)

8. 定期存款是指由客户与银行双方在存款时事先约定期限、利率,到期时才能支取本息的存款。(　　　　)

9. 储蓄存款是客户为积蓄货币和获取利息而办理的一种存款,客户可以是营利机构。(　　　　)

10. 货币市场存款账户的性质介于储蓄存款与活期存款之间,货币市场存款账户的出现与货币市场基金有关。(　　　　)

五、名词解释

1. 同业借款

2. 单位协定存款

3. 活期存款可用资金率

4. 资本性金融债券

5. 主动负债

6. 指数定期存单

7. 投资账户

8. 基本存款账户

9. 保证金存款

10. 存款稳定率

六、简答题

1. 简述商业银行负债业务具有的特点。

2. 简述创新产品——货币市场存款账户的特点。

3. 简述商业银行负债业务的作用。

4. 简述大额可转让定期存单与传统的定期存款的不同。

5. 简述存款保险制度的作用。

七、论述题

分析影响存款规模的主要因素。

八、计算题

完善表 3-1 并计算某公司 3 月活期结算户存款可用资金率。

表 3-1　某公司 3 月活期结算户存款情况　　　　　/万元

时间(日)	存入	支取	存款余额	余额占用天数	积数
上月结转			300		
1 日	300				
14 日		200			
20 日	500				
26 日		100			
31 日	200				

九、案例分析题

案例一：代理挂失存款引起的纠纷

1. 案情

章先生是 T 市某公司员工，于 2003 年 2 月 1 日在 H 银行的裕华路储蓄所开立了活期储蓄账户，同时存入人民币 10 万元，并设有密码。银行为其开立了活期存折。2003 年 4 月 11 日，赵某来到该储蓄所，向柜台工作人员王小姐诉说日前其丈夫章某存入的 10 万元活期存折丢失，要求挂失。并且说章先生在 T 市某公司工作，因公外出，不能前来挂失，并同时出示了章先生和她本人的身份证、夫妻二人的结婚证，并按照银行要求提供了活期存折的储户的姓名、账号、密码、金额和住址等相关情况，储蓄所柜台工作人员王小姐受理了这笔存款挂失申请。赵某按照银行的要求填写了储蓄存款挂失申请单，办理了挂失手续。之后，王小姐告知赵某 7 天以后来储蓄所办理新存折后，才能支取存款。赵某对王小姐的热情服务非常满意。

2003 年 4 月 18 日，赵某来到储蓄所，告诉王小姐其丈夫章先生出差近日还未回来，故不能前来办理新存折，但因家中急需用钱，故代替章先生办理新存折并支取现金。王小姐为解决赵某的燃眉之急，检查了赵某出示的章先生及其本人身份证、结婚证等证件后，便为其办理了新存折，之后赵某将账户中的 10 万元存款及其利息全部取出。

2003 年 5 月 2 日，章先生带着 2003 年 2 月 1 日在裕华路储蓄所为其开立的活期存折，来到裕华路储蓄所要求取款，当他发现存款已被赵某取走时，便与银行争执起来。他告诉王小姐，他们夫妻感情不和，正在办理离婚手续，银行不能在未得到本人允许下将存款支取给别人，现存款已被赵某一人占有，因此要求银行赔偿其存款本息。储蓄所负责人向他解释说，既然你们正在办理离婚手续，为何将身份证交给赵某？我们是按照相关规定在手续齐全的情况下办理挂失手续的，不应当赔偿。在双方争执无果的情况下，章先生将银行告上了法庭。

2. 争论

原告认为，银行为其出具的存折是格式合同，背面印有客户须知的第七条规定"其他事宜按《储蓄管理条例》办理"。按照《储蓄管理条例》的规定，储户挂失存折应由本人亲自办理，不允许代理挂失。其妻子挂失存折，银行不应受理。此外，我国夫妻财产制是夫妻法定财产制和共同财产制的结合，即便是有结婚证，银行将以夫妻一方名义存入银行的存款推定为夫妻共同财产也过于草率。即使这笔存款是夫妻共同财产，由于我国法律未规定家事代理权，故赵某也无权代理挂失。因此原告要求银行承担赔偿损失的违约责任，并向其支付 10 万元存款及利息。

被告认为，按照中国人民银行《关于执行<储蓄管理条例>的若干规定》(以下简称《若干规定》)第三十七条规定：储户的存单、存折如有遗失，必须立即持本人居民身份证明，并提供姓名、存款时间、种类、金额、帐号及住址等有关情况，书面向原储蓄机构正式声明挂失止付。储蓄机构在确认该笔存款未被支取的前提下，方可受理挂失手续。挂失七天后，储户需与储蓄机构约定时间，办理补领新存单(折)或支取存款手续。如储户本人不能前往办理，可委托他人代为办理挂失手续，但被委托人要出示其身份证明。如储户不能办理书面挂失手续，而用电话、信函挂失，则必须在挂失五天之内补办书面挂失手续，否则挂失不再有效。若存款在挂失前或挂失失效后已被他人支取，储蓄机构不负责任。由此可见，赵某出示了相关证件原件，银行有充分理由认为她是原告的委托人，故银行为其办理挂失手续是合法的。由于讼争存款系夫妻共同财产，原告之妻对该存款有权处分、及其取走存款有法可依，银行向其支取存款没有过错。

3. 思考题

该案例对我们有什么启示，可以从以下几个方向进行思考：

(1) 储蓄所是否应该受理赵某的挂失？

(2) 储蓄所能否为赵某办理新存折并向其支取存款？

(3) 银行应不应该为其储蓄所承担赔偿责任？

(4) 该案例引起银行方面的深思有哪些？

(资料来源：《商业银行经营管理学案例》，刘忠燕主编，中国金融出版社)

案例二：信用卡业务纠纷案

1. 案情

2003 年 8 月 21 日下午 4 时 30 分左右，持卡人李先生拿着一张长城借记卡到中国银行 C 市分行的一台柜员机取钱时发现卡中原有的 151 013.39 元如今只剩下了 8.39 元！据李先生介绍，这张借记卡是 2003 年 7 月 9 日在中国银行 C 市 K 支行某分理处开立的，此后他使用此卡曾多次办理存取款业务，截至 8 月 21 日取款前，此卡中的存款余额是 151 013.39 元。

发现 15 万元不翼而飞后，李先生立即向 C 市警方报了案，随后又赶到中国银行 C 市分行查询。李先生出示了随身携带的相关存折和借记卡后，该分行工作人员为其进行了查询。结果发现，该卡已被人在中国银行 K 支行下属的 4 个储蓄所分 4 次异地提取了，共计 15 万元，此外还从某柜员机上提取了 1005 元，提取的时间都是在 8 月 21 日下午 2 时至 4 时之间。C 市警方从当天该支行拍摄的画面中看到，分 4 次取走李先生存款的人也是用的一张借记卡，并且输入了与李先生所掌握的相同密码，而银行当时并没有要求这个人出示其他任何证件。警方认为，此案可能是一个专门通过银行卡盗取现金的犯罪团伙所为。C 市警方立即对此立案侦查。

客户的 15 万元存款不翼而飞，银行该不该负责？就此问题，李某与银行方面产生了争执。由于多次协商未果，9 月 3 日，李某将中国银行 C 市分行和 K 支行同时告上了法院，要求被告兑付自己的存款。

此案的争议如下：

银行方面认为，密码被外人知道，是客户的责任。"在借记卡的存兑中，密码实际上就起着身份证的作用。客户的密码是自己保存的，如果他没有把密码遗失，那应该是没有人可以知道他的密码。我们银行是会对客户的密码保密的。"中国银行 C 市分行零售部经理认为，遗失密码是发生李先生的存款被别人取走这件事的关键。他说："密码只有自己或者自己最亲近的人知道，密码被外人知道，应该是客户自己的责任。"

中国银行 K 行支行行长认为，李某的存款被他人取走的事虽然发生在本行，但这些交易都是按照中国银行规定的业务流程执行的,所以"没有任何不妥"。

客户李某认为,银行有责任保证我的存款安全。李某说:"我把钱存在银行,银行就有责任保证它的安全,即使被犯罪分子所盗取,那也是银行监管失职所致。此外,银行卡关系着每一个客户的利益,但它却那么容易被人仿制并用来盗取客户的钱财,作为制作和发行银行卡的机构,银行是不能免除责任的。"

李某的代理律师认为,存款人在银行开立了借记卡并存入现金,就与银行之间形成了存款合同关系;银行对存款人的存款应当妥为保存,而李某作为存款人,有权以银行发行的有效存款凭证提取存款。现在李某的存款被他人盗取了,这虽属刑事案件,但此案的侵害对象应该是中国银行 C 市分行和 K 支行,而不是存款人。李某与银行之间只存在存款关系,这是民事关系,银行被犯罪嫌疑人侵害的事实并不能影响这个民事关系。

李某的代理律师同时还认为,中国银行 C 市分行没有尽到自己的监管责任。在李某办理银行卡时,银行向其出示了一份中国银行该省分行长城电子借记卡章程,其中第一条写明:"中国银行长城电子借记卡属于中国银行长城卡系列品种",而长城卡系列品种都适用于中国人民银行颁布的《信用卡业务管理办法》。该办法第五十一条规定:"持卡人在银行支取现金时,应将信用卡和身份证一并交发卡行或代理银行",但事实上 K 支行并没有照此规定执行。

银行的不同意见认为,借记卡不属于信用卡,《信用卡业务管理办法》不适用借记卡。银行在办理借记卡取款业务时,无需要求客户出示身份证,因此客户存款被别人盗取,不应追究银行的责任。

2. 思考题

该案例对我们有什么启示,可以从以下方向进行思考:

(1) 此案的侵害对象是银行还是存款人? 理由何在?

(2) 在此案件中,《信用卡业务管理办法》是否适用于借记卡?

(3) 银行采取哪些措施才能防范此类信用卡风险?

(资料来源:《商业银行经营管理学案例》,刘忠燕主编,中国金融出版社)

第四章 商业银行贷款管理理论与实务(上)

一、单项选择题

1. 短期贷款的期限为( )。
A. 一年以内(不含一年)   B. 一年以内(含一年)
C. 二年以内(不含二年)   D. 二年以内(含二年)

2. 中期贷款的期限为( )。
A. 一年以上(含一年)   B. 一年以上(不含一年)
C. 五年以下(含五年)   D. 五年以下(不含五年)

3. 长期贷款的期限为( )。
A. 六年以上(不含六年)   B. 六年以上(含六年)
C. 五年以上(不含五年)   D. 五年以上(含五年)

4. 以若干大银行统一的优惠贷款利率为基础,在此之上加一定价差或乘上一个加成系数的贷款定价方法是( )。
A. 成本加成贷款定价法   B. 基准利率加点定价法
C. 价格领导模型定价法   D. 客户盈利性分析定价法

5. 银行在决定给客户贷款后,为了保障客户能偿还贷款,常常在贷款协议中加上一些附加性条款。这些非货币性内容是( )。
A. 贷款承诺费   B. 补偿余额
C. 承诺费   D. 隐含价格

6. 借款人依靠其正常的经营收入已经无法偿还贷款的本息,而不得不通过重新融资或拆东墙补西墙的办法来归还的贷款属于( )。
A. 可疑贷款和损失贷款   B. 次级贷款
C. 正常贷款   D. 关注贷款

7. 我国商业银行利润的主要来源是( )。
A. 贷款业务   B. 存款业务
C. 结算业务   D. 保险业务

8. 商业银行的目标是( )。
A. 企业财富最大化   B. 每股盈余最大化
C. 利润最大化   D. 股东财富最大化

9. 借款人固定资产项目属于停产项目,借款人无力偿还、抵押品价值低于贷款额的贷款属于(　　　　)。

　　A. 可疑贷款和损失贷款　　　　　　B. 次级贷款

　　C. 正常贷款　　　　　　　　　　　D. 关注贷款

10. 我国的中央银行是(　　　　)。

　　A. 中国工商银行　　　　　　　　　B. 中国人民银行

　　C. 中国银行　　　　　　　　　　　D. 国家开发银行

二、多项选择题

1. 贷款分类遵循的原则有(　　　　)。

　　A. 真实性原则　　　　B. 及时性原则　　　　C. 重要性原则

　　D. 审慎性原则　　　　E. 安全性原则

2. 我国商业银行将贷款划分为五类,其中(　　　　)贷款称为不良贷款。

　　A. 正常　　　　　　　B. 关注　　　　　　　C. 次级

　　D. 可疑　　　　　　　E. 损失

3. 按照我国《担保法》的有关规定,担保方式包括(　　　　)等方式。

　　A. 保证　　　　　　　B. 抵押　　　　　　　C. 质押

　　D. 定金　　　　　　　E. 留置

4. 一般来讲,贷款价格的构成包括(　　　　)。

　　A. 贷款利率　　　　　B. 贷款承诺费　　　　C. 补偿余额

　　D. 隐含价格　　　　　E. 基准利率

5. 按商业银行贷款的保障方式来分类,银行贷款可划分为(　　　　)。

　　A. 信用贷款　　　　　B. 担保贷款　　　　　C. 票据贴现

　　D. 个人贷款　　　　　E. 客户贷款

6. 商业银行的贷款产品的还款方式有(　　　　)。

　　A. 到期一次还本付息法　B. 等额本息还款法　　C. 等额本金还款法

　　D. 等比累进还款法　　　E. 组合还款法

7. 基本信贷分析包括(　　　　)。

　　A. 贷款目的分析　　　　B. 还款来源分析　　　C. 资产转换周期分析

　　D. 还款记录分析　　　　E. 还款能力分析

8. 下列选项属于不良贷款的是(　　　　)。

　　A. 借款人的还款意愿差,不与银行积极合作

　　B. 借款人内部管理问题未解决,妨碍债务的及时足额清偿

　　C. 借款人处于停产、半停产状态

　　D. 抵押品价值不确定

　　E. 借款人采取隐瞒事实等不正当手段套取贷款

9. 下列选项属于商业银行贷款定价原则的是(　　　　　　)。

A. 保证贷款安全性原则

B. 利润最大化原则

C. 扩大市场份额原则

D. 维护银行形象原则

E. 真实性原则

10. 商业银行来源于客户的总收入应包括(　　　　　　)。

A. 贷款利息收入

B. 客户存款账户的投资收入

C. 结算手续费收入

D. 代发工资

E. 保管箱业务收入

三、填空题

1. 按贷款的风险程度,贷款可以划分为(　　　　)、(　　　　)、(　　　　)、(　　　　)和损失五类。

2. 贷款是商业银行作为贷款人按照一定的贷款原则和政策,以(　　　　)为条件,将一定数量的货币资金供给借款人使用的一种借贷行为。

3. 狭义的贷款价格只包括贷款利率,即一定时期客户向贷款人支付的(　　　　)与(　　　　)之间的比率。

4. 目前,我国商业银行的贷款业务主要采取(　　　　)、(　　　　)和质押这三种担保方式。

5. 个人贷款主要包括(　　　　)、(　　　　)、(　　　　)和(　　　　)四大类。

6. 商业银行贷款按客户类型可划分为(　　　　)和(　　　　)。

7. 商业银行贷款按贷款利率可划分为(　　　　)、(　　　　)和(　　　　)。

8. 一般来讲,贷款价格的构成包括(　　　　)、(　　　　)、(　　　　)和隐含价格。

9. 按银行贷款的保障条件来分类,银行贷款可分为(　　　　)、(　　　　)和(　　　　)。

10. 资产转换周期就是银行信贷资金由(　　　　)资本转化为(　　　　)资本,再由(　　　　)资本转化为(　　　　)资本的全过程。

四、判断题

1. 贷款是商业银行作为贷款人按照一定的贷款原则和政策,以还本付息为条件,将一定数量的货币资金供给借款人使用的一种借贷行为。(　　　　)

2. 目前,我国商业银行开展贷款业务时可根据借款人的具体情况,采用一种或同时采用几种贷款担保方式。(　　　　)

3. 只要借款人提供了担保,银行就能确保一定不遭受损失。(　　　　)

4. 存款账户透支和信用卡透支都属于商业银行贷款。(　　　　)

5. 中期贷款是指贷款期限在一年以上(含一年)五年以下(含五年)的贷款。(　　　　)

6. 绝大多数个人贷款主要用于再生产，极少部分个人贷款用于消费。(　　　　)

7. 贷款承诺费是指银行对已承诺贷给客户而客户又没有使用的那部分资金收取的费用。(　　　　)

8. 信用分析是进行贷款决策的前提和基础。(　　　　)

9. 存贷差是商业银行利润的主要来源，所以银行发放贷款越多越好。(　　　　)

10. 贷款对象的信用等级越高，银行贷款的风险就越高。(　　　　)

五、名词解释

1. 贷款

2. 贷款对象

3. 贷款额度

4. 还款方式

5. 担保贷款

6. 票据贴现

7. 贷款定价

8. 贷款承诺费

9. 补偿余额

10. 资产转换周期

六、简答题

1. 简述贷款的基本要素的构成。

2. 简述商业银行贷款的分类。

3. 简述商业银行贷款的基本流程。

4. 简述商业银行贷款的风险分类。

5. 简述商业银行贷款定价原则。

七、论述题

1. 论述贷款定价的方法。

2. 论述影响贷款定价的因素。

八、案例分析题

案例一：贷款方式变更

某酒店为其行 BBB 级信用企业，存量短期贷款一笔，金额为 130 万元，贷款形态为正常，贷款方式为借新还旧，保证方式为抵押，抵押物为 A 公司的部分土地使用权和房屋所有权。贷款到期后，该酒店向该行提出办理贷款的借新还旧，但由于 A 公司不愿再为其提供担保，特申请担保方式由抵押更换为保证，保证人为 B 公司，B 公司在该行信用等级为 A 级。

要求：根据上述内容，请问此笔贷款能否办理？如何操作？并简要说明理由。

案例二：贷款责任归属

甲公司以其办公用房作抵押向乙银行借款 200 万元，乙银行与甲公司签署抵押合同并办理强制执行公证。办公用房权属证件齐全但价值仅为 100 万元，甲公司又请求丙公司为该笔借款提供保证担保，因丙公司法人代表常住香港，保证合同由丙公司总经理签字。乙银行与丙公司的保证合同没有约定保证方式及保证范围，但约定了保证人承担保证责任的期限至借款本息还清为止。借款合同到期后，甲公司没有偿还银行的借款本息。

要求：根据上述内容，回答下列问题，简要说明理由：

(1) 丙公司应承担连带保证责任还是一般保证责任？

(2) 丙公司的保证期间为多长？

(3) 银行可否直接要求丙公司承担 200 万元保证责任？

(4) 银行贷款管理是否存在问题？

案例三：贷款风险案例

某上市 A 公司 2002 年末资产总额为 85 956 万元，负债总额为 68 765 万元，应收账款 25 000 万元，当年实现主营业务收入 40 000 万元，在某行融资金额为 35 000 万元，由母公司 B 公司提供担保。B 公司还为 C 公司 30 000 万元他行贷款提供连带保证，C 公司由于经营不善，已于 2003 年 2 月陷入停顿状态。

要求：根据上述内容，回答下列问题，并简要说明理由。

(1) 请据此分析 A 公司财务状况。

(2) A 公司面临的主要风险有哪些？

(3) 当前该行应采取什么保全措施？

案例四："铁本"事件

1. 背景资料

国家数据统计显示，2003 年以来，我国经济的部分领域出现了明显的过热现象，煤、电、运输等基础性部门出现了全面的紧张状况，基础性原材料价格暴涨。尤其是钢铁行业的投资以翻番的速度上升，对此，媒体戏称我国再次出现了"大炼钢铁"的现象。为了防止结构性的动荡和经济的大起大落，保证宏观经济的长期平稳发展，2003 年国家对钢铁、房地产、水泥、电解铝四个行业的过热现象提出了整顿通告，国家发展和改革委员会一再叫停钢铁行业的盲目投资、重复建设的相关项目，中央银行在贷款措施上出台了相关的限制性政策，并且连续上调存款准备金率，希望借此政策遏制愈演愈烈的投资热潮，保证中国经济的可持续发展。但是各个地区本着自身的利益，对国家的宏观调控置若罔闻，类似"铁本事件"的超越审批、超常上马的项目屡见不鲜。

权威部门分析认为，按照 2004 年钢铁行业的投资趋势，到 2005 年我国将至少形成 3.3 亿吨钢的产量，这些产量大大超过市场预期的需求。专家预测，如果这股"投资热"得不到有效遏制，一两年后就会出现生产能力全面过剩、物价水平不断下降、失业人口增加的不利局面。

为了制止这种"一窝蜂"的现象，中央政府势必要下重手。

2. 铁本事件始末

缘起：1996 年，江苏铁本钢铁有限公司(以下简称铁本公司，属小型私营钢铁企业)成立。当地人士说，公司之所以称为"铁本"，是因为董事长戴国芳是靠拣废钢废铁起家的。2002 年他提出了一个"三年内赶超宝钢"的宏伟计划。而宝钢公司的钢铁生产能力为每年 2000 万吨，世界排名第五。那么，戴国芳如何才能取代宝钢公司成为中国最大的钢铁公司呢？

2002 年，铁本公司寻求移址扩建，开始酝酿投资概算总额为 106 亿元的大型钢铁联合项目。最终选定长江边的常州市魏村镇、扬中市西来桥镇的 9000 多亩土地。对铁本公司而言，"小马"拉上"大车"的吃力劲可想而知，于是开始琢磨各种"招数"。

上马：从 2002 年 5 月开始，他兵分三路，第一路人马负责涉嫌虚假注册 7 家合资(独资)公司，将项目化整为零，拆分为 22 个项目向有关部门报批；第二路人马负责征地，在江苏常州市和杨中市两地在土地申报手续尚未批准的情况下，征地 9000 多亩；第三路人马负责贷款，通过提供虚假财务报表从中国银行等 6 家金融机构骗取 43 亿多元的贷款资金。

2003 年 6 月，铁本公司在政策、土地、环保等各类合法手续尚未获得批准的情况下，开始在江苏常州市破土动工。

破灭：8 个月后，铁本公司违规上马、非法侵占耕地等问题引起了当地一些干部和群众的反对，新华社对此事件进行了披露，引起了中央领导的高度重视。国务院派出由发展改革委、监察部牵头，自然资源部、人民银行、环保总局、工商总局、税务总局、审计署、银监会 9 部委组成的国务院专项检查组，在江苏省委、省政府的支持和配合下，对该事件进行了专项检查。

专项检查组调查发现，受到江苏省地方政府大力支持的铁本项目竟然是一个没有取得合法审批手续的违法违规项目。

根据调查，设计能力为 840 万吨，概算总额为 106 亿元的铁本项目是当地政府化整为零越权分 22 次审批的；9000 多亩征地也是违规审批的。常州国家高新技术产业开发区管委会、江苏省发展计划委员会、扬中市发展计划与经济贸易局先后越权、违规、拆项审批了铁本公司的建设项目。

2004 年 4 月 28 日，国务院总理温家宝主持常务会议，决定对江苏铁本项目勒令停止建设。这意味着戴国芳雄心勃勃打造的"铁本神话"成为了泡沫。铁本神话不但破灭，而且各方为此付出了昂贵的"学费"：6000 多亩土地复垦无望，25.6 亿元的银行贷款投入到实际项目中去，地方政府和相关部门的 8 名责任人受到了严肃处理，根据检查结果，江苏省委、省政府和银监会已对 8 名相关责任人分别给予党纪、政纪处分及组织处理。铁本公司董事长戴国芳等 10 名犯罪嫌疑人也因涉嫌经济犯罪被刑拘。

3. 巨额资金的流入情况

6 家金融机构合力帮助一个注册资本 3 亿元的小型钢铁企业，运作一个远远超出其承载能力的总投资 106 亿元的大项目。这是一次罕见的集体"失足"。来自相关部门的统计数据表明，截至 2004 年 3 月 15 日，共计有 6 家金融机构向铁本公司及其关联企业提供授信总额 43.4028 亿元。其中，中国银行为 25.7208 亿元，中国农业银行为 10.3106 亿元，中国建设银行为 6.5608 亿元，广东发展银行为 3000 万元，浦发银行为 5000 万元，常州武进农村信用联社为 105 万元。

到了 3 月底，43.4 亿的授信戏剧性地缩水到了 36.9583 亿，减少的部分包括广东发展银行收回以 100%保证金开出的 3000 万承兑汇票。此时，卷入其中的还有 5 家金融机构。

4 月 21 日，江苏银监局一位官员澄清，虽然账面贷款有 43 亿元之多，但因为有一些重复计算，比如有部分矿砂等原材料进口时采取了票据和信用证形式，其中贷款形式也占了一部分，中间有交叉情况，实际的金额是 30 多亿元。

有关人士表示，这是因为铁本项目的风险暴露之后，各家银行意识到巨大的风险，加紧收回部分资金，特别是以承兑汇票、信用证等方式流出的资金。

虽然铁本公司的新建项目已经被国务院叫停，但是银行的 20 多亿资金已经变成了一幢幢高炉和厂房。江苏银监局这位官员说："铁本老厂以流动资金名义贷出的 10 多亿还有收回的希望，贷给新项目的 20 多亿基本上就没什么指望了，关键看善后工作怎么做。"

那么，巨额授信是如何授予这个注册资本仅有 3 亿元的小型钢铁公司的呢？

据知情人士透露，中国农业银行是铁本公司的开户行，也是在铁本老厂时期最早向其投入资金的银行。实际上，对于铁本新钢铁基地项目，此前中国农业银行按照每 100 万吨钢铁产量所需资金的比例，大致估算出可向铁本公司投入 15 亿元资金，但出于风险等因素的考虑，最后只投入了 10 亿多资金，这使得中国农业银行逃脱了更大的劫难。

从 2002 年开始，中国建设银行、中国银行等金融机构鱼贯而入，相继与铁本公司建立信贷关系。2003 年下半年，随着铁本公司进入高速扩张时期，上述两家银行的贷款也迅速增加。此时，铁本公司及其关联企业已经没有多少资产可供抵押了，结果导致相当部分的资金以信用贷款的形式流入了铁本公司，其中中国银行尤甚。现在，这部分贷款成了中国银行的心头之痛。

要求：根据上述内容，回答下列问题，简要说明理由。

(1) 在国家有关部门严格控制钢铁投资和各银行狠抓不良贷款的双重压力下，这 6 家银行如何能将如此大笔资金大胆地投入一个民营企业的钢铁项目，从而深陷风险的漩涡？

(2) 商业银行应从中吸取什么教训？

第五章 商业银行贷款管理理论与实务(中)

一、单项选择题

1. 企业信贷的第一还款来源是(　　　　)。
A. 财务状况和现金流量　　　　　　B. 信用支持
C. 非财务因素　　　　　　　　　　D. 企业规模

2. 企业信贷的第二还款来源是(　　　　)。
A. 财务状况和现金流量　　　　　　B. 信用支持
C. 非财务因素　　　　　　　　　　D. 企业规模

3. 一年内或在一个营业周期内变现或者耗用的资产是(　　　　)。
A. 流动资产　　　　　　　　　　　B. 非流动资产
C. 原始资本　　　　　　　　　　　D. 注册资本

4. 下列选项正确的是(　　　　)。
A. 毛利润率越高,表示借款人盈利能力越小
B. 成本费用利润率越高,表示借款人同样的成本费用能取得更少利润
C. 现金比率越高,表示借款人直接支付能力越强
D. 总资产周转率越高,表示借款人的盈利能力越弱

5. 下列选项错误的是(　　　　)。
A. 对银行来讲,借款人资产负债比率越低越好
B. 营业利润率越高,说明借款人盈利水平越高
C. 流动比率越高,说明借款人短期偿债能力越强
D. 负债与所有者权益比率越高,表明该客户长期偿债能力越强

6. 利息保障倍数不能低于(　　　　),若低于该值意味着借款人无法保障利息的偿还。
A. 1　　　　　　　　　　　　　　B. 2
C. 0　　　　　　　　　　　　　　D. 100%

7. 反映客户短期偿债能力的比率主要有(　　　　)。
A. 总资产周转率、固定资产周转率、应收账款周转率
B. 存货周转率、流动资产周转率
C. 流动比率、速动比率和现金比率
D. 资产负债率、负债与所有者权益比率、负债与有形净资产比率

8. 虽然行业竞争激烈,但行业的平均利润率水平较高,银行信贷资金具有高风险、高

收益的特征,商业银行的信贷资金可以试探进入的情形属于行业生命周期的( )阶段。

    A. 行业初创阶段   B. 行业发展阶段

    C. 行业成熟阶段   D. 行业衰退阶段

    9. 商业银行最主要的负债是( )。

    A. 借款   B. 发行债券

    C. 各项存款   D. 资本

    10. 假设借款人总资产 1000 万元, 总负债 800 万元, 则该借款人的资产负债率为( )。

    A. 25%   B. 20%

    C. 125%   D. 80%

二、多项选择题

    1. 下列选项属于流动资产的是( )。

    A. 货币资金   B. 交易性金融资产   C. 应收票据

    D. 应收账款   E. 固定资产

    2. 下列选项属于流动负债的是( )。

    A. 短期借款   B. 应付票据   C. 应付账款

    D. 预收账款   E. 应付工资

    3. 所有者权益包括( )。

    A. 资本金   B. 资本公积金   C. 盈余公积金

    D. 未分配利润   E. 预提费用

    4. 客户财务分析主要包括以下( )方面。

    A. 财务报表分析

    B. 财务比率分析

    C. 营运能力分析

    D. 现金流量分析

    E. 行业风险因素分析

    5. 从市场竞争角度分析, 行业的结构可以划分为( )。

    A. 完全竞争性行业

    B. 不完全竞争性行业

    C. 寡头垄断行业

    D. 完全垄断性行业

    E. 完全就业市场

    6. 行业生命周期发展过程包括( )阶段。

    A. 初创阶段   B. 成长阶段   C. 成熟阶段

    D. 衰退阶段   E. 繁荣阶段

    7. 以下哪些因素会对借款人的经营管理产生影响( )。

    A. 借款人的内控制度是否健全

B. 财务管理能力的强弱

C. 员工素质的高低

D. 有无法律纠纷

E. 关联企业的经营管理状况好坏

8. 商业银行对借款人的经营风险进行分析要从以下(　　　　)方面入手。

A. 借款人总体特征分析

B. 借款人产品与市场分析

C. 借款人采购环节分析

D. 借款人生产环节分析

E. 借款人销售环节分析

9. 企业短期偿债能力的衡量指标主要是(　　　　)。

A. 流动比率　　　　　B. 途动比率　　　　　C. 现金比率

D. 销售利润率　　　　E. 成本利润率

10. 企业营运能力分析主要包括(　　　　)。

A. 流动资产周转情况分析

B. 固定资产周转率分析

C. 总资产周转率分析

D. 短期偿债能力分析

E. 长期偿债能力分析

三、填空题

1. 在资产负债表中，资产按其流动性分为(　　　　)和(　　　　)。

2. 经济周期分为(　　　)、(　　　)、(　　　)以及(　　　)四个阶段。

3. 现金流量分析中的现金包括(　　　)、(　　　)两部分。

4. 现金流量包括(　　　)、(　　　)和(　　　)。

5. 行业生命周期分为(　　　)、(　　　)、(　　　)以及(　　　)四个阶段。

6. 从市场竞争角度分析，行业的结构可以分为(　　　)行业、(　　　)行业、(　　　)行业和(　　　)行业。

7. 借款人总体特征分析可以从(　　　)、(　　　)、(　　　)三个方面入手。

8. 借款人采购环节分析可从(　　　)、(　　　)、(　　　)三个方面入手。

9. 企业信用分析的 6C 原则是：品德，Character；才能，Capacity；资本，Capital；(　　　)；(　　　)；(　　　)。

10. 国外商业银行个人信用分析主要采用两种方式：(　　　)和(　　　)。

四、判断题

1. 企业信用分析的6C原则也同样适用于个人信用分析。(　　　)

2. 某公司的资产负债表仅包括资产与负债。(　　　)

3. 对银行来讲，借款人负债比率越高越好。（　　　　　）

4. 负债与所有者权益比率越低，表明客户的长期偿债能力越强，债权人权益保障程度越高，所以该比率越低越好。（　　　　　）

5. 利息保障倍数是指借款人息税前利润与利息费用的比率，该比率越高，说明借款人支付利息费用的能力越强。（　　　　　）

6. 速动资产是指易于立即变现、具有即时支付能力的流动资产。（　　　　　）

7. 现金比率越高，表明企业直接支付能力越强，所以该企业保存的现金越多越好。（　　　　　）

8. 一般而言，一定时期内应收账款周转次数越多，说明企业收回赊销账款的能力越强。（　　　　　）

9. 流动资产周转率越高，说明企业的盈利能力越强。（　　　　　）

10. 理论上说，目前煤炭行业的信贷风险要高于新能源行业。（　　　　　）

五、名词解释

1. 财务分析

2. 偿债能力

3. 非财务因素

4. 企业信用分析的 6C 原则

5. 财务综合分析

6. 经验式信用分析方法

7. 存货周转率

8. 盈利能力

9. 所有者权益

10. 判断式信用分析方法

六、简答题

1. 简述营运能力分析的概念及其指标。

2. 简述偿债能力分析的概念及其指标。

3. 简述税前利润率和净利润率的内容以及计算方法。

七、论述题

1. 试述财务分析的主要内容和方法。

2. 试述非财务因素分析的内容及主要作用。

3. 试述客户信用评级的方法。

八、计算题

某企业 2020 年和 2021 年的主要产品销售利润明细表如表 5-1 所示。

表 5-1　某企业的主要产品销售利润明细表

产品名称	销售数量/个		销售单价/元		单位销售成本/元		单位销售利润/元	
	2020 年	2021 年	2020 年	2021 年	2020 年	2021 年	2020 年	2021 年
A	200	190	120	120	93	90		
B	195	205	150	145	130	120		
C	50	50	300	300	240	250		
合计	——	——	——	——	——	——		

根据所提供的信息，求：

(1) 根据所给资料信息完成表格内容。

(2) 对该企业商品经营盈利能力进行评价。

第六章　商业银行贷款管理理论与实务(下)

一、单项选择题

1. 农户小额信用贷款采取的管理办法是(　　)。
A. "一次核定、随用随贷、余额控制、周转使用"
B. "放得出、收得回"
C. "自愿协商、公平合理、质价相符"
D. "信息共享、独立审批、自主决策、风险自担"

2. 被称为"辛迪加贷款"的是(　　)。
A. 项目贷款
B. 并购贷款
C. 银团贷款
D. 联合贷款

3. 银行为管理层收购公司的股权而提供的贷款形式被称为(　　)。
A. 过桥贷款
B. 反向并购贷款
C. 银团贷款
D. MBO 贷款

4. 并购贷款或并购贷款支持的交易可能存在与相关法律、法规等相违背的风险被称为(　　)。
A. 战略风险
B. 合规风险
C. 估值风险
D. 价格风险

5. 主要用于国家扶贫开发工作重点,支持能够带动低收入贫困人口增加收入的种养业、劳动密集型企业、农产品加工企业和市场流通企业,以及基础设施建设项目的贷款叫作(　　)。
A. 扶贫贴息贷款
B. 农户小额贷款
C. 助学贷款
D. 下岗失业人员小额担保贷款

6. 按照办理贷款的地点划分,(　　)可分为高校助学贷款和生源地助学贷款两种。
A. 国家助学贷款
B. 一般商业性助学贷款
C. 弱势群体贷款
D. 扶贫贴息贷款

7. 抵押期间是指抵押权存续期间,抵押权存续期间是指(　　)起至抵押权消灭之日止之间的期限。
A. 抵押权成立之日
B. 抵押权成立之日后一天
C. 抵押权成立之日后三天
D. 抵押权成立之日后一周

8. (　　)的保证人在主合同纠纷未经审判或者仲裁,并就债务人财产依法强制执行仍不能履行债务前，对债权人可以拒绝承担保证责任。

A. 连带责任保证　　　　　　　　B. 一般保证

C. 担保责任保证　　　　　　　　D. 抵押责任保证

9. 项目贷款的风险重点在于(　　　　　)。

A. 项目本身　　　　　　　　　　B. 发起人

C. 借款人自身　　　　　　　　　D. 贷款人

10. (　　　　　)重点支持符合国家产业政策、项目已建成、经营效益可观、风险相对较小的交通、能源、基础原材料、经营性基础设施等行业的并购及资产、债务重组。

A. 项目贷款　　　　　　　　　　B. 银团贷款

C. 并购贷款　　　　　　　　　　D. 联合贷款

二、多项选择题

1. 商业银行的质押财产的可接受质物包括(　　　　　　)。

A. 出质人所有的、依法有权处分的机器、交通运输工具和其他动产

B. 汇票、支票、本票、债券、存款单、仓单、提单

C. 依法可以转让的股份、股票

D. 依法可以转让的商标专用权，专利权、著作权中的财产权

E. 依法可以质押的其他权利

2. 商业银行的质押财产的不可接受质物包括(　　　　　　)。

A. 所有权、使用权不明或有争议的财产

B. 法律法规禁止流通的财产或者不可转让的财产

C. 珠宝、首饰、字画、文物等难以确定价值的财产

D. 租用的财产

E. 其他依法不得质押的其他财产

3. 保证人的资格条件包括(　　　　　　)。

A. 无民事行为能力和限制民事行为能力的自然人，不可以作为保证人

B. 公司未经同意不得为债务提供保证

C. 国家机关不得为保证人

D. 学校、幼儿园、医院等以公益为目的的事业单位、社会团体不得为保证人

E. 企业法人的分支机构、职能部门不得为保证人

4. 银行在选择抵押物时必须坚持的原则包括(　　　　　　)。

A. 合法性原则　　　　B. 易售性原则　　　　C. 可售性原则

D. 稳定性原则　　　　E. 易测性原则

5. 项目贷款面临的风险包括(　　　　　　)。

A. 政策性风险　　　　B. 行业性风险和盲目性风险　　　　C. 区域性风险

D. 操作性风险　　　　E. 偶然性风险

6. 并购贷款的主要形式包括(　　　　　　)。

A. 过桥贷款　　　　　B. MBO 款　　　　　C. 银团贷款

D. 反向并购贷款   E. 逆向并购贷款

7. 并购贷款的特殊风险包括(　　　　　)。

A. 战略风险   B. 合规风险   C. 估值风险

D. 信用风险   E. 价格风险

8. 弱势群体贷款的形式主要包括(　　　　　)。

A. 扶贫贴息贷款   B. 农户小额贷款   C. 下岗失业人员小额担保贷款

D. 助学贷款   E. 小微企业贷款

9. 银团收费的具体项目可包括(　　　　　)。

A. 手续费   B. 安排费   C. 结算费

D. 承诺费   E. 代理费

10. 银团贷款的特点包括(　　　　　)。

A. 银团贷款有利于满足借款人的巨额融资需求

B. 银团贷款有利于节省谈判时间和精力，降低筹资成本

C. 银团贷款有利于分散信贷风险

D. 银团贷款有利于获取中间业务收入和增加资产回报

E. 银团贷款能够提高借款人的国内外声誉

三、填空题

1. 参与银团贷款的银行均为(　　　　　)。银团贷款成员应按照"(　　　　　)"的原则自主确定各自授信行为，并按实际承诺份额享有银团贷款项下相应的(　　　　　)、(　　　　　)。

2. 价格风险体现在(　　　　)、(　　　　)、(　　　　)、(　　　　)以及资本和商品市场的波动中。

3. (　　　　　)是指那些在经济社会发展中处于不利地位、需要国家和社会给予支持和帮助的社会群体。对该群体进行贷款支持是(　　　　)等金融机构的(　　　　)，具有显著的正面的(　　　　)。

4. 由于国家助学贷款是(　　　　)的贷款，作为借款的学生应该(　　　　)，在毕业后尽快履行(　　　　)，以实际行动支持国家助学贷款政策，同时也为个人积累(　　　　)。

5. 与一般的商业贷款相比，并购贷款不但要像传统信贷业务一样评估借款人的(　　　　)，更重要的是还要对目标企业进行详细的(　　　　)和(　　　　)，并对并购方和目标企业财务状况进行比较高层次的(　　　　)。

6. 从国际银团贷款的发展来看，大致经历了三个大的发展阶段：第一阶段，以(　　　　)为主的项目融资阶段；第二阶段，以(　　　　)推动银团贷款业务进入第二个发展高潮；第三阶段，以(　　　　)和(　　　　)为主的金融创新促进银团贷款市场与资本市场的融合。

7. 并购贷款是一种特殊形式的(　　　　)。(　　　　)在债务还款顺序上是最优的，但如果贷款用于(　　　　)，则通常只能以(　　　　)来偿还债务。

8. 小额担保贷款金额一般掌握在(　　　　)左右，还款方式和计结息方式由(　　　　)

商定；贷款期限一般不超过(　　　　　)，借款人提出展期且担保人同意继续提供担保的，商业银行可以按规定展期一次，展期期限不得超过(　　　　　)。

9. 助学贷款制度是一国政府为资助(　　　　　)的学生完成学业而实施的一种(　　　　　)制度，它的顺利推行对于实施(　　　　)，促进经济长期、(　　　　)具有重要的战略意义。

10. 与普通的贷款不同，学生办理国家助学贷款不需任何(　　　　)和(　　　　)，只需要提供贷款介绍人和见证人，以(　　　　)为支撑即可向银行申请，而且介绍人和见证人不承担(　　　　)。

四、判断题

1. 确定抵押率的依据主要有以下两点内容：一是抵押物的适用性、变现能力；二是抵押物价格的变动趋势。(　　　　　)

2. 在抵押担保中，抵押物价值大于所担保债权的余额部分，可以再次抵押，即抵押人可以同时或者先后就同一项财产向两个以上的债权人进行抵押。(　　　　　)

3. 有追索权的项目融资也称为纯粹的项目融资，在这种融资方式下，贷款的还本付息完全依靠项目的经营效益。同时，贷款银行为保障自身的利益必须从该项目拥有的资产取得物权担保。(　　　　　)

4. 项目贷款一般用于大型、重点项目建设，借贷的资金量往往较大，许多项目资金往往需要几千万元、上亿元，甚至更多。(　　　　　)

5. 项目贷款风险预警是指在贷款操作和监管过程中，根据事前设置的风险控制指标变化所发出的警示性信号，分析预报贷款风险的发生和变化情况，提示贷款行要及时采取风险防范和控制措施。(　　　　　)

6. 正向并购一般是指一家非上市公司通过收购上市公司股份并最终控制该公司，再由该上市公司对其反向收购，使之成为上市公司的子公司。(　　　　　)

7. 一般商业性助学贷款是由政府主导、财政贴息，银行、教育行政部门与高校共同操作的，帮助家庭经济困难学生完成学业的一种银行贷款。(　　　　　)

8. 担保贷款是指由借款人或第三方依法提供担保而发放的贷款，包括过桥贷款、抵押贷款和质押贷款三种形式。(　　　　　)

9. 项目贷款是指银行对某一特定的工程项目发放的贷款，可以分为无追索权项目贷款和有限追索权项目贷款两种类型。(　　　　　)

10. 保证责任的承担方式有两种：一种是一般保证；另一种是连带责任保证。(　　　　　)

五、名词解释

1. 保证贷款

2. 银团贷款

3. 合规风险

4. 抵押贷款

5. 农户小额贷款

6. 项目贷款

7. 风险控制

8. 并购贷款

9. 信誉风险

10. 下岗失业人员小额担保贷款

六、简答题

1. 简述抵押贷款与质押贷款的区别。

2. 简述项目贷款的主要特点。

3. 简述确定质押率的依据。

4. 简述并购贷款的特征。

5. 简述银团贷款的成员及其职责。

七、论述题

1. 论述我国中小企业融资难的原因以及从商业银行的角度分析该如何解决该问题。

2. 论述农户小额信用贷款与农户联保贷款的区别。

3. 论述抵押率和质押率是如何确定的。

八、案例分析题

案例一：从京山案例看管理层收购中的并购贷款操作

湖北京山轻工机械股份有限公司(以下简称京山轻工)，中国最大的纸箱、纸盒包装机械生产和出口基地，是中国轻工总会和中国包装总公司定点生产纸制品包装机械的最大骨干企业，是集体所有制企业，深圳交易所上市公司。

京山宏硕投资有限公司(以下简称宏硕投资)，由湖北京山轻工机械股份有限公司董事长以及其他 26 名中高层管理人员、技术人员投资设立，为京山轻机管理层和经营层的持股载体。目前第一大股东为京山轻机董事长，与其弟合计在宏硕投资中的持股比例达到了 70%、10%。媒体披露材料显示：宏硕投资以资本性投资为主，旗下拥有涉及粮油农产、房产建材、机械五金等行业的控股参股公司共 9 家。

2009 年 5 月 14 日，宏硕投资作为并购方，和京山轻工的实际控制人湖北省京山轻工机械厂(以下简称京山轻工厂)签署《股权转让合同》，转让京山轻工厂持有的京源科技股份 41.8%，全部对价 9100 万元。收购完成后宏硕投资持有该公司控股股东京源科技 51%股权，间接持有该公司 25.79%股权，从而成为该公司的实际控制人。由于宏硕投资主要股东为该公司管理层，因此宏硕投资本次收购构成管理层收购，如图 6-1 所示。

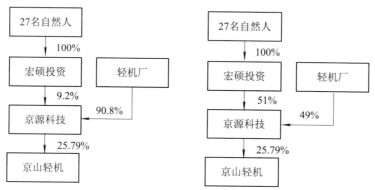

图 6-1　MBO 前后的交易结构

宏硕投资用于支付总额 9100 万元的股权转让价款的资金来源为：自有资金 4600 万元，借贷资金 4500 万元。宏硕投资已于 2009 年 5 月 14 日与京山县农村信用合作联社签署了《贷款意向协议》，京山县农村信用合作联社(以下简称京山农信社)同意向宏硕投资贷款 4500 万元用于此次收购。后来由于京山农信社在短期内难以筹集 4500 万元的借贷资金，因此，经京山农信社同意，宏硕投资将本次交易提供并购贷款之金融机构，变更为中国工商银行股份有限公司京山支行，并于 7 月 2 日签订了《并购借款合同》。

通过该案例，请回答以下问题：

(1) 什么是管理层收购(Management Buy Out，MBO)？

(2) 在本案例中，收购方是哪一家公司？目标公司是哪一家？转让方是哪一家？

(3) 银行在判断是否给实施 MBO 的管理层发放贷款支持的时候，主要评估哪些方面？

案例二：提高助学贷款额度，让大学生圆梦更有底气

据《北京青年报》报道：2021 年财政部、教育部、人民银行、银保监会联合印发《关于进一步完善国家助学贷款政策的通知》(以下简称《通知》)。按照《通知》，自今年秋季学期起每人每年申请贷款额度为，全日制普通本专科学生由不超过 8000 元提高至不超过 1.2 万元；全日制研究生由不超过 1.2 万元提高至不超过 1.6 万元。

助学贷款政策是我国高等教育阶段"奖、贷、助、勤、补、免"学生资助体系中的关

键一环，自 1999 年开始实施该政策后，已累计发放助学贷款 3000 多亿元，共资助 1500 多万名家庭经济困难的学生，为支持学生顺利完成学业发挥了重要作用。

为了增强助学贷款的保障功能，近年来，政府一直在调整完善优化助学贷款政策。2020 年 7 月，教育部等四部门已将助学贷款还本宽限期由 3 年延长至 5 年，将贷款期限从学制加 13 年、最长不超过 20 年调整为学制加 15 年、最长不超过 22 年，并下调了贷款利率。此次调整又大幅提升助学贷款的额度，与之前的政策调整理念和行动一致，保持了政策减负减压提质的延续性、稳定性，向高校学子提供了更有力的支持。

提高助学贷款额度与其他助学措施共同发力，增强了助学政策的保障弹性，既筑牢了助学政策的保障底线，又拉高了助学政策的保障上限，可以让高校学子的学习生活更有质量、更有底气、更有尊严。

提高助学贷款额度的风险是相对可控的。虽然提高了助学贷款额度，但并不意味着大学生都会按最高额度贷款，历史数据表明，大多数学生不会选择最高额贷款。助学贷款的利率较低，还款期限很长(最长还款期限为 22 年)，摊薄了还款压力，大学生在毕业后有五年还本宽限期(在此期间，可只还利息，不还本金)，对确有困难无法按期还款的毕业借款学生，还有兜底救助机制为其代偿本息。

此外，大学生普遍素质较高，其还款的主动性、自觉性较强。日益完善的征信机制也为学生还款设置了一份有力的督促。这些因素能够有效控制助学贷款额度提升的风险，财政部、教育部也已做了反复测算，结果显示，学生的还款压力变化不大，不会因为贷款额度增加而导致贷款不良率大幅度上升。

提高助学贷款额度，让教育更人性化、更具温度，也让学子们更有信心、希望和力量。

(资料来源：学习强国)

通过以上信息，请回答以下问题：

(1) 什么是国家助学贷款？

(2) 试从大学生的角度来分析我国助学贷款目前存在的问题。

(3) 试从大学生的角度来分析国家提高助学贷款额度给学生带来的影响。

第七章　商业银行现金资产管理理论与实务

一、单项选择题

1. 资金流动性供给主要来源不包括(　　　　)。
A. 客户的新增存款 　　　　　　B. 收回贷款
C. 对外借款 　　　　　　　　　D. 对外投资

2. 商业银行存放在除中央银行以外的代理行的存款被称为(　　　　)。
A. 法定存款准备金 　　　　　　B. 超额存款准备金
C. 存放同业 　　　　　　　　　D. 结算在途资金

3. 银行库存现金能反映银行经营的(　　　　)状况。
A. 安全性和盈利性 　　　　　　B. 资产流动性和安全性
C. 盈利性和流动性 　　　　　　D. 资产流动性和盈利性

4. 银行的营业网点根据日常业务需要持有一定的(　　　　)。
A. 库存现金 　　　　　　　　　B. 储蓄存款
C. 同业存款 　　　　　　　　　D. 商业票据

5. 为了规范现金收支业务，商业银行对工资发放和其他大额现金支出实行当天转账，(　　　　)的预约制度，减少集中付现的冲击。
A. 当日付现 　　　　　　　　　B. 次日付现
C. 当日结算 　　　　　　　　　D. 次日结算

6. 存款准备金的计提制度包括(　　　　)。
A. 无时差准备金制度和时差准备金制度
B. 法定存款准备金制度和超额存款准备金制度
C. 无时差准备金制度和法定存款准备金制度
D. 法定存款准备金制度和时差准备金制度

7. 在使用代理行的服务数量和项目一定的情况下，(　　　　)就成为影响同业存款需要量的主要因素。
A. 可投资余额的收益率 　　　　B. 代理行的收费标准
C. 使用代理行的服务数量 　　　D. 使用代理行的服务项目

8. 现金资产是银行持有的库存现金以及与现金等同的可随时用于支付的银行资产。作为银行流动性的第一道防线，现金资产是(　　　　)资产。
A. 非盈利性 　　　　　　　　　B. 保障性

C. 盈利性　　　　　　　　　　　　D. 安全性

9. 城乡居民用现金支付各种费用，而收入现金的单位将其缴存开户银行的现金收回渠道叫作(　　　　)。

A. 储蓄性现金回笼　　　　　　　　B. 服务回笼

C. 商品销售回笼　　　　　　　　　D. 税收性现金回笼

10. (　　　　)的中心金库负责其辖内的现金申领、现金调拨业务，该业务通过银行内部账户进行。

A. 中央银行　　　　　　　　　　　B. 政策性银行

C. 商业银行　　　　　　　　　　　D. 投资银行

二、多项选择题

1. 现金资产管理原则包括(　　　　)。

A. 适度存量控制原则　　　B. 适时流量调节原则　　　C. 安全保障原则

D. 收益最大化原则　　　　E. 流动性最大化原则

2. 银行收回现金的渠道主要有(　　　　)。

A. 储蓄性存款现金收入　　B. 商品销售回笼现金　　　C. 服务回笼

D. 税收性现金回笼　　　　E. 其他现金收入

3. 银行现金投放的渠道主要有(　　　　)。

A. 储蓄存款现金支出　　　B. 投资性支出　　　　　　C. 工资性现金支出

D. 行政事业费现金支出　　E. 农副产品收购现金支出

4. 一般情况下，银行库存现金的管理涉及三个层面包括(　　　　)。

A. 人民银行发行库　　　　B. 人民银行中心金库　　　C. 商业银行营业网点金库

D. 商业银行中心金库　　　E. 商业银行营业网点的机构尾箱

5. 库存现金规模的确定包括(　　　　)。

A. 库存现金的清点　　　　B. 库存现金需要量的匡算　　C. 最适送钞量的测算

D. 现金调拨临界点的确定　E. 商业银行库存现金的经营策略

6. 影响银行库存现金量的因素包括(　　　　)。

A. 现金收支规律　　　　　B. 银行所在城市

C. 商业银行内部管理和后勤保障条件

D. 与中央银行发行库的距离、交通条件及发行库的规定

E. 营业网点的数量和开设网点的地理位置

7. 影响超额存款准备金需要量的因素包括(　　　　)。

A. 存款波动　　　　　　　B. 贷款的发放与收回　　　C. 向中央银行的借款

D. 同业往来情况　　　　　E. 法定存款准备金的变化

8. 加强库存现金管理的措施包括(　　　　)。

A. 建立库存现金资金动态分析机制，提高现金操作时效性

B. 精确库存现金最佳持有量，充分运用银行同业拆借市场及银行间债券市场

C. 改革现金管理模式，减少现金调缴的中间环节

D. 做好客户的引导工作，加强内外部协调与沟通

E. 建立定期通报制度，强化经营单位现金库存管理意识

9. 银行进行库存现金与各类资产负债的转换途径包括(　　　　)。

A. 存放于中央银行的超额存款准备金

B. 短期拆借给其他银行的现金资产

C. 出售证券回购协议的证券

D. 各种拆借途径的负债

E. 通过开展中介业务赚取的现金

10. 库存现金面临的风险主要来自(　　　　)。

A. 被盗窃　　B. 自然灾害　　C. 意外事故　　D. 银行倒闭　　E. 被抢劫

三、填空题

1. 商业银行和存款机构必须按照(　　　　)向中央银行缴存法定存款准备金，其目的是保持银行体系的(　　　　)，降低银行的风险，并借以控制和调节商业银行(　　　　)，进而影响整个(　　　　)。

2. 现金资产是商业银行维持其(　　　　)而必须持有的资产，是(　　　　)的最基本保证，持有一定数量的现金资产，主要目的在于满足银行(　　　　)中的(　　　　)需要。

3. 影响现金支出水平的因素主要有两点：一是(　　　　)，如单位工资支付、农业生产资料购买等；二是(　　　　)，即在过去几年，在某段时间，现金支出的变化，通常根据经验数据判断，求出现金支出水平后，以此与(　　　　)的时间相乘，再加减其他相关因素，即为(　　　　)。

4. (　　　　)就是库存现金占用费与运钞费用最小值之和。可运用经济批量法来测算，其公式为(　　　　) = (　　　　) + (　　　　)。

5. 储蓄业务是有规律可循的。一是营业过程中，客户取款和存款的概率在正常情况下是(　　　　)；二是在正常情况下，上午客户取款的平均金额一般(　　　　)下午客户取款的平均金额，因此在上午营业开始时应备有一定(　　　　)；三是通常情况下，每个月出现现金净收入或净支出的日期(　　　　)。

6. 商业银行加强库存现金管理，应建立(　　　　)制度，强化经营单位现金库存管理意识。通过(　　　　)等形式督促下级经营单位切实履行分行对库存现金管理的目标要求。通过定期通报，进一步强化各经营单位负责人控制(　　　　)，并在此基础上摸索出一定的(　　　　)，使得各基层行的库存得到有效控制。

7. 由于商业银行对于央行的法定存款准备金要求只能(　　　　)，因此，对法定存款准备金的管理主要是围绕着法定存款准备金的(　　　　)与(　　　　)进行的。从原则上讲，我国目前实行的是(　　　　)制度，是以商业银行上期末的存款余额计算下期须保持的准备金数额，并于规定的时间内全部缴存，保持期内准备金存款不能运用，每期调整一次。

8. 贷款的发放与收回对超额存款准备金的影响主要取决于贷款的(　　　　)，如果贷款的使用对象是在他行开户的企业，就会减少本行在中央银行的存量，从而使本行的超额存款准备金(　　　　)。贷款的收回对超额存款准备金的影响也因(　　　　)的不同而有所

不同，比如在他行开户的贷款企业归还贷款时，会使本行超额存款准备金(　　　)。

9. 商业银行进行头寸调度的渠道和方式主要有(　　　)、短期证券回购及(　　　)、(　　　)、系统内资金调度以及(　　　)等。

10. 按照银行现金资产管理的原则，同业存款也应当保持一个(　　　)。同业存款过多，会使银行付出一定的(　　　)；而同业存款过少，又会影响银行(　　　)业务的开展，甚至影响本行在(　　　)上的声誉。

四、判断题

1. 持有期的长短以及持有期内金融机构存款准备金是以平均值还是每日必须得到满足对金融机构的信用创造能力产生影响，其确定和调整不可以体现中央银行存款准备金工具职能。(　　　)

2. 银行在经营过程中，如果出现存款大量流出的现象，若无超额存款准备金就得采取诸如出售证券、催收贷款、向中央银行借款等行动，那么这会增加收益或减少成本。(　　　)

3. 存款准备金计算期的长短，以及是以该时期内存款的平均数量还是以该计算期内的某一时点上的存款数量作为缴存准备金的存款基数，都是中央银行可以决定和调整的。(　　　)

4. 基于对库存现金的动态分析，可以首先核定一个库存现金最佳持有量，即库存资金的最低额度。(　　　)

5. 从一般情况来看，银行营业网点的数量与库存现金的需要量是成反比的。(　　　)

6. 由于运送现钞所花费的燃料费、维修费及司机、保安人员的补贴费等会随着接送现钞次数的增加而成正比例增长。(　　　)

7. 中国人民银行依据有关法律负责现金的印制、发行工作，并结合各商业银行的现金需求预测制订年度现金发行计划。钞票印制好后，人民银行直接向社会投放现金。(　　　)

8. 银行为保持其资金的流动性，必须根据资金流动性变化规律，运用一定的预测分析工具对未来的流动性需求与供给做出正确估计和适当的资金安排。(　　　)

9. 商业银行保有一定数量的现金资产，目的在于保持其经营过程中的债务清偿能力，防范支付风险。(　　　)

10. 随着支付结算电子化程度的提高，商业银行结算在途资金的在途时间越来越长，收回的可能性很小，因此将结算在途资金纳入现金类资产。(　　　)

五、名词解释

1. 现金资产

2. 库存现金

3. 无时差准备金制度

4. 资金头寸

5. 时差准备金制度

6. 超额存款准备金

7. 法定存款准备金

8. 现金投放

9. 现金回笼

10. 结算在途资金

六、简答题

1. 简述加强同业存款业务管理的措施。

2. 简述现金资产的作用。

3. 简述如何掌握好降低库存现金的技术问题。

4. 简述法定存款准备金的计提应注意的问题。

5. 简述如何确定库存现金需要量。

七、论述题

1. 论述商业银行库存现金的经营策略。

2. 论述商业银行现金管理中的适时流量调节原则。

3. 论述影响库存现金的因素。

八、计算题

1. 某银行分理处的最适运钞量是 15 万元，提前时间为两天，平均每天正常投放量为 7 万元，预计每天最大投放量为 8 万元。试计算：

(1) 保险库存量；

(2) 现金调拨临界点。

2. 某银行吸收原始存款 5000 万元，按照相关要求，其中 1000 万元交存中央银行作为法定准备金，1000 万元作为存款准备金，其余全部用于发放贷款。试计算：

(1) 法定存款准备金率；

(2) 超额存款准备金率。

九、案例分析题

案例一：央行降准情况

2018 年以来，中国人民银行 12 次下调存款准备金率，共释放长期资金约 10.3 万亿元。其中，2018 年 4 次降准释放资金 3.65 万亿元；2019 年 3 次降准释放资金 2.7 万亿元；2020 年 3 次降准释放资金 1.75 万亿元；2021 年 2 次降准释放资金 2.2 万亿元。普惠金融定向降准考核政策实施以来，普惠金融领域贷款明显增长，普惠金融服务覆盖率和可得性提高，有效实现了政策目标，参加考核金融机构统一执行最优惠档存款准备金率。通过实施降准政策，优化了金融机构的资金结构，满足了银行体系特殊时点的流动性需求，加大了对中小微企业的支持力度，降低了社会融资成本，推进了市场化法治化"债转股"，鼓励了广大农村金融机构服务当地、服务实体，支持了疫情防控和企业复工复产，发挥了支持实体经济的积极作用。

截至 2021 年 12 月 15 日，金融机构平均法定存款准备金率为 8.4%，较 2018 年初降低了 6.5 个百分点。降准操作并不改变央行资产负债表规模，只影响负债方的结构，短期内商业银行可能根据经营需要减少对中央银行的负债，因此基础货币可能有所下降。但从长期来看，降准操作不但不会使货币供应量收紧，反而具有很强的扩张效应，这与美联储等发达经济体央行减少债券持有量的"缩表"是收紧货币正好相反。

(资料来源：中国人民银行官网)

通过本案例，请回答以下问题：

(1) 什么是存款准备金？什么是法定存款准备金率？

(2) 针对中央银行的降低法定存款准备金率政策措施，对商业银行的影响有哪些？

(3) 试分析，中央银行规定商业银行缴存存款准备金的目的。

案例二：中国人民银行对中小银行定向降准，

并下调金融机构在央行超额存款准备金利率

为支持实体经济发展，加大对中小微、民营企业的支持力度，降低社会融资实际成本，中国人民银行决定对农村信用社、农村商业银行、农村合作银行、村镇银行和仅在省级行政区域内经营的城市商业银行定向下调存款准备金率1个百分点，于2020年4月15日和5月15日分2次实施到位，每次下调0.5个百分点，共释放长期资金约4000亿元。中国人民银行决定自2020年4月7日起将金融机构在央行超额存款准备金利率从0.72%下调至0.35%，这是中国人民银行时隔12年首次下调超额存款准备金利率。

中国人民银行此次下调超额存款准备金利率，实施稳健的货币政策更加灵活，把支持实体经济恢复发展放到更加突出的位置，注重定向调控，兼顾内外平衡，保持流动性合理充裕，货币信贷、社会融资规模增长同经济发展相适应，为高质量发展和供给侧结构性改革营造适宜的货币金融环境。

(资料来源：中国人民银行官网)

通过本案例，请回答以下问题：

(1) 什么是超额存款准备金率？

(2) 试分析商业银行该如何在预测了超额存款准备金需要量的基础上调节超额存款准备金。

(3) 试分析我国中央银行向中小银行定向降准的目的。

第八章 商业银行证券投资管理理论与实务

一、单项选择题

1. 下列选项不属于商业银行证券投资的基本功能是( )。
A. 保持良好的债资比例 B. 保持流动性
C. 分散风险 D. 获取收益

2. 商业银行降低投资风险的一个基本做法是( )。
A. 保留更多现金资产 B. 实行资产分散化
C. 购买更多政府债券 D. 购买更多同行债券

3. 一般而言, ( )流动性最弱。
A. 中央政府债券 B. 政府机构债券
C. 地方政府债券 D. 公司债券

4. ( )是商业银行为筹措资金的一项负债业务创新。
A. 汇票 B. 银行承兑票据
C. 大额可转让定期存单 D. 本票

5. 下列选项不属于证券投资面临的风险的是( )。
A. 市场风险 B. 财务风险 C. 经营风险 D. 信誉风险

6. 银行证券投资的市场风险是( )。
A. 市场利率变化给银行债券投资带来损失的可能性
B. 债务人到期无法偿还本金和利息而给银行造成损失的可能性
C. 银行被迫出售在市场上需求疲软的未到期债券, 由于缺乏需求, 银行只能以较低价格出售债券的可能性
D. 由于不可预期的物价波动, 银行证券投资所得的本金和利息收入的购买力低于投资证券时所支付的资金的购买力, 是银行遭受购买力损失的可能性

7. 商业银行稳健型投资策略不包括( )。
A. 杠铃策略 B. 前置期限策略 C. 后置期限策略 D. 证券转换策略

8. 前置期限策略与后置期限策略相比( )。
A. 前者流动性不低于后者 B. 后者流动性不低于前者
C. 前者风险高于后者 D. 后者期限低于前者

9. 区分投资组合中的证券是指投资管理者要区分证券投资组合中不同证券的( )。
A. 流动性状态 B. 收益性状态 C. 风险性状态 D. ABC 都对

10. 在证券市场上，债券的市场价格与市场利率(　　　　　　　)。

A. 无关　　　　　B. 正相关　　　　　C. 负相关　　　　　D. 以上选项均不准确

二、多项选择题

1. 证券投资与银行贷款的区别有(　　　　　　　)。

A. 银行贷款一般不能流通转让，而银行购买的长期证券可在证券市场上自由转让和买卖

B. 银行贷款是由借款人主动向银行出申请，银行处于被动地位，而证券投资是银行的一种主动行为

C. 银行贷款往往要求借款人供担保或抵押，而证券投资作为一种市场行为，不存在抵押或担保问题

D. 银行贷款没有风险，而证券投资有风险

E. 证券投资与银行贷款均有风险

2. 银行将资金投资于证券之前要满足(　　　　　　　)。

A. 法定准备金需要　　　　　B. 超额准备金需要　　　　　C. 银行流动性需要

D. 属于银行市场份额的贷款需求　　　E. 不需要考虑超额准备金需要

3. 银行证券投资的主要功能是(　　　　　　　)。

A. 保持流动性，获得收益　　　B. 分散风险，高资产质量

C. 合理避税　　　　　D. 为银行供新的资金来源

E. 为金融市场投放更多流动性

4. 中长期市政债券可以分为(　　　　　　　)。

A. 住房授权债券　　　　　B. 普通债券　　　　　C. 收益债券

D. 储蓄公债　　　　　E. 公司债券

5. 债券投资的风险包括(　　　　　　　)。

A. 市场风险　　　　　B. 利率风险　　　　　C. 信用风险

D. 流动性风险　　　　　E. 信誉风险

6. 影响债券到期收益率的因素有(　　　　　　　)。

A. 债券面值　　　　　B. 票面利率　　　　　C. 市场利率

D. 债券购买价格　　　　　E. 债券预期价格

7. 下列有关证券组合风险的表述正确的是(　　　　　　　)。

A. 证券组合的风险不仅与组合中每个证券的报酬率标准差有关，而且与各证券之间报酬率的方差有关

B. 持有多种彼此不完全正相关的证券可以降低风险

C. 两种证券的投资组合，证券间相关系数越小，越能降低投资组合的标准差

D. 多项风险资产经过适当组合后，其风险总比其中单一资产的风险低

E. 多项风险资产的风险大小与组合方式无关

8. 阶梯期限投资策略的特点有(　　　　　　　)。

A. 要求资金均匀分布在一定期间内，就无需预测未来利率的波动

B. 收益也较高，当这种策略实施若干年后，每年银行到期的证券都是中长期证券，其

收益率高于短期证券

C. 缺乏灵活性，这使银行可能失去一些新出现的有利的投资机会

D. 证券变现所能提供的流动性有限

E. 证券变现流动性非常好

9. 与前置期限策略相比，后置期限策略的特点是(　　　　　)。

A. 强调证券投资给银行创造高效益

B. 很难满足银行额外的流动性需求，而且风险大

C. 短期利率上升对银行证券投资较为有利

D. 短期利率下降对银行证券投资较为有利

E. 强调流动性而非收益性

10. 关于利率预测法，正确的说法是(　　　　　)。

A. 当预期利率将上升时，银行购入长期证券

B. 要求银行能够准确预测未来利率的变动

C. 要求投资者根据预测的未来利率变动，频繁地进入证券市场进行交易，银行证券投资的交易成本增加

D. 重视证券投资的长期收益

E. 不考虑通货膨胀因素

三、填空题

1. 商业银行证券投资包含收益、风险和期限三个要素，其中(　　　　　)与(　　　　　)呈正相关，(　　　　　)则影响投资收益率与(　　　　　)的大小。

2. 证券投资风险中，信用风险也称违约风险，指债务人到期不能偿还(　　　　　)的可能性。

3. 银行间债券市场的债券交易包括(　　　　　)和(　　　　　)交易两种。

4. 证券投资主要面临以下六种风险：(　　　　　)风险、(　　　　　)风险、(　　　　　)风险、(　　　　　)风险、信用风险和流动性风险。

5. 商业银行证券投资的主要目的是(　　　　　)、(　　　　　)和(　　　　　)。

6. 场间价差互换是(　　　　　)之间的互换。进行这种互换的动机，是认为不同市场间利差偏离正常水准。

7. 普通型国债主要有(　　　　　)、(　　　　　)和(　　　　　)三种。

8. 资产支持证券(Asset-backed Security，ABS)是一种债券性质的金融工具，其向投资者支付的本息来自于(　　　　　)产生的(　　　　　)或(　　　　　)。

9. 央行票据即中央银行票据，是中央银行为调节商业银行超额准备金面向(　　　　　)发行的短期债务凭证，其实质是(　　　　　)。

10. 收益和风险是证券投资中不可分割的两个方面。一般而言，收益越高，(　　　　　)越大。银行在进行证券投资时，应当在承担既定风险的条件下使得收益最大化。

四、判断题

1. 考虑到市场风险，在经济飞速发展时期，银行应将资金投资于收益性较高的长期证

券。（　　　　）

2. 公司债券是由企业发行的承诺在规定期限内还本付息的一种长期债务凭证，其风险较大，但是可以免税。（　　　　）

3. 在投资于存在违约风险的证券时，银行管理者不仅要考虑债券本身违约风险的大小，还要考虑自身的风险偏好。（　　　　）

4. 前置期限策略下银行只持有短期证券，不持有长期证券。采取这种方法的目的是强调保持资产的流动性，使银行能及时获得所需资金。（　　　　）

5. 收益率曲线隐含着对未来利率变动的预期。向右上方倾斜的收益率曲线反映市场的一种平均的预期，认为未来的短期利率将高于当前水平，投资者会将证券从长期转向短期。（　　　　）

6. 我们将名义利率的变动而给银行造成损失的可能性看作是利率风险，而将通货膨胀的变动给银行造成损失的可能性看作是购买力风险。（　　　　）

7. 当名义利率、通货膨胀率都较小时，实际利率近似等于名义利率与通货膨胀率之差。（　　　　）

8. 收益率曲线总是向上倾斜的。（　　　　）

9. 收益率曲线向上倾斜，则应该更多投资长期债券。（　　　　）

10. 商业银行只能购买中央政府债券，不能投资地方政府债券。（　　　　）

五、名词解释

1. 金融债券

2. 投资收益率

3. 央行票据

4. 资产支持证券

5. 中期票据

6. 短期融资券

7. 债券互换

8. 商业银行证券投资

9. 货币市场工具

10. 资本市场工具

六、简答题

1. 为什么在证券投资收益比贷款收益低的情况下，银行要选择证券投资？

2. 为什么向上倾斜的收益率曲线意味着预期短期利率会上升？

3. 简述梯形期限策略及其优缺点。

4. 简述我国商业银行证券投资对象。

七、论述题

1. 论述商业银行证券投资业务的功能。

2. 论述商业银行面临的投资风险。

第九章　商业银行中间业务管理理论与实务

一、单项选择题

1. 下列不属于传统表外业务的是(　　　　　)。
A. 代理业务　　　　　B. 支付结算业务　　　C. 担保　　　　　D. 租赁业务

2. 承兑汇票属于(　　　　)中间业务。
A. 支付结算类　　　　B. 代理类　　　　　　C. 担保类　　　　D. 咨询类

3. 若银行汇票的实际结算金额低于出票金额，其多余金额由出票银行(　　　　)。
A. 退还持票人　　　　B. 退交出票银行　　　C. 退交申请人　　D. 退交承兑人

4. 关于传统结算方式中"三票一汇"相关内容说法错误的是(　　　　)。
A. 支票可以分为转账支票和现金支票
B. 本票仅能在同一票据交换区域内使用
C. 汇票可以分为银行汇票和商业汇票
D. 支票在同城和异地均可以使用

5. 由出票人签发的委托付款人在指定日期无条件支付确定的金额给收款人的票据是(　　　　)。
A. 银行本票　　　　　B. 商业汇票　　　　　C. 银行汇票　　　D. 支票

6. 持卡人须先按发卡银行要求交存一定金额的备用金，当备用金账户余额不足支付时，可在发卡银行规定的信用额度内透支的信用卡是(　　　　)。
A. 贷记卡　　　　　　B. 准贷记卡　　　　　C. 借记卡　　　　D. 芯片卡

7. 汇出行应汇款人的要求，采用加押电传或SWIFT(环球银行间金融电信网络)形式，指示汇入行付款给指定收款人的结算方式是(　　　　)。
A. 电汇　　　　　　　B. 信汇　　　　　　　C. 票汇　　　　　D. 信用证

8. (　　　　)是由承租人指定设备及生产厂家，委托出租人投入资金购买并提供设备，交承租人使用并由承租人支付租金的租赁形式，它是金融租赁的主要形式。
A. 直接租赁　　　　　B. 回租租赁　　　　　C. 杠杆租赁　　　D. 转租赁

9. 金融期权属于银行(　　　　)中间业务。
A. 承诺类　　　　　　B. 交易类　　　　　　C. 担保类　　　　D. 代理类

10. (　　　　)是指交易双方约定在未来某个特定时间以约定价格买卖约定数量的资产。
A. 远期　　　　　　　B. 期货　　　　　　　C. 互换　　　　　D. 期权

二、多项选择题

1. 美国银行业根据收入来源将中间业务分为(　　　　　)。
A. 信托业务　　　　　　B. 投资银行和交易业务　　C. 存款账户服务业务
D. 手续费类收入　　　　E. 其他手续费类收入

2. 服务类中间业务真正体现了中间业务的基本性质，即(　　　　　)。
A. 中介　　　　　　　　B. 代理业务　　　　　　　C. 风险低
D. 成本低　　　　　　　E. 收入稳定

3. 一笔信用证结算业务所涉及的基本当事人包括(　　　　　)。
A. 开证申请人　　　　　B. 开证行　　　　　　　　C. 保证行
D. 付款行　　　　　　　E. 受益人

4. 商业银行的代理业务有(　　　　　)。
A. 代理收支业务　　　　B. 代理证券业务　　　　　C. 代理保险业务
D. 政策性和商业银行业务　E. 代理中央银行业务

5. 贷款承诺是银行与借款客户之间达成的一种具有法律约束力的正式契约，银行将在有效承诺期内，按照双方约定的金额、利率，随时准备应客户的要求向其提供信贷服务，并收取一定的承诺佣金，其类型主要有(　　　　　)。
A. 可转换贷款承诺　　　B. 定期贷款承诺　　　　　C. 循环贷款承诺
D. 备用贷款承诺　　　　E. 活期贷款承诺

6. 按照委托人委托的不同资财划分，银行信托业务一般可以划分为(　　　　　)。
A. 货币信托业务　　　　B. 公益信托业务　　　　　C. 非货币信托业务
D. 财产信托业务　　　　E. 投资信托业务

7. 以下用于进出口贸易的保函种类有(　　　　　)。
A. 进口履约保函　　　　B. 出口履约保函　　　　　C. 还款保函
D. 付款保函　　　　　　E. 特殊贸易保函

8. 以下属于或有债权、或有债务类中间业务的有(　　　　　)。
A. 保函　　　　　　　　B. 基金　　　　　　　　　C. 信用证
D. 备用信用证　　　　　E. 票据发行便利

9. 按照授信形式的不同，客户授信额度可分为(　　　　　)等业务品种分项额度。
A. 贷款额度　　　　　　B. 开证额度　　　　　　　C. 开立保函额度
D. 开立银行承兑额度　　E. 承兑汇票贴现额度

10. 以下属于金融期货的有(　　　　　)。
A. 原油期货　　　　　　B. 黄金期货　　　　　　　C. 上证 50
D. 两年期国债　　　　　E. 短期利率期货

三、填空题

1. (　　　　　)主要是指商业银行不运用或较少运用自己的资金，以中间人的身份为客户提供代理收付、委托、保管、咨询等金融服务，并收取手续费。

2. (　　　　　)是指不在资产负债表内反映,但在一定条件下会转化为资产或负债业务的中间业务,包括贷款承诺、担保业务、金融衍生业务和投资银行业务等。

3. 银行保函的种类很多,我国一般按照保函的作用分为(　　　　　)和(　　　　　)两大类。

4. 银行开具备用信用证时将面临(　　　　　)风险与(　　　　　)风险,但一般情况下较贷款损失要(　　　　　),银行在开立备用信用证时要收取(　　　　　)。

5. 欧式期权的买方(　　　　　)行使权利,美式期权的买方(　　　　　)行使权利。

四、判断题

1. 商业银行中间业务不会引起商业银行资产负债表的变化。(　　　　　)

2. 表外业务是指影响银行资产负债总额和当期损益,改变银行资产报酬率的经营活动。(　　　　　)

3. 承诺类中间业务是指商业银行在未来某一日期按照事前约定的条件向客户提供约定信用的业务,承诺是不可撤销的。(　　　　　)

4. 商业银行信托业务以信用为基础,银行在业务经营中直接或者间接地涉及资金融通,因而商业银行信托业务涉及债权债务关系。(　　　　　)

5. 银行开出备用信用证实际上是出银行信用等级的行为,以此可使被担保人的信用等级有所提高。(　　　　　)

6. 贷款承诺是具有期权性质的中间业务,客户拥有是否履行贷款承诺的权利。(　　　　　)

7. 即期外汇交易又称为现汇交易或外汇现货交易,是指必须在成交当日办理实际货币交割的外汇交易。(　　　　　)

8. 权指期权买入方在规定的期限内享有按照一定的价格向期权卖方购入某种基础资产的权利,但不负担必须买进的义务;看跌期权指期权买方在规定的期限内享有向期权卖方按照一定的价格出售基础资产的权利,但不负担必须卖出的义务。(　　　　　)

9. 汇交易可以用来进行套期保值或投机。(　　　　　)

10. 保函的交易程序包括:委托人向商业银行提交开立保函申请书;商业银行审查及落实反担保措施;银行出具保函;保函的展期、修改或撤销;担保项目的监督管理;办理赔付。(　　　　　)

五、名词解释

1. 表外业务

2. 信用证

3. 支付结算系统

4. 银行卡

5. 电子银行业务

6. 信托

7. 银行保函

8. 备用信用证

9. 贷款承诺

10. 票据发行便利

六、简答题

1. 简述中间业务的基本性质。

2. 简述金融租赁的种类与特点。

3. 简述国内信用证的特点。

4. 简述备用信用证的特点。

5. 简述贷款承诺的优点。

七、论述题

1. 试述商业银行理财业务的分类。

2. 试述国内商业银行中间业务的分类。

3. 试述金融租赁的操作流程。

八、案例分析题

从业绩快报看招商银行中间业务的发展

据每日经济新闻的报道，近日，招商银行发布 2021 年度业绩快报(未经审计)。业绩快报公告，招商银行(以下简称招行)实现营业收入 3312.34 亿元，同比增加 407.52 亿元，增幅为 14.03%；归属于本行股东净利润 1199.22 亿元，同比增加 225.8 亿元，增幅为 23.2%。不良贷款率 0.91%，较上年末下降 0.16 个百分点；拨备覆盖率 441.34%，较上年末增加 3.66 个百分点；贷款拨备率 4.03%，较上年末减少 0.64 个百分点。

截至 2022 年 1 月 14 日，招行市值为 12 110 亿元，在 A 股排在第六位，高于农行和中行。农行、中行市值分别为 10 394 亿元、9097 亿元。招行作为一家股份制商业银行，却在 2021 年直接利润接近 1200 亿，资产突破了 9 万亿，甚至出现了市值力压农行、中行的情况，很多人都在疑惑招行到底是干了什么？

首先，银行业的确是中国最赚钱的行业之一。对于当前的中国来说，银行是中国金融产业的基础，无论是实体经济的发展，还是资本市场的操作都需要银行业作为支撑，银行可以说是经济流动的血脉，资金融通的基础，在这样的大背景之中，银行业本身成为了最赚钱的产业，招商银行在其中无疑也受到了市场红利的帮助。

其次，招商银行在中国银行业中有着"零售之王"的外号，"零售之王"的业绩也的确是招行的杀手锏。我们到底该怎么看招商银行的发展，招商银行如此好的业绩又该如何判断呢？

一是招商银行长期深耕零售市场给自己积累了巨大的市场优势。成立于 1987 年的招商银行是中国最早的一批股份制商业银行之一，基本上从成立开始，招商银行就全面推动零售业务的发展。1995 年和 1999 年，招商银行相继推出了"一卡通"和"一网通"服务，率先布局银行卡业务和网络服务，之后又开创了金葵花理财业务等，无论是"一卡通""一网通"，还是"金葵花"都是招行的金字招牌，这些在零售市场的长期布局给招商银行当前的发展奠定了非常坚实的基础，这也是招商银行这些年能够在个人金融赛道一骑绝尘的关键所在。

二是中间业务收入等非传统息差收入占比相对较高。对于当前的招商银行来说，虽然其利润水平依然不及农行、中行等传统大行，但是招行的中间业务做得非常有特色，其已经逐渐构建起了属于自己的中间业务收入优势，2021 年其非利息收入达到 1273 亿元，同比增长 20.7%，明显高于总营业收入 14% 的增速，这也就导致其非利息收入占比继续提升，达到了 38.4%，非利息收入的高增长给其本身的资本市场号召力提供了较为坚实的基础。

三是轻型银行转型非常显著。一直以来，我们都在说商业银行的业务普遍是偏重的，这是因为中国的商业银行往往依靠的是海量资金的息差赚钱，而招商银行这些年普遍采用的是轻型银行业务转型，实现了对杠杆经营依赖程度减弱和资金使用效率持续优化。在这样的大背景下，轻型银行让招商银行拥有了更多的市场辗转腾挪的空间，逐步摆脱了自身对规模驱动业务模式的依赖，从而进一步提升了自身的盈利水平。

四是移动银行业务的不断增加。基于两大 App 平台的数字化获客与经营发力，截至 2021 年 9 月底，招商银行的零售客户数量和资产管理规模分别为 1.69 亿户和 10.37 万亿元。2021 年，招商银行 App 和掌上生活 App 的用户为 1.05 亿户，19 个场景的用户超过千万，通过招商银行 App 和掌上生活 App，招商银行形成了一体两翼的互联网发展模式，在这个模式之中，招商银行 App 已经成为了中国最好用的商业银行移动产品之一，这是招行快速发展的关键所在。

最后，从长期发展的角度来说，招商银行其实是利用自己的业务模式逐渐构建起一个特有的差异化竞争优势，比起传统的商业银行经营模式，招行的经营模式更灵活，市场的发展水平更好，这就是招商银行的优势所在，所以我们看到招行的市值能够力压农业银行、中国银行，这并不是招商银行的本身营收已经超越了这些大行，而是招行相比这些大行有更多的想象空间，能够让招行在短时间内形成稀有的差异化竞争优势，从而获得更高的市场估值和影响力，这才是招行最核心的关键所在。

(资料来源：瀚海观察)

通过该案例，回答以下问题：

(1) 什么是中间业务？

(2) 案例中提到的招商银行的中间业务有哪些？

(3) 中间业务有哪些特点？

(4) 谈谈我国商业银行中间业务发展中的不足和策略。

第十章　商业银行电子业务管理理论与实务

一、单项选择题

1. 电子银行业务不包括(　　　　)。
A. 网上银行业务　　　　　　　　B. 电话银行业务
C. 手机银行业务　　　　　　　　D. 通过电子设备和网络完成金融交易的银行业务

2. 下列关于纯电子银行发展模式的说法正确的是(　　　　)。
A. 存款利率高于传统银行模式　　B. 存款利率低于传统银行模式
C. 需要设立物理网点　　　　　　D. 经营成本较高

3. 不属于个人网上银行特点的有(　　　　)。
A. 即时性　　　　　B. 风险性　　　　　C. 全面性　　　　　D. 安全性

4. 个人网上银行的业务品种有(　　　　)。
A. 基本网银服务　　B. 网上投资　　　　C. 个人理财助理　　D. ABC 均是

5. 下列选项不是手机银行构成部分的是(　　　　)。
A. 手机　　　　　　B. GSM 短信中心　　C. 第三方 App　　　D. 银行系统

6. 下列选项说法正确的是(　　　　)。
A. 手机银行即电话银行　　　　　B. 手机银行基于网络服务
C. 手机银行与银行服务无关　　　D. 手机银行可以在任何时间地点进行操作

7. 关于 P2P 网络借贷的说法正确的是(　　　　)。
A. 指的是个体和个体之间通过互联网平台实现的直接借贷
B. 指的是个体和个体之间通过互联网平台实现的间接借贷
C. 指的是个体向企业集团通过互联网平台进行借贷
D. 指的是企业和企业之间通过互联网平台实现的直接借贷

8. 以下与利用网上银行实施网络犯罪无关的是(　　　　)。
A. 钓鱼病毒造成的用户信息泄露　　　　B. 用户上网次数过于频繁
C. 电脑木马病毒中毒造成的用户信息泄露　D. 虚假网站造成的用户信息泄露

9. 支付宝目前未提供的日常服务有(　　　　)。
A. 水费缴费服务　　　　　　　　B. 电费缴费服务
C. 煤气费缴费服务　　　　　　　D. 发放工资服务

10. 互联网金融给商业银行带来的挑战有(　　　　)。

A. 弱化商业银行支付功能　　　　　B. 冲击商业银行贷款业务

C. 加速金融脱媒　　　　　　　　　D. 以上都对

二、多项选择题

1. 电子银行的业务特征包括(　　　　　)。

A. 服务方便、高效、可靠　　　　　B. 经营成本低

C. 渠道及介质的虚拟化　　　　　　D. 为客户提供全方位离柜式金融服务

E. 为客户提供便捷的一对一金融服务

2. 电子银行的业务模式主要包括(　　　　　)。

A. 线上加线下模式　　　　　　　　B. 传统银行电子化模式

C. 去掉物理网点模式　　　　　　　D. 借助第三方网络平台的模式

E. 纯电子银行发展模式

3. 电子银行业务主要包括(　　　　　)。

A. 网上银行　　　　B. 电话银行　　　　C. 手机银行

D. 微信银行　　　　E. 自助银行

4. 个人借助网上银行可以办理的业务有(　　　　　)。

A. 账户查询　　　　B. 转账汇款　　　　C. 支付结算

D. 在线支付　　　　E. 投资理财

5. 商业银行的企业网上银行服务包括(　　　　　)。

A. 账户管理　　　　B. B2B 在线支付　　　C. 票据托管

D. 网上年金服务　　E. 集团理财

6. 手机银行与网上银行比较，优点有(　　　　　)。

A. 用户数量庞大　　　　　　　　　B. 安全性更高

C. 不需要银行服务辅助　　　　　　D. 前者可以取代后者

E. 实时性好

7. 自助银行包括(　　　　　)。

A. ATM　　　　　　B. CDM　　　　　　C. POS

D. 多媒体自助终端　E. 自助服务电话

8. 电子银行业务的特点有(　　　　　)。

A. 安全可靠　　　　B. 方便实用　　　　C. 结算快捷

D. 强化管理　　　　E. 降低费用

9. 网上银行业务的主要类型包括(　　　　　)。

A. 基本网银业务　　B. 网上投资　　　　C. 网上购物

D. 个人理财助理　　E. 企业银行

10. 基于互联网的基金销售包括(　　　　　)。

A. 支付宝基金销售　　　　　　　　B. 微信基金销售

C. 基于自有网络平台的基金销售　　D. 基金 App 平台的基金销售

E. 基于非自有网络平台的基金销售

三、填空题

1. 电子银行业务是商业银行等银行业金融机构利用面向社会公众开放的(　　　　)或(　　　　)，以及银行为特定自助服务设施或客户建立的专用网络，向客户提供的银行服务。

2. 个人网上银行是指银行通过互联网，为个人客户提供账户查询、转账汇款、投资理财、在线支付等金融服务的网上银行服务。个人网上银行的特点有(　　　　)、(　　　　)和(　　　　)。

3. 手机银行也称为移动银行(Mobile Banking)，是利用移动通信网络及终端办理相关银行业务的简称。手机银行是由手机、(　　　　)和(　　　　)构成的。

4. (　　　　)银行又称无人银行、电子银行，它属于银行业务处理电子化和自动化的一部分，是近年在国外兴起的一种现代化的银行服务方式。它利用现代通信和计算机技术，为客户提供智能化程度高、不受银行营业时间限制的 24 小时全天候金融服务，其全部业务流程在没有银行人员协助的情况下完全由客户自己完成。

5. 互联网金融是指依托于(　　　　)、(　　　　)、(　　　　)以及搜索引擎等互联网工具，实现资金融通、支付和信息中介等业务的一种新兴金融。

6. P2P 网络借贷指的是(　　　　)和(　　　　)之间通过互联网平台实现的(　　　　)借贷。P2P 网络借贷平台为借贷双方提供信息流通交互、撮合、资信评估、投资咨询、法律手续办理等中介服务，有些平台还提供资金移转和结算、债务催收等服务。

7. 互联网金融业务主要由(　　　　)处理，操作流程完全标准化，客户不需要排队等候，业务处理速度更快，用户体验更好。

8. 与网上银行相比，手机银行功能相对(　　　　)，而且以(　　　　)为主，这主要受目前有关技术环境和条件的影响。

9. (　　　　)是专门为电子商务活动中的卖方和买方提供的安全、快捷、方便的在线支付结算服务。

10. 网上银行又称(　　　　)或(　　　　)，是指银行以互联网作为传输渠道，向客户提供(　　　　)的方式。

四、判断题

1. 电子银行业务的办理不再需要一对一的柜台服务。(　　　　)
2. 电子银行的经营成本高于传统银行。(　　　　)
3. 电子银行业务、虚拟网点的建设，将取代传统银行。(　　　　)
4. 纯电子银行发展模式借助高科技的发展，同时需要设立物理的营业网点而面向客户办理各项业务。(　　　　)

5. 目前手机银行的发展与普及都非常快速，功能已经非常完善，可以满足各种支付需求与保障。（　　　　）

6. 外币兑换机属于自助银行，服务对象为中外外币兑换者。（　　　　）

7. 自助银行代表网点没有银行人员，一切业务由客户独立完成。（　　　　）

8. 互联网金融是"互联网+金融业"，是二者的结合相加。（　　　　）

9. 互联网支付的典型代表有支付宝、微信支付等。（　　　　）

10. 众筹融资的投资人不以获得收益为目的。（　　　　）

五、名词解释

1. 电子银行业务

2. 自助银行

3. 网上银行

4. 互联网金融

5. 手机银行

6. 代收业务

7. 投资理财

8. 个人网上银行

9. 企业网上银行

10. 贷款证券化

六、简答题

1. 简述传统银行与电子银行业务的区别。

2. 自助银行有哪些机器设备及主要功能？

3. 互联网金融有什么特点？

4. 简述互联网支付的模式。

七、论述题

1. 互联网金融背景下，商业银行面临的挑战有哪些？商业银行应该如何应对？

2. 试论述 P2P 网络借贷在我国的发展状况、面临的主要风险、如何防范这些风险。

3. 谈谈互联网金融的潜在风险及风险应对措施。

八、案例分析题

2011 年 1 月 13 日，南京市民许先生突然收到一条手机短信："尊敬的网银用户，您的中行 E 令将于次日过期，请尽快登录 www.b×××k.com 进行升级，给您带来不便敬请谅解，详询 95566。"虽然许先生发现该手机短信来自一个陌生手机号码，但他并未产生怀疑，他立即根据短信提示登录该网址。网页打开后，许先生看到，显示的界面正是"中国银行"，他根据网页的提示，输入账户名、密码以及随机产生的中行 E 令(动态口令)、身份证号等信息后，界面显示升级成功后，他放心地退出了该界面。可当他再次登录中行网银账户时，许先生发现账户上的 101 万元已被转走。

运用已掌握的知识对以上案例进行讨论分析。

第十一章　商业银行风险管理理论与实务

一、单项选择题

1. 银行业面临的最主要的风险是(　　　　)。
A. 市场风险　　　B. 信用风险　　　C. 操作风险　　　D. 战略风险

2. 由于人为错误、技术缺陷或不利的外部事件所造成损失的风险叫作(　　　　)。
A. 信用风险　　　B. 市场风险　　　C. 操作风险　　　D. 国家风险

3. (　　　　)被定义为未来结果出现收益或损失的(　　　　)。
A. 保险；确定性　　　　　　　　B. 风险；不确定性
C. 保险；不确定性　　　　　　　D. 风险；确定性

4. 下列不属于商业银行通常运用的风险管理的方法是(　　　　)。
A. 风险集中　　　B. 风险对冲　　　C. 风险转移　　　D. 风险规避

5. 下列关于风险管理与商业银行经营的关系，说法不正确的是(　　　　)。
A. 承担和管理风险是商业银行的基本职能，也是商业银行业务发展的原动力
B. 风险管理不能从根本上改变商业银行的经营模式，即从传统上片面追求扩大规模、增加利润的粗放经营模式，向风险与收益相匹配的精细化管理模式转变等
C. 风险管理能够为商业银行风险定价提供依据，并有效管理金融资产和业务组合
D. 健全的风险管理体系能够为商业银行创造价值

6. 下列关于风险对冲的说法不正确的是(　　　　)。
A. 风险对冲不能被用于管理信用风险
B. 风险对冲可以分为自我对冲和市场对冲
C. 风险对冲对管理股票风险非常有效
D. 风险对冲对管理利率风险非常有效

7. 下列不属于业务操作风险的成因的是(　　　　)。
A. 监督管理滞后　　　　　　　　B. 经营层次过低
C. 内部控制薄弱　　　　　　　　D. 业务管理分散

8. 下列不属于内部流程引起的操作风险的是(　　　　)。
A. 法律风险　　　B. 会计错误　　　C. 雇员冲突　　　D. 支付错误

9. 控制操作风险的最好办法是(　　　　)。
A. 资本约束　　　B. 人员约束　　　C. 内部控制　　　D. 外部控制

10. (　　　　)和(　　　　)是操作风险管理的中心环节。

习　题　　　　　　　　　　　　　　　　·75·

A. 风险控制、风险缓释　　　　　　　B. 公司治理、风险缓释

C. 风险控制、信息系统的建设　　　　D. 内部控制、风险缓释

二、多项选择题

1. 商业银行风险的特征包括(　　　　　)。

A. 客观性　　　　　　　　B. 普遍性　　　　　　　　C. 可测性

D. 不可测性　　　　　　　E. 不确定性

2. 市场风险的类型包括(　　　　　)。

A. 利率风险　　　　　　　B. 汇率风险　　　　　　　C. 股票价格风险

D. 商品价格风险　　　　　E. 操作风险

3. 商业银行风险管理的方法包括(　　　　　)。

A. 风险规避　　　　　　　B. 风险预测　　　　　　　C. 风险分散

D. 风险转移　　　　　　　E. 风险对冲

4. 我国银行业的操作风险可以分为(　　　　　)。

A. 市场　　　　　　　　　B. 内部程序　　　　　　　C. 系统

D. 外部事件　　　　　　　E. 人员

5. 对于商业银行来说，目前面对的市场风险主要是(　　　　　)。

A. 利率风险　　　　　　　B. 股票价格风险　　　　　C. 汇率风险

D. 商品价格风险　　　　　E. 基准风险

6. 下述商业银行常见的风险管理策略中，属于风险转移的有(　　　　　)。

A. 为营业场所购买财产保险

B. 对于不擅长承担风险的业务，银行对其配置有限的经济资本

C. 银行对信用等级较低的客户提高贷款利率

D. 将贷款资产证券化后出售

E. 提高贷款准入条件

7. 下列关于商业银行风险管理的方法，正确的有(　　　　　)。

A. 商业银行的信贷业务应是全面的，不应集中于同一业务、同一性质甚至同一个借款人

B. 风险对冲分为自我对冲和市场对冲

C. 风险分散既可降低系统性风险，也可降低非系统性风险

D. 不做业务，不承担风险

E. 任何不确定性都会带来高风险

8. 下列描述信用风险、市场风险与操作风险的关系，说法正确的有(　　　　　)。

A. 信用风险主要存在于授信业务

B. 操作风险普遍存在于商业银行业务和管理的各个方面

C. 市场风险存在于交易类业务

D. 操作风险具有营利性，能为商业银行带来盈利

E. 三者间不存在相互关系

9. 属于外部事件引起的操作风险的有(　　　　　)。

A. 自然灾害　　　　B. 业务外包　　　　C. 会计错误
D. 政治风险　　　　E. 信息质量

10. 商业银行高管层及高管层风险管理委员会对于操作风险管理应负的职责有（　　　　）。

A. 执行董事会批准的操作风险战略和体系
B. 统筹和协调全行操作风险计量和管理工作
C. 审议操作风险管理的重大事项
D. 解决操作风险管理中出现的重大问题
E. 及时准确预测市场风险

三、填空题

1. （　　　　）是商业银行在业务经营中面临的最基本的风险。

2. 流动性风险是指商业银行无力为（　　　　）的减少或（　　　　）的增加提供融资而造成损失或破产的风险。

3. 风险不以人的意志为转移，商业银行的风险具有（　　　　）。

4. （　　　　）是指商业银行拒绝或退出某一业务或市场，以避免承担该业务或市场具有的风险。

5. （　　　　）是指通过投资或购买与标的资产收益波动负相关的某种资产或衍生产品，来冲销标的资产潜在的风险损失的一种风险管理策略。

6. （　　　　）是金融市场中最古老，也是最重要的风险形式之一，它是商业银行所面临的主要风险。

7. 《巴塞尔新资本协议》不仅构建了（　　　　）、（　　　　）、（　　　　）三大支柱，明确最低资本充足率覆盖了信用风险，而且对信用风险的计量提出了标准法、内部评级法初级法、内部评级法高级法三种方法。

8. 信用衍生品主要有（　　　　）、（　　　　）、（　　　　）等。

9. 按照来源不同，利率风险可以划分为（　　　　）、（　　　　）、（　　　　）和期权性风险。

10. 操作风险按其成因主要分为（　　　　）、内部流程、（　　　　）、（　　　　）。

四、判断题

1. 巴塞尔委员会规定：银行资产负债的流动性比率不得低于25%。（　　　　）

2. 流动性风险是指商业银行无力为负债的减少或资产的增加提供融资而造成损失或产的风险。（　　　　）

3. 通过预测和提前准备，可以完全消除风险。（　　　　）

4. "不要将所有的鸡蛋放在一个篮子里"指的是要分散风险。（　　　　）

5. 在操作风险管理中，信息系统的主要作用在于支持风险评估建立损失数据库、风险指标收集与报告、风险管理和建立资本模型等。（　　　　）

6. 外包服务的最终责任人不是商业银行。(　　　　　)

7. 购买保险不能减小操作风险。(　　　　)

8. 资本约束是控制操作风险的最好办法。(　　　　)

9. 为了降低操作风险、确保内部控制的有效运行，商业银行必须遵循全面、审慎、有效和独立四个内部控制原则。(　　　　)

10. 合规问题是我国商业银行操作面临的主要问题，也是我国风险管理的核心问题。(　　　　)

五、名词解释

1. 商业银行风险

2. 信用风险

3. 市场风险

4. 操作风险

5. 流动性风险

6. 国家风险

7. 违约风险暴露

8. 信用评级

9. 总收益互换

10. 次级贷款

六、简答题

1. 简述商业银行风险的特征。

2. 简述市场风险的类型。

3. 简述商业银行风险管理的含义和方法。

4. 简述现代银行信用风险技术模型。

5. 简述操作风险缓释的方法。

七、论述题

与信用风险和市场风险相比，操作风险具有哪些特点？

第十二章 商业银行贷款交易与贷款证券化

理论与实务

一、单项选择题

1. 我国贷款交易主要集中在(　　　　)贷款。
A. 正常　　　　B. 关注　　　　C. 次级　　　　D. 可疑

2. 下列选项不属于贷款交易流程的是(　　　　)。
A. 确定交易对手　　　　　　　B. 转移资产给 SPV
C. 尽职调查　　　　　　　　　D. 交易的确认

3. 关于我国贷款交易的限制性规定,下列选项错误的是(　　　　)。
A. 整体性交易　　　　　　　　B. 买断式交易
C. 无追索权　　　　　　　　　D. 形式上是贷款转让

4. 资产证券化是 20 世纪 70 年代产生于(　　　　)的一项重大金融创新,也是世界金融业发展的一个趋势。
A. 英国　　　　B. 美国　　　　C. 意大利　　　　D. 新加坡

5. 资产证券化又称为(　　　　)。
A. 一级证券化　　　　　　　　B. 二级证券化
C. 三级证券化　　　　　　　　D. 四级证券化

6. 根据资产证券化发起人、发行人和投资者所属地域不同,资产证券化可分为(　　　　)。
A. 未来收益证券化和信贷资产证券化
B. 境内资产证券化和境外资产证券化
C. 境内资产证券化和离岸资产证券化
D. 股权型证券化和债权型证券化

7. 根据证券化的基础资产不同,可将资产证券化分为(　　　　)。
A. 不动产证券化、应收账款证券化、信贷资产证券化和未来收益证券化等
B. 境内资产证券化和离岸资产证券化
C. 股权型证券化、债权型证券化和混合型证券化
D. 应收账款证券化、债权型证券化和股权型证券化

8. 下列关于资产证券化兴起的经济动因的说法，不正确的有(　　　　　)。

① 资产证券化最基本的功能是融资

② 资产证券化可以解决资产和负债的不匹配

③ 资产证券化交易中的证券一般都是单一品种

④ 资产证券化产品的风险权重比基础资产本身的风险权重高

A. ①②③④

B. ①②④

C. ①③④

D. ②③④

9. 下列属于资产证券化的基本运作程序中主要步骤的是(　　　　　)。

① 重组现金流，构造证券化资产

② 挂牌上市交易及到期支付

③ 组建特殊目的机构，实现真实出售，达到破产隔离

④ 完善交易结构，进行信用增级

A. ②④

B. ①②③④

C. ①②③

D. ①③

10. 下列关于企业证券化与资产证券化的概念和解释，错误的是(　　　　　)。

A. 企业证券化主要是负债表右边融资，资产证券化主要是资产负债表左边融资

B. 企业证券化主要是起到盘活存量的作用，而资产证券化主要是起到报表扩张的作用

C. 企业证券化以公司为融资主体，并且假设公司会永续经营；而资产证券化以 SPV 为发行主体，在其设立的第一天就有明确的终止日期

D. 企业证券化属于公司财务的范畴，而资产证券化属于结构金融的范畴

二、多项选择题

1. 在我国贷款转让交易的尝试时期，贷款转让交易的参与者主要是(　　　　　)。

A. 商业银行　　　　　B. 政府　　　　　　　C. 金融资产管理公司

D. 中央银行　　　　　E. 政策性银行

2. 1998 年 7 月，(　　　　　)上海市分行和(　　　　　)上海分行签订了转让银行贷款债权的协议，这是国内第一笔贷款转让业务。

A. 民生银行　　　　　B. 中国银行　　　　　C. 交通银行

D. 广东发展银行　　　E. 光大银行

3. 影响贷款转让交易系统上的报价和交易活跃的主要因素有(　　　　　)。

A. 入市机构较少　　　B. 部分入市机构尚未开展业务　　C. 市场需求同质化

D. 政策法律限制　　　E. 财税制度不健全

4. 下列选项属于贷款交易目的的有(　　　　　)。

A. 改善信贷资产结构　　B. 提高信贷资产流动性　　　　　C. 合理配置信贷资金

D. 实现经营效益最大化　　E. 调整资产负债表

5. 证券化是指资金供给者和需求者通过资产证券市场进行投融资的过程。从形式上讲，证券化可以分为(　　　　)。

A. 融资证券化　　　　　　B. 资产证券化　　　　　　C. 抵押证券化

D. 资产支持证券化　　　　E. 不动产证券化

6. 目前贷款交易的方式主要包括(　　　　)。

A. 贷款转让　　　　　　　B. 贷款参与　　　　　　　C. 贷款更新

D. 直接贷款　　　　　　　E. 间接贷款

7. 下列选项属于资产证券化的主要参与方的有(　　　　)。

A. 原始权益人　　　　　　B. 特殊目的机构　　　　　C. 投资者

D. 信用增级机构　　　　　E. 承销机构

8. 根据证券化产品的金融属性不同，可将资产证券化分为(　　　　)。

A. 股权型证券化　　　　　B. 债权型证券化　　　　　C. 混合型证券化

D. 信贷资产证券化　　　　E. 不动产证券化

9. 在资产证券化过程中，入池贷款应具备的理想标准有(　　　　)。

A. 能够在未来产生可预测的、稳定的现金流

B. 有持续一定时期的低违约率、低损失率的历史记录

C. 本息偿还可分摊于贷款的整个生命期间

D. 贷款的初始债务人具有广泛的地域分布和多样化的客户类型分布

E. 贷款抵押物有较高的变现价值

10. 关于 SPV(特殊目的载体)以下说法正确的有(　　　　)。

A. 具有独立法律地位的实体

B. 由证券化发起人设立的一个附属机构

C. 专门进行资产证券化的机构

D. 发起人将资产转移给 SPV 必须以真实销售的方式进行

E. 发起人将资产转移给 SPV，从而达到"破产隔离"的目的

三、填空题

1. 在贷款交易中，商业银行等金融机构出于(　　　　)的需要，将贷款转移出去，由第三者购买，从而形成了(　　　　)。通过二级市场的运作，解决了(　　　　)的矛盾，形成了良好的资金融通。

2. (　　　　)的签署暨贷款转让交易启动仪式的进行标志着我国贷款交易市场初步建立起来。

3. 证券化是指(　　　　)。

4. 融资证券化又称为(　　　　)或(　　　　)。

5. 信用增级的方式很多，通常采用(　　　　)和(　　　　)两种类型。

四、判断题

1. 商业银行以贷款交易方式进行融资时，不改变原有的贷款形态，直接将已发放的贷款让渡给第三方以此获得融资。(　　　　　)

2. 贷款转让是在不改变债的内容的情况下，由受让行取代原贷款银行的地位，成为新的债权人。(　　　　)

3. 在贷款参与中，参贷行与借款人之间有直接的债权债务关系，参贷行对借款人有直接的追索权。(　　　　)

4. 贷款更新的实质等于借款人和受让行之间订立了一个新的贷款协议，其内容与原贷款文件相同，只是贷款人由贷款出让行变成了贷款受让行。(　　　　　)

5. 美国的资产证券化的次级证券(通常是非投资级，评级在 BBB 以下)通常由专业的机构投资者购买。(　　　　)

五、名词解释

1. 贷款交易

2. 贷款转让

3. 贷款参与

4. 贷款更新

5. 融资证券化

6. 资产证券化

六、简答题

1. 简述贷款交易的作用。

2. 简述资产支持证券化(ABS)、抵押证券化(MBS)、担保债务凭证(CDO)的概念及区别。

3. 简述抵押证券化 MBS 的优点。

4. 简述资产支持证券化 ABS 的种类。

5. 简述贷款证券化的意义。

七、论述题

1. 试述贷款交易的流程。

2. 试述我国贷款交易的限制性规定。

3. 试述贷款证券化的基本流程。

八、案例分析题

美国次贷危机

2008 年，美国次贷危机引起了全球性金融危机的大爆发。美国经济在 2000 年互联网泡沫破裂和 2001 年"9·11"事件的双重打击下呈现衰退危险时，美国政府为挽救经济，采取低利率和减税等一系列措施。这些措施使大量资金涌入沉寂 10 年的房地产市场。随着大量资金的不断涌入，房地产价格一路攀升。不少投资人通过贷款购买第二套甚至第三套房产，同时大批没有偿还能力的贷款者和有不良还款记录者也向银行申请次级按揭贷款来购买房产。房价的高涨使银行对发放贷款进行了一系列的"创新"措施，包括：购房者无须提供首付，可从银行获得全部资金；贷款的前几年还款可只偿还利息，不用偿还本金；对借款人不进行信用审核；利率浮动。当银行持有大量未来可能违约的不良按揭贷款时，银行将这些不良按揭贷款打包出售，再由华尔街投行将其证券化，如设计成诱人的金融衍生品出售给全球投资者。然而，后期美国房产价格下跌，很多贷款者无力偿还债务，致使次贷危机爆发。

通过该案例，请回答以下问题：

(1) 什么是贷款证券化？

(2) 贷款证券化有什么特点？

(3) 试分析美国次贷危机的成因。

(4) 谈谈美国次贷危机对中国的启示。

参考答案

第一章　商业银行概述

一、单项选择题

1. B 解析：1694 年，英国政府成立了一家股份制银行——英格兰银行。英格兰银行的成立标志着现代商业银行的诞生。故本题选择 B。

2. A 解析：1272 年，意大利的佛罗伦萨就已出现一个巴尔迪银行。1310 年，佩鲁齐银行成立。1397 年，意大利又设立了麦迪西银行，10 年后又出现了热那亚乔治银行。故本题选择 A。

3. C 解析：在不同的国家，商业银行的名称各不相同，如英国称之为存款银行、清算银行；美国称之为国民银行、州银行；日本称之为城市银行、地方银行等。故本题选择 C。

4. D 解析：我国修订后的《商业银行法》第四条规定，商业银行以安全性、流动性、效益性为经营原则，实行自主经营，自担风险，自负盈亏，自我约束。故本题选择 D。

5. C 解析：盈利性是指商业银行获得利润的能力，它是商业银行经营管理的总目标。商业银行作为一种企业，最终目标是为股东获取尽可能多的回报，实现利润最大化。利润最大化既是商业银行实现充实资本、加强实力、巩固信用、提高竞争能力的基础，也是股东利益所在，是银行开拓进取、积极发展业务、提高服务质量的内在动力。商业银行的所有业务活动，包括向谁提供贷款、投资何种证券、是否开设分支机构、提供什么样的代理咨询等服务，都要服从盈利性这一目标。故本题选择 C。

6. A 解析：信用中介职能是指商业银行通过负债业务，将社会上的各种闲散资金集中起来，又通过资产业务，将所集中的资金运用到国民经济各部门中去。商业银行通过充当资金供应者和资金需求者的中介，实现了资金的顺利融通，同时也形成了商业银行利润的重要来源，这是商业银行最基本的职能。故本题选择 A。

7. D 解析：信用创造职能是指商业银行利用其吸收活期存款的有利条件，通过发放贷款、从事投资业务而衍生出更多的存款，从而扩大货币供应量，这是一种特殊的职能。故本题选择 D。

8. A 解析：商业银行的存款是银行负债的重要组成部分，是开展银行资产业务、中间业务的基础。商业银行失去了这个基础，零售业务利润和转型也无从谈起。目前，存款仍然是银行信贷资金和利润的主要来源，其具有稳定性强、成本低的特点，能够匹配中长期贷款。只有吸收更多的存款，银行才能扩大贷款规模，获取更多利差收入，尤其在转型时期，它是支撑和开展中间业务的前提和基础。故本题选择 A。

9. C 解析：商业银行流动性最强的资产是现金、银行存款、短期投资以及其他货币资金。故本题选择 C。

10. B 解析：1694 年，英国政府成立了英格兰银行。英格兰银行的成立标志着现代商业银行的诞生。故本题选择 B。

二、多项选择题

1. AB 解析：西方国家商业银行产生的社会条件和发展环境虽各不相同，但归纳起来有两条主要途径：一是从旧的高利贷银行转变而来；二是按资本主义组织原则。故本题选择 AB。

2. ABCDE 解析：商业银行的职能有信用中介、支付中介、信用创造、信息中介以及金融服务。故本题选择 ABCDE。

3. ABC 解析：现在各国商业银行已普遍认同在经营活动中必须遵循盈利性、安全性和流动性的"三性"原则。上述三个原则中，安全性是基础，流动性是条件，盈利性是目的。商业银行在业务经营过程中，要同时兼顾以上三个原则，全面考虑盈利性、安全性、流动性的要求。故本题选择 ABC。

4. ABCDE 解析：目前，世界上商业银行的主要组织制度有分支行制度、单元银行制度、银行持股公司制度、连锁银行制度、跨国联合制度。故本题选择 ABCDE。

5. BD 解析：1994 年，中国政府设立了国家开发银行、中国进出口银行、中国农业发展银行三大政策性银行，均直属国务院领导。2015 年，银监会在统计口径中将中国进出口银行、中国农业发展银行列入政策性银行，将国家开发银行与政策性银行并列统计，国务院明确国开行定位为开发性金融机构，从政策银行序列中剥离。故本题选择 BD。

6. ABC 解析：任何没有制约和监督的权力都是很危险的，不受监督的权力往往导致权力的滥用，公司的权力也不例外。按照决策权、执行权和监督权三权分立的原则，商业银行的内部组织机构一般由决策机构、执行机构和监督机构三个部分组成。故本题选择 ABC。

7. ABCDE 解析：银行的管理系统由全面管理、财务管理、人事管理、经营管理以及市场营销管理组成。故本题选择 ABCDE。

8. ABCDE 解析："骆驼"评价体系是目前美国金融管理当局对商业银行及其他金融机构的业务经营、信用状况等进行的一整套规范化、制度化和指标化的综合等级评定制度。因其五项考核指标，即资本充足性(Capital Adequacy)、资产质量(Asset Quality)、管理水平(Management)、盈利状况(Earnings)和流动性(Liquidity)的英文第一个字母组合在一起为"CAMEL"，正好与"骆驼"的英文名字相同而得名。因"骆驼"评价方法的有效性，其已被世界上大多数国家所采用。当前国际上对商业银行评价考察的主要内容包括资本充足率及变化趋势、资产质量、存款结构及偿付保证、盈利状况、人力资源情况五个方面，基本上未跳出"骆驼"评价体系的框架。故本题选择 ABCDE。

9. BC 解析：商业银行的监督机构由监事会和稽核部门所构成。股东大会选举监事组成监事会。监事会是银行的内部监督机构，有很大的权威性。它不仅检查和评估商业银行业务经营和管理状况，而且有权对董事会制定的银行经营目标和经营决策进行检查，有权对董事的活动进行审查。监事会不受董事会的控制，而是直接向股东大会负责，董事、高级管理人员不得兼任监事。稽核部门负责稽核监督银行的日常业务经营、财务会计、行长任期经济责任和内部控制等情况。故本题选择 BC。

10. AE　解析：20 世纪 30 年代大危机爆发之前，各国政府对银行经营活动极少给予限制，许多商业银行都可以综合经营多种业务，属全能型银行、综合型银行，我们称之为混业银行。但是在大危机中，生产倒退，大量企业破产，股市暴跌，银行成批破产倒闭，造成历史上最大一次全面性的金融危机。不少西方经济学家归咎于银行的综合性业务经营，尤其是长期贷款和证券业务的经营。据此，许多国家认定商业银行只适于经营短期工商信贷业务，并以立法形式将商业银行类型和投资银行类型的业务范围作了明确划分，以严格其分工。美国相继颁布了一系列法案强化和完善了职能分工型银行(Functional Division Commercial Bank)制度。对于这样的制度，我们称之为分业经营。随后，日本、英国等国家也相继实行了分业经营制度。故本题选择 AE。

三、填空题

1. 英格兰银行　解析：1694 年，英国政府为了同高利贷作斗争，以维护新生的资产阶级发展工商业的需要，成立了一家股份制银行——英格兰银行，并规定英格兰银行向工商企业发放低利贷款，英格兰银行的成立标志着现代商业银行的诞生。

2. 信用中介职能　解析：信用中介职能是商业银行最基本，也是最能反映其经营活动特征的职能。

3. 单一银行制　解析：单一银行制在美国非常普通，是美国最古老的银行组织形式之一。

4. 谨慎监管　解析：目前，世界上多数政府对银行的监管秉承的是谨慎监管原则。

5. 中国银监会　解析：我国现行的银行业监管机构是中国银监会，全称为中国银行业监督管理委员会(China Banking Regulatory Commission)。

6. 货币　解析：商业银行是一种特殊的企业，因为其经营的对象是特殊商品——货币。

7. 货币结算、货币收付、货币兑换、转移存款　解析：支付中介职能是指商业银行利用活期存款账户，为客户办理各种货币结算、货币收付、货币兑换和转移存款等业务活动。

8. 信用中介、支付中介、信用创造、信息中介、金融服务　解析：商业银行的五大职能有信用中介、支付中介、信用创造、信息中介、金融服务。

9. 分支行制度、单元银行制度、银行持股公司制度、连锁银行制度、跨国联合制度　解析：目前，世界上商业银行的主要组织制度有分支行制度、单元银行制度、银行持股公司制度、连锁银行制度、跨国联合制度。我国采用的是分支行制度。

10. 盈利性、安全性、流动性　解析：商业银行的三大经营原则是盈利性、安全性、流动性。其中，盈利性是目的，安全性是基础，流动性是条件。

四、判断题

1. ×　解析：1694 年，英国政府为了同高利贷款作斗争，以维护新生的资产阶级发展工商业的需要，决定成立一家股份制银行——英格兰银行，并规定该银行向工商企业发放低利贷款，利率为5%～6%。英格兰银行的成立标志着现代商业银行的诞生。

2. √ 解析：盈利性是指商业银行获得利润的能力，它是商业银行经营管理的总目标。商业银行作为一种企业，最终目标是为股东获取尽可能多的回报，实现利润最大化。

3. √ 解析：商业银行三大经营原则具有有机联系，盈利性是目的，安全性是基础，流动性是条件。商业银行在业务经营过程中，要同时兼顾以上三个原则，全面考虑盈利性、安全性、流动性的要求。

4. × 解析：商业银行的信用创造职能是指商业银行利用其吸收活期存款的有利条件，通过发放贷款、从事投资业务而衍生出更多的存款，从而扩大货币供应量。它要以原始存款为基础，不是无限的。

5. × 解析：信用中介职能是商业银行最基本，也是最能反映其经营活动特征的职能。信用中介职能是指商业银行通过负债业务，将社会上的各种闲散资金集中起来，又通过资产业务，将所集中的资金运用到国民经济各部门中去。商业银行通过充当资金供应者和资金需求者的中介，实现了资金的顺利融通，同时也形成了商业银行利润的重要来源。

6. √ 解析：商业银行的信用创造职能是指商业银行利用其吸收活期存款的有利条件，通过发放贷款、从事投资业务而衍生出更多的存款，从而扩大货币供应量。它要以原始存款为基础，不是无限的。

7. × 解析：美国大部分商业银行实行的是单元银行制度。单元银行制度又称独家银行制度或单一银行制度，是指银行业务由各自独立的商业银行经营，法律禁止或限制银行设立分支机构的银行组织制度。美国和印度等少数国家的部分银行实行该制度。

8. √ 解析：流动性是指商业银行能够随时满足客户提现和必要的贷款需求的支付能力，包括资产的流动性和负债的流动性。资产的流动性是指商业银行资产在不发生损失的情况下迅速变现的能力。负债的流动性是指商业银行以合理的成本随时举借新债，以满足资金需求的能力。

9. √ 解析：按照决策权、执行权和监督权三权分立的原则，商业银行的内部组织机构一般由决策机构、执行机构和监督机构三个部分组成。

10. × 解析：中央银行是金融体系的最后贷款人。

五、名词解释

1. 信用中介。信用中介职能是指商业银行通过负债业务，将社会上的各种闲散资金集中起来，又通过资产业务，将所集中的资金运用到国民经济各部门中去。商业银行通过充当资金供应者和资金需求者的中介，实现了资金的顺利融通，同时也形成了商业银行利润的重要来源。

2. 信用创造。信用创造职能是指商业银行利用其吸收活期存款的有利条件，通过发放贷款、从事投资业务而衍生出更多的存款，从而扩大货币供应量。商业银行的信用创造包括两层意思：一是指信用工具的创造，如银行券或存款货币；二是指信用量的创造。

3. 信息中介。信息中介职能是指商业银行通过其所具有的规模经济和信息优势，能够有效解决经济金融生活中信息不对称导致的逆向选择和道德风险问题。

4. 流动性。流动性是指商业银行能够随时满足客户提现和必要的贷款需求的支付能力，包括资产的流动性和负债的流动性。资产的流动性是指商业银行资产在不发生损失的情况下迅速变现的能力。负债的流动性是指商业银行以合理的成本随时举借新债，以满足资金需求的能力。

5. 商业银行道德风险。商业银行道德风险是指银行从业人员在其自身需要得不到有效满足，并受其思想状况、道德修养、价值取向的影响，为满足自身需要，未使其业务(职务)行为最优化，从而引起或故意导致金融运行处于风险状态的可能性。

6. 道德风险。道德风险是在信息不对称条件下，不确定或不完全合同使得负有责任的经济行为主体不承担其行动的全部后果，在最大化自身效用的同时，做出不利于他人行动的现象。

六、简答题

1. 商业银行的性质。

答：商业银行是以追求最大利润为经营目标，以多种金融资产和金融负债为经营对象，为客户提供多功能、综合性服务的企业。商业银行具有一般企业的特征，但不是一般工商企业，而是一种特殊的企业。因为其经营的对象是特殊商品——货币，商业银行提供的金融服务更全面、业务范围更广。

2. 商业银行的职能。

答：商业银行的五大职能有信用中介、支付中介、信用创造、信息中介、金融服务。

3. 商业银行的组织制度。

答：组织制度是指商业银行外部机构的设置方式。目前，世界上商业银行的主要组织制度有分支行制度、单元银行制度、银行持股公司制度、连锁银行制度、跨国联合制度。我国实行的是分支行制度。

七、论述题

1. 商业银行的发展演变过程。

答：14～15 世纪的欧洲，因其优越的地理环境和社会生产力的较快发展，各国、各地之间的商业往来也逐渐频繁。然而，由于当时的封建割据，不同国家和地区之间所使用的货币在名称、成色等方面存在着很大的差异。要实现商品的顺利交换，就必须把各自携带的货币进行兑换，于是就出现了专门的货币兑换商，从事货币兑换业务。

随着商品经济的迅速发展，货币兑换和收付的规模也不断扩大，为了避免长途携带大量金属货币带来的不便和风险，货币兑换商在经营兑换业务的同时开始兼营货币保管业务，后来又发展到办理支付和汇兑。

随着货币兑换和货币保管业务的不断发展，货币兑换商集中了大量货币资金，当这些长期大量积存的货币余额相当稳定，可以用来发放贷款、获取高额利息收入时，货币兑换商便开始了授信业务。

货币兑换商由原来被动接受客户的委托保管货币转而变为积极主动地揽取货币保管

业务，并且从降低保管费或不收保管费发展到给委托保管货币的客户一定好处时，保管货币业务便逐步演变成了存款业务。由此，货币兑换商逐渐开始从事信用活动，商业银行的萌芽开始出现。17世纪以后，随着资本主义经济的发展和国际贸易规模的进一步扩大，近代商业银行雏形开始形成。

随着资产阶级工业革命的兴起，工业发展对资金的巨大需求，客观上要求商业银行发挥中介作用。在这种形势下，西方现代银行开始建立。

1694年，英国政府为了同高利贷作斗争，以维护新生的资产阶级发展工商业的需要，成立了一家股份制银行——英格兰银行，并规定英格兰银行向工商企业发放低利贷款，利率为5%~6%。英格兰银行的成立标志着现代商业银行的诞生。

2. 商业银行的三大经营原则及其相互关系。

答：商业银行经营的高负债率、高风险性以及受到监管的严格性等特点决定了商业银行的经营必须严格遵循一定的原则，其遵循的原则不能是单一的，只能是几个方面的统一。现在各国商业银行已普遍认同在经营活动中必须遵循盈利性、安全性和流动性的"三性"原则。

(1) 盈利性。盈利性是指商业银行获得利润的能力，它是商业银行经营管理的总目标。商业银行作为一种企业，最终目标是为股东获取尽可能多的回报，实现利润最大化。

(2) 安全性。安全性是指商业银行应努力避免各种不确定因素对它的影响，使银行经营的资产与负债免遭风险损失的可能性。商业银行的安全性包括两个方面：一类是负债的安全，包括资本的安全、存款的安全、各项借入资金的安全；另一类是资产的安全，包括现金资产、贷款资产和证券资产的安全。

(3) 流动性。流动性是指商业银行能够随时满足客户提现和必要的贷款需求的支付能力，包括资产的流动性和负债的流动性。资产的流动性是指商业银行资产在不发生损失的情况下迅速变现的能力。负债的流动性是指商业银行以合理的成本随时举借新债，以满足资金需求的能力。

上述三个原则中，安全性是基础，流动性是条件，盈利性是目的。商业银行在业务经营过程中，要同时兼顾以上三个原则，全面考虑盈利性、安全性、流动性的要求。盈利性、安全性和流动性三个原则的选择和组合是就银行整体而言的，需要对各种负债和各种类型资产进行综合研究，寻求最佳组合。

我国修订后的《商业银行法》第四条规定，商业银行以安全性、流动性、效益性为经营原则，实行自主经营，自担风险，自负盈亏，自我约束。

八、案例分析题

(1) 商业银行的性质与职能是什么？

答：商业银行是以追求最大利润为经营目标，以多种金融资产和金融负债为经营对象，为客户提供多功能、综合性服务的企业。商业银行具有一般工商企业的特征；商业银行是一种特殊的企业因为其经营的对象是特殊商品——货币；商业银行是一种特殊的金融企业，商业银行提供的金融服务更全面、范围更广。商业银行的五大职能有信用中介、支付中介、信用创造、信息中介、金融服务。

(2) 你认为商业银行会消失吗？为什么？

答：不会。随着资本市场的发展、利率市场化的推进以及互联网的崛起，商业银行三大传统业务虽然受到了前所未有的冲击和影响，但凭借银行核心的信用基础和独特的功能优势，这些业务都有存在的必要性和不可替代性。同时，商业银行正带着一以贯之的创新精神和利润最大化的目标，在各项业务(如支付方式)中不断创新和完善。银行有其存在的基础，强大的资金实力和后盾，现在方兴未艾的互联网的投资方式或者支付方式只是丰富了投资者的投资渠道，但是这些平台、机构等的资金最终都会流入银行，所以银行只是利用资金的成本变高了，商业银行的低成本时代将会慢慢改变，也就是所谓的"银行躺着赚钱"的时代一去不复返。传统的商业银行并未原地踏步，也在大力发展自己的手机银行、网上银行业务，同时加强与互联网公司的合作，如建行和支付宝、工行与京东金融的合作。由此看出，传统商业银行在感受到压力的同时，也在思变。因此，改革和发展后的商业银行，将以全新的面貌和全面的功能继续存在(言之有理即可)。

第二章 商业银行资本管理理论与实务

一、单项选择题

1. B 解析：会计资本是从普通会计原则出发衡量资本的，按照银行账面价值来计算的银行资本量称为会计资本，会计上通用的恒等式为总资本等于总资产减去总负债，代表了股东们对银行的要求权，也称之为股东权益或净资产，它实质上是由实收资本、资本公积、盈余公积等组成。故本题选择 B。

2. D 解析：经济资本是由商业银行的管理层内部评估产生的，配置给资产或某项业务用于减缓风险冲击的资本。经济资本严格意义上讲，是指用于承担业务风险或购买外来收益的股东投资总额，应该是风险资本与商誉之和，但通常将其直接定义为风险资本。故本题选择 D。

3. A 解析：银行最原始的资金来源是资本金。通俗地讲，资本金就是银行经营货币业务的"本钱"。在存款流入之前，资本为银行注册、组建和经营提供了所需资金。故本题选择 A。

4. C 解析：监管资本是一国金融监管当局为了降低银行风险维持金融稳定制定的，银行必须按照监管当局对资本的定义和计算要求所持有的资本。监管部门在考察银行资本时主要是从防范风险方面出发的,商业银行的监管资本是针对商业银行的资金运用而言的。故本题选择 C。

5. A 解析：公开储备是指通过保留盈余或其他领域的方式在资产负债表上明确反映的储备，如股票发行溢价、未分配利润和公积金等。故本题选择 A。

6. A 解析：商业银行资本内部筹集手段一般采取增加各种准备金和收益留存的方法有：(1) 增加各种准备金，准备金通常有资本准备金、贷款损失准备金和投资损失准备金；(2) 按收益留存，收益留存即从商业银行内部进行资本积累，包括剩余股利政策和固定股利支付率政策的改变。银行资本外部筹集手段有发行普通股、发行优先股、发行资本票据和债券等方法。故本题选择 A。

7. D 解析：商业银行提高资本充足率的分子对策，包括增加核心资本和附属资本。其中，核心资本的来源包括发行普通股、提高留存利润等方式；增加附属资本的方法主要是发行可转换债券、混合资本债券和长期次级债券。故本题选择 D。

8. B 解析：在满足最低资本要求、储备资本和逆周期资本要求外，系统重要性银行还应当计提附加资本，国内系统重要性银行附加资本要求为风险加权资产的 1%，由核心一级资本满足。如果国内银行被认定为系统重要性银行，所使用的附加资本要求不得低于巴塞尔委员会的统一规定。故本题选择 B。

9. A 解析：一般来说，内源性融资是银行补充资本、提高资本充足率的第一选择。其优点在于不依赖外部条件，避免金融工具的发行成本，不会稀释现有股东的控制权；缺点是会缴纳公司所得税，减少银行的所得利润留存，影响银行的市值。故本题选择 A。

10. A 解析：特定情况下，商业银行应当在最低资本要求和储备资本要求之上计提逆周期资本。逆周期资本要求为风险加权资产的 0～2.5%，由核心一级资本来满足。故本题选择 A。

二、多项选择题

1. ADE 解析：商业银行资本的功能主要有营业功能、保护功能和管理功能。故本题选择 ADE。

2. CD 解析：《巴塞尔协议 I》将银行资本分为两大类：一类是核心资本，又称一级资本；另一类是附属资本，又称二级资本。故本题选择 CD。

3. AD 解析：商业银行的核心资本由股本和公开储备两部分组成。① 股本。股本包括普通股和永久非累积优先股。② 公开储备。公开储备是指通过保留盈余或其他领域的方式在资产负债表上明确反映的储备，如股票发行溢价、未分配利润和公积金等。故本题选择 AD。

4. ABC 解析：附属资本是商业银行资本金的另一个组成部分。根据巴塞尔委员会的提议，附属资本可以包括以下五项内容：① 未公开储备。未公开储备又称隐蔽准备。虽然各国法律和会计制度不同，但巴塞尔委员会提出的标准是：在该项目中，只包括虽未公开但已反映在损益账上并为银行的监管机构所接受的储备。② 重估储备。一些国家按照本国的监管会计条例允许对某些资产进行重估，以便反映它们的市值或其相对于历史成本更接近其市值。即如果这些资产是审慎作价的，并充分反映价格波动和强制销售的可能性，那么，这种储备可以列入附属资本中。这类资本一般包括对计入资产负债表上的银行自身房产的正式重估和来自于有隐蔽价值的资本的名义增值。③ 普通准备金。普通准备金是为防备未来可能出现的一切亏损而设立的。因为它可被用于弥补未来的不可确定的任何损失，符合资本的基本特征，所以被包括在附属资本中，但不包括那些为已确认的损失或者为某项资产价值明显下降而设立的准备金。④ 混合资本工具。混合资本工具是指带有一定股本性质又有一定债务性质的一些资本工具。由于这些金融工具与股本极为相似，特别是它们能够在不能清偿的情况下承担损失、维持经营，因此可以列为附属资本。例如，英国的永久性债务工具、美国的强制性可转换债务工具等。⑤ 长期附属债务。长期附属债务是资本债券与信用债券的统称。之所以可被当作资本，是因为它可部分替代资本的职能：可以同样为固定资产筹集资金；只有在存款人盈利与资产的要求权得到充分满足之后，债权人才能取得利息和本金；银行一旦破产损失，损失先由附属债务冲销，再由保险公司或存款人承担。一般情况下，只有期限在 5 年以上的附属债务工具可以包括在附属资本之中，但其比例最高也只能相当于核心资本的 50%。故本题选择 ABC。

5. AB 解析：为了计算准确，《巴塞尔协议 I》对资本中模糊的成分应予以扣除作了规定，包括：(1) 商誉；(2) 从总资本中扣除对从事银行业务和金融活动的附属机构的投资。

故本题选择 AB。

6. ACE 解析：《巴塞尔协议Ⅱ》对于统一银行业的资本及其计量标准做出了卓有成效的努力，在信用风险和市场风险的基础上，新增了对操作风险的基本要求；在最低资本充足要求的基础上，提出了监管部门对资本充足率的监督检查和市场约束的新规定，形成了资本监管的"三大支柱"。故本题选择 ACE。

7. BCD 解析：我国商业银行各级资本充足率不得低于如下最低要求：核心一级资本充足率不得低于 5%；一级资本充足率不得低于 6%；资本充足率不得低于 8%。故本题选择 BCD。

8. ABD 解析：债券筹资的优点包括：第一，资本成本低。债券的利息可以税前列支，具有抵税作用；另外债券投资人比股票投资人的投资风险低，因此其要求的报酬率也较低。故商业银行债券的资本成本要低。第二，具有财务杠杆作用。债券的利息是固定的费用，债券持有人除获取利息外，不能参与商业银行净利润的分配，因而具有财务杠杆作用，在息税前利润增加的情况下会使股东的收益以更快的速度增加。第三，所筹集资金属于长期资金。发行债券所筹集的资金一般属于长期资金，可供商业银行在 1 年以上的时间内使用，这为商业银行安排长期贷款项目提供了有力的资金支持。债券筹资的缺点包括：第一，财务风险大。债券有固定的到期日和固定的利息支出，当商业银行资金周转出现困难时，易使商业银行陷入财务困境。第二，限制性条款多，资金使用缺乏灵活性。因为债权人没有参与商业银行管理的权利，为了保障在债权人债权的安全，通常会在债券合同中包括各种限制性条款。这些限制性条款会影响商业银行资金使用的灵活性。故本题选择 ABD。

9. ABC 解析：银行资本外部筹集有发行普通股、发行优先股、发行资本票据和债券等方法。商业银行资本内部筹集一般采取增加各种准备金和收益留存的方法：(1) 增加各种准备金。准备金通常有资本准备金、贷款损失准备金和投资损失准备金。(2) 按收益留存。收益留存即从商业银行内部进行资本积累，包括剩余股利政策和固定股利支付率政策的改变。故本题选择 ABC。

10. ABCD 解析：发行优先股的优点包括：第一，财务负担轻。由于优先股股票股利不是商业银行必须偿付的一项法定债务，如果公司财务状况恶化时，那么这种股利可以不付，从而减轻了商业银行的财务负担。第二，财务上灵活机动。由于优先股股票没有规定最终到期日，它实质上是一种永续性借款。优先股股票的收回由商业银行决定，商业银行可在有利条件下收回优先股票，具有较大的灵活性。第三，财务风险小。由于从债权人的角度看，优先股属于商业银行股本，从而巩固了商业银行的财务状况，提高了商业银行的举债能力，因此，财务风险小。第四，不减少普通股股票收益和控制权。与普通股股票相比，优先股股票每股收益是固定的，只要商业银行净资产收益率高于优先股股票成本率，普通股股票每股收益就会上升；另外，优先股股票无表决权，因此，不影响普通股股东对企业的控制权。发行优先股的缺点包括：第一，资金成本高。由于优先股股票股利不能抵减所得税，因此其成本高于债务成本。这是优先股股票筹资的最大不利因素。第二，股利支付的固定性。虽然商业银行可以不按规定支付股利，但这会影响商业银行形象，进而对普通股股票市价产生不利影响，损害到普通股股东的权益。当然，在企业财务状况恶化时，这是不可避免的；但是，如果企业盈利很大，想更多地留用利润来扩大经营时，由于股利支付的固定性，便成为一项财务负担，因此影响了商业银行的扩大再生产。故本题选择

ABCD。

三、填空题

1. 市场约束 解析：市场约束旨在通过市场力量来约束银行，其运作机制主要是依靠利益相关者(包括银行股东、存款人、债权人等)的利益驱动，出于对自身利益的关注，会在不同程度上和不同方面关心其利益所在银行的经营状况，特别是风险状况，为了维护自身利益免受损失，在必要时采取措施来约束银行。

2. 产权资本、债务资本 解析：商业银行资本即资本金，它包括产权资本和债务资本两个方面。

3. 注册资本 解析：注册资本是商业银行设立时，在银行章程中注明的向政府主管机关登记注册的资金。注册资本是公开声明的财产总额，可以使公众了解银行以后可能达到的经营规模。注册资本必须等于或大于法定的最低资本额度。

4. 实收资本、资本公积、盈余公积 解析：会计资本是从普通会计原则出发来衡量资本的，按照银行账面价值来计算的银行资本量称为会计资本，会计上通用的恒等式为总资本等于总资产减去总负债，代表股东们对银行的要求权，也称之为股东权益或净资产，它实质上是由实收资本、资本公积、盈余公积等组成。

5. 抵税 解析：债券的利息可以税前列支，具有抵税作用。另外，债券投资人比股票投资人的投资风险低，因此其要求的报酬率也较低，故商业银行债券的资本成本要低。

6. 存款负债 解析：商业银行作为信用中介，一方面，其资金来源主要是存款负债，其中储蓄存款约占全部负债的 60%；另一方面，作为资金运用的资产业务将资金投向各种盈利性资产，不可避免地存在各种风险，一旦风险转化为现实损失，它将面临着弥补损失和满足存款人流动性要求的义务。当银行遭受损失时，首先使用银行的收益进行弥补如果不够，就要动用资本金进行抵补。只要银行的损失不超过收益和资本之和，存款人的利益就不会受到损害，受损失的只是股东。

7. 量、质 解析：商业银行资本充足至少要达到两个要求：一是量的要求，即总量要达标；二是质的要求，即结构要合理。

8. 普通股 解析：资本结构合理是指各种资本在资本总额中占有合理的比重，以尽可能降低商业银行的经营资本与经营风险，增强经营管理与进一步筹资的灵活性。规模不同的商业银行考虑资本结构的调整所采用的资本筹资的方式有所区别：小型商业银行为吸引投资者及增强其经营灵活性，应力求以普通股筹措资本；而大型商业银行则可相对扩大资本性债券，以降低资本的使用成本。当贷款需求不足而存款供给相对充分时，应以增加附属资本为主；反之，则应采取增加核心资本的方法。

9. 2.5% 解析：在最低监管要求之上的资本留存超额资本应达到 2.5%，以满足扣除资本扣减项后的普通股要求。建立资本留存超额资本的目的是确保银行维持缓冲资金以弥补在金融和经济压力时期的损失。当银行在经济金融处于压力时期，资本充足率越接近监管最低要求，越要限制收益分配。

10. 市场风险 解析：市场风险一般是指由于经营产品价格波动而形成的风险，银行的市场风险是由于利率、汇率变化而造成银行损失的可能性。

四、判断题

1. √ 解析：注册资本是商业银行设立时，在银行章程中注明的向政府主管机关登记注册的资金。注册资本是公开声明的财产总额，可以使公众了解银行以后可能达到的经营规模。注册资本必须等于或大于法定的最低资本额度。

2. × 解析：《巴塞尔协议》要求核心资本在总资本中要达到50%以上。规模不同的商业银行考虑资本结构的调整所采用的资本筹措的方式有所区别：小型商业银行为吸引投资者及增强其经营灵活性，应力求以普通股筹措资本；而大型商业银行则可相对扩大资本性债券，以降低资本的使用成本。当贷款需求不足而存款供给相对充分时，应以增加附属资本为主；反之，则应采取增加核心资本的方法。

3. × 解析：商业银行的核心资本由股本和公开储备两部分组成。

4. √ 解析：普通准备金是为防备未来可能出现的一切亏损而设立的。因为它可被用于弥补未来的不可确定的任何损失，符合资本的基本特征，所以被包括在附属资本中。但不包括那些为已确认的损失或者为某项资产价值明显下降而设立的准备金。

5. √ 解析：《巴塞尔协议 I》对风险权重的灵活度欠缺考虑，风险权重的级次过于简单且不合理，仅有0、20%、50%及100%四个档次，没有充分考虑同类资产的信用差别，也就难以准确反映银行面临的真实风险。

6. √ 解析：发行债券所筹集的资金一般属于长期资金，可供商业银行在1年以上的时间内使用，这为商业银行安排长期贷款项目提供了有力的资金支持。

7. × 解析：如果一家银行核心资本及监管当局的要求相差很远，就必须采用发行普通股或非累积优先股的形式来筹集资本。虽然这种方式对银行来说成本很高，但由于一方面监管当局的要求对银行来说是强制性的，为了达到这一要求，银行就必须暂时不考虑成本。

8. √ 解析：降低风险加权总资产的方法，主要是减少风险权重较高的资产，增加风险权重较低的资产，其具体方法包括贷款出售或贷款证券化，即将已经发放的贷款卖出去；收回贷款，用以购买高质量的债券(如国债)；尽量少发放高风险的贷款等。

9. √ 解析：核心资本的来源包括发行普通股、提高留存利润等方式。留存利润是银行增加核心资本的重要方式，相对于发行股票来说，其成本要低得多。但一方面，这依赖于银行具有较高的利润率；另一方面，提高留存利润增加核心资本，是一个长期不断、逐渐积累的过程，不可能在短期内起到立竿见影的效果。

10. √ 解析：如果一家银行核心资本离监管当局的要求相差很远，就必须采用发行普通股或非累积优先股的形式来筹集资本。虽然这种方式对银行来说成本很高，但由于一方面监管当局的要求对银行来说是强制性的，为了达到这一要求，银行就必须暂时不考虑成本；另一方面，这种方式还会使银行降低负债率、提高信誉、增强借款能力，从而降低借款成本，并且通过发行股票期间的宣传，能够有效地提高银行的知名度，树立银行良好的形象，有利于银行的进一步发展。同时，由于附属资本在总资本构成中所占比例不能超过50%，如果银行拥有多余的附属资本，那么，增加一个单位的核心资本，就等于增加两个单位的总资本。因此通过发行股票提高资本充足率的效果将会更加明显。从一定程度上来说，银行上市是监管当局严格实施资本监管的结果之一。

五、名词解释

1. 资本充足性。商业银行资本充足性包含两方面的含义：其一，银行资本能够抵御其涉险资产的风险，即当这些涉险资产的风险变为现实时，银行资本足以弥补由此产生的损失；其二，对于银行资本的要求应当适度，如果过高会影响金融机构的业务开展及其资产的扩张，如果过低会给银行带来经营风险甚至倒闭。商业银行资本充足至少要达到两个要求：一是量的要求，即总量要达标；二是质的要求，即结构要合理。

2. 市场约束。市场约束旨在通过市场力量来约束银行，其运作机制主要是依靠利益相关者(包括银行股东、存款人、债权人等)的利益驱动，出于对自身利益的关注，会在不同程度上和不同方面关心其利益所在银行的经营状况，特别是风险状况，为了维护自身利益免受损失，在必要时采取措施来约束银行。

3. 资本结构合理。资本结构合理是指各种资本在资本总额中占有合理的比重，以尽可能降低商业银行的经营资本与经营风险，增强经营管理与进一步筹资的灵活性。

4. 混合资本工具。混合资本工具是指带有一定股本性质又有一定债务性质的一些资本工具。由于这些金融工具与股本极为相似，特别是它们能够在不能清偿的情况下承担损失、维持经营，因此可以列为附属资本。

5. 公开储备。公开储备是指通过保留盈余或其他领域的方式在资产负债表上明确反映的储备，如股票发行溢价、未分配利润和公积金等。

六、简答题

1. 简述商业银行资本的功能。

答：商业银行资本的功能主要有营业功能、保护功能和管理功能，具体为：

第一是营业功能。银行最原始的资金来源是资本金。通俗地讲，资本金就是银行经营货币业务的"本钱"。在存款流入之前，资本为银行注册、组建和经营提供了所需资金。资本为银行的增长和新业务、新计划及新设施的发展提供资金。当银行成长时，它需要额外的资本，用来支持其增长并且承担相应的风险。

第二是保护功能。作为"本钱"的资本金除了在创办时可以购置房地产、设备及支付增设分支机构的费用外，当银行资产遭受损失而存款人提款时，银行将动用部分或全部资本金来保护存款人利益。在信息不对称的情况下，由于商业银行的存款人难以对商业银行对企业的投资行为实施的监督进行观察，因此，在商业银行和存款人之间便有了产生道德风险的可能性，这也影响到商业银行与存款人之间的关系，从而影响商业银行吸收存款的数量。

第三是管理功能。商业银行资本结构的特殊性决定了政府对商业银行资本充足率的监管要求，资本在商业银行经营管理中具有核心作用，是银行一切活动的基础，在各种风险防范措施都失效时，资本构成商业银行最后的风险防线，商业银行必须通过各种方式保持一定的资本。因此，所有国家都对申请设立银行的资本数额有明确的规定。

2. 简述商业银行资本来源的两种方式。

答：商业银行资本来源的两种方式包括内部筹集和外部筹集。商业银行资本内部筹集一般采取增加各种准备金和收益留存的方法：一种是增加各种准备金。准备金通常有资本准备金、贷款损失准备金和投资损失准备金。另一种是收益留存。收益留存即从商业银行内部进行资本积累，包括剩余股利政策和固定股利支付率政策的改变。银行资本的外部筹集有发行普通股、发行优先股、发行资本票据和债券等方法。

3. 简述商业银行通过发行普通股进行外源性融资的优缺点。

答：发行普通股的优点：第一，发行普通股筹措资本具有永久性，无到期日，不需归还。这对保证商业银行对资本的最低需要、维持商业银行长期稳定发展极为有益。第二，发行普通股筹资没有固定的股利负担，股利的支付与否和支付多少，视商业银行有无盈利和经营需要而定，经营波动给商业银行带来的财务负担相对较小。由于普通股筹资没有固定的到期还本付息的压力，所以筹资风险较小。第三，发行普通股筹集的资本是商业银行最基本的资金来源，它反映了商业银行的实力，可作为其他方式筹资的基础，尤其可为债权人提供保障，增强商业银行的举债能力。第四，由于普通股的预期收益较高并可一定程度地抵消通货膨胀的影响(通常在通货膨胀期间，不动产升值时普通股也随之升值)，因此普通股筹资容易吸收资金。

发行普通股的缺点：第一，普通股的资本成本较高。从投资者的角度讲，投资于普通股风险较高，相应地要求有较高的投资报酬率。对于筹资商业银行来讲，普通股股利从税后利润中支付，不像债券利息那样作为费用从税前支付，因而不具抵税作用。另外，普通股的发行费用一般也高于其他证券。第二，以普通股筹资会增加新股东，这可能会分散商业银行的控制权。此外，新股东分享商业银行未发行新股前积累的盈余，会降低普通股的每股净收益，从而可能引发商业银行股价的下跌。

4. 简述商业银行通过发行优先股进行外源性融资的优缺点。

答：发行优先股的优点：第一，财务负担轻。由于优先股股票股利不是商业银行必须偿付的一项法定债务，如果公司财务状况恶化时，那么这种股利可以不付，因而减轻了商业银行的财务负担。第二，财务上灵活机动。由于优先股股票没有规定最终到期日，它实质上是一种永续性借款。优先股股票的收回由商业银行决定，商业银行可在有利条件下收回优先股票，具有较大的灵活性。第三，财务风险小。由于从债权人的角度看，优先股属于商业银行股本，从而巩固了商业银行的财务状况，提高了商业银行的举债能力，因此，财务风险小。第四，不减少普通股股票收益和控制权。与普通股股票相比，优先股股票每股收益是固定的，只要商业银行净资产收益率高于优先股股票成本率，普通股股票每股收益就会上升；另外，优先股股票无表决权，因此，不影响普通股股东对企业的控制权。

发行优先股的缺点：第一，资金成本高。由于优先股股票股利不能抵减所得税，因此其成本高于债务成本。这是优先股股票筹资的最大不利因素。第二，股利支付的固定性。虽然商业银行可以不按规定支付股利，但这会影响商业银行形象，进而对普通股股票市价产生不利影响，损害到普通股股东的权益。当然，在企业财务状况恶化时，这是不可避免的；但是，如企业盈利很大，想更多地留用利润来扩大经营时，由于股利支付的固定性，便成为一项财务负担，影响了商业银行的扩大再生产。

5. 简述商业银行通过债券筹资进行外源性融资的优缺点。

答：债券筹资的优点：第一，资本成本低。债券的利息可以税前列支，具有抵税作用；另外债券投资人比股票投资人的投资风险低，因此其要求的报酬率也较低。故商业银行债券的资本成本要低。第二，具有财务杠杆作用。债券的利息是固定的费用，债券持有人除获取利息外，不能参与商业银行净利润的分配，因而具有财务杠杆作用，在息税前利润增加的情况下会使股东的收益以更快的速度增加。第三，所筹集资金属于长期资金。发行债券所筹集的资金一般属于长期资金，可供商业银行在 1 年以上的时间内使用，这为商业银行安排长期贷款项目提供了有力的资金支持。

债券筹资的缺点：第一，财务风险大。债券有固定的到期日和固定的利息支出，当商业银行资金周转出现困难时，易使商业银行陷入财务困境。第二，限制性条款多，资金使用缺乏灵活性。因为债权人没有参与商业银行管理的权利，为了保障债权人债权的安全，通常会在债券合同中包括各种限制性条款。这些限制性条款会影响商业银行资金使用的灵活性。

七、论述题

论述《巴塞尔协议Ⅱ》的主要内容。

答：《巴塞尔协议Ⅱ》对于统一银行业的资本及其计量标准做出了卓有成效的努力，在信用风险和市场风险的基础上，新增了对操作风险的基本要求；在最低资本要求的基础上，提出了监管部门监督检查和市场约束的新规定，形成了资本监管的"三大支柱"。

第一大支柱：最低资本要求。最低资本要求是新资本协议的重点。该部分涉及与信用风险、市场风险以及操作风险有关的最低总资本要求的计算问题。最低资本要求由三个基本要素构成：受规章限制的资本的定义、风险加权资产以及资本对风险加权资产的最小比率。其中，有关资本的定义和 8%的最低资本比率，没有发生变化。但对风险加权资产的计算问题，新协议在原来只考虑信用风险的基础上，进一步考虑了市场风险和操作风险。市场风险一般是指由于经营产品价格波动而形成的风险，银行的市场风险是由于利率、汇率变化而造成银行损失的可能性。操作风险是由于银行人员主客观原因可能给银行带来的损失。这两种风险的计量涉及一定的数理知识。总的风险加权资产等于由信用风险计算出来的风险加权资产，再加上根据市场风险和操作风险计算出来的风险加权资产，具体计算公式如下：

$$资本充足率 = \frac{资本}{信用风险资产 + 12.5 倍的市场风险资本 + 12.5 倍的操作风险资本} \times 100\%$$
$$\geq 8\%$$

$$核心资本充足率 = \frac{核心资本}{信用风险资产 + 12.5 倍的市场风险资本 + 12.5 倍的操作风险资本} \times 100\%$$
$$\geq 4\%$$

在新规则下，做出重大改变的地方是对于银行风险资产的定义，为了更加准确地反映银行的风险状况，新规则对于银行风险采用了更为全面和敏感的估算方法。在新协议中银行风险的范围包括定义修改后的信用风险、定义不变的市场风险以及新增加的操作风险。除了风险资产类型方面的不同之外，新协议在风险资产计算方法的选择上也作了重点修改，同意采用"因人而异"的做法，根据银行的不同情况提供了多种计算规则。

第二大支柱：监管部门的监督。监管部门的监督检查是为了确保各银行建立起合理有效的内部评估程序、用于判断其面临的风险状况，并以此为基础对其资本是否充足做出评估。监管当局要对银行的风险管理和化解状况，不同风险间相互关系的处理情况、所处市场的性质、收益的有效性和可靠性等因素进行监督检查，以全面判断该银行的资本是否充足。在实施监管的过程中，应当遵循如下四项原则：其一，银行应当具备与其风险相适应的评估总量资本的一整套程序，以及维持资本水平的战略。其二，监管当局应当检查和评价银行内部资本充足率的评估情况及其战略，以及银行监测和确保满足监管资本比率的能力；若对最终结果不满意，监管当局应采取适当的监管措施。其三，监管当局应希望银行的资本高于最低资本监管标准比率，并应有能力要求银行持有高于最低标准的资本。其四，监管当局应争取及早干预，从而避免银行的资本低于抵御风险所需的最低水平；如果得不到保护或恢复则需迅速采取补救措施。

新协议的监管理念认为，银行不应当仅仅满足于达到简单的最低资本充足率的要求，而应当根据自己的具体情况进一步建立更能够符合自己特殊需要的风险管理程序。由于监管者对于银行全行业具有宏观的了解，知道各家银行使用的风险管理技术，所以它们能够帮助各家银行提高内部风险管理的水平和效率。在此支柱下监管者与银行应当进行持续的对话和交流，从而能够进行有效的监督并在必要时采取措施。银行管理部门应具备一套内部资本评估程序以及与本行特定的风险状况和控制环境相一致的资本目标，监管当局要负责针对各银行的风险进行监督检查，评估其资本是否充足，其中包括银行是否妥善处理了不同风险之间的关系。在监督检查过程中，监管当局应参照其对不同银行最佳做法的了解以及确定监管资本各类方法所满足的最低标准。

第三大支柱：市场约束。市场约束旨在通过市场力量来约束银行，其运作机制主要是依靠利益相关者(包括银行股东、存款人、债权人等)的利益驱动，出于对自身利益的关注，会在不同程度上和不同方面关心其利益所在银行的经营状况，特别是风险状况，为了维护自身利益免受损失，在必要时采取措施来约束银行。由于利益相关者关注银行的主要途径是银行所披露的信息，因此，《巴塞尔协议Ⅱ》特别强调提高银行的信息披露水平，加大透明度，要求银行披露资本充足率、资本构成、风险敞口及风险管理策略、盈利能力、管理水平及过程等。

综合来看，三大支柱相辅相成，互为补充，有助于提高金融体系的安全性和稳健性。

八、计算题

解：风险加权资产＝表内项目风险加权资产＋表外项目风险加权资产

其中：表内项目风险加权资产 $= \sum$ 表内资产 $\times$ 表内相对应性质的风险权数

表外项目风险加权资产 $= \sum$ 表外资产 $\times$ 表内相对应性质的风险权数 $\times$ 表外信用转换系数

$$风险加权资产 = 2600 \times 0 + 13\,000 \times 0 + 3000 \times 50\% + 42\,000 \times 50\% +$$
$$15\,000 \times 100\% \times 50\% + 1000 \times 20\% \times 100\%$$
$$= 30\,200\ 万元$$

$$资本充足率 = \frac{银行总资本}{风险加权资产} \times 100\% = \frac{3600}{30200} \times 100\% = 11.92\%$$

因为该银行资本充足率为 11.92%，11.92%＞8%，所以符合《巴塞尔协议 I》的要求。

九、案例分析题

案例一：

答：(1) 银行董事会预测报告年度资产增长率为 11.73%，资产收益率为 0.99%，红利支付比率为 30%，并认为降低红利分配比率会引起银行股票价格下跌，银行要达到 8% 的资本充足率，方案只有一个，就是增加外源资本。可以发行普通股、优先股和可转换债券，也可以通过银行固定资产售后回租，减少固定资产增加资本金。

(2) 外源资本并非增加资本金的唯一途径。银行资本金的增加，主要来源应当是内源资本。其优点在于，可以降低资本成本，原有股东的股权又不会被稀释，可以保持股票价格的相对稳定，有利于银行经营。

(3) 我国从 2004 年起，银监会规定对上市银行资本充足率实行 按季考核，上市银行的资本充足率必须在所有时点上满足 8% 的最低要求，一经发现达不到监管要求，将暂停该行机构业务市场准入。银行为满足资本充足率的要求，往往更多采取在资本市场筹集外源资本这种简便易行的方案，但是其副作用不容忽视。如 2003 年 1 月，浦东发展银行增发 3 亿股，募集资金 25.35 亿元；2 月，民生银行发行 40 亿元可转债；8 月，华夏银行首发新股融资 56 亿元；10 月，招商银行在巨额融资仅一年后，其发行不超过 100 亿元可转债议案又获股东大会审议通过。11 月，浦东发展银行发行期限为 5 年的 60 亿元可转债，结果证交所银行股票价格大幅度下跌。银行之所以大量发行可转债，主要是迫于资产规模的扩张超过了资本金的增长导致资本充足率降低的困境。对于国有商业银行而言，同样要特别重视内源资本的作用，在国内外银行激烈竞争的经营环境中，商业银行必须深入研究资产增长的限制条件，正确处理资产增长、收益增长、红利分配与资本金增长的关系，只有这样才能真正做到稳健经营、降低风险。

(资料来源：《商业银行经营管理学案例》，刘忠燕主编，中国金融出版社)

案例二：

答：(1) 内控机制不严，监管制度不健全是巴林银行倒闭的根本原因。

从制度上看，巴林银行最根本的问题在于交易与清算角色的混淆。里森在 1992 年去新加坡后，任职巴林新加坡期货交易部兼清处部经理。

作为一名交易员，里森本职的工作是代巴林银行客户买卖衍生性商品，并代替巴林银行从事套利，基本上是没有太大风险的。因为代客操作，风险由客户自己承担，交易员只是赚取佣金，而套利行为只是赚取市场间的差价。一般银行均给予其交易员持有一定额度的风险程度范围的许可。但为防止交易员使其所属银行暴露在过多的风险中，这种许可额度通常定得相当有限。通过清算部门每天的结算工作，银行对其交易员和风险部位的情况也可予以有效了解并掌握。但不幸的是，里森一人身兼交易与清算二职。如果里森只负责清算部门，那么他便没有必要、也没有机会为其他交易员的失误行为隐瞒，也就不会造成最后不可收拾的局面。如果巴林银行真有严格的审查制度，在损失达到 5000 万英镑时，巴林银行总部派人调查里森的账目就可以看出里森的问题。即使到了月底，里森为掩盖问题所制造的假账也极易被发现——里森假造花旗银行有 5000 万英镑存款，但这 5000 万英镑已被挪用来补偿"88888"号账户中的损失了。巴林银行总部查了一个月账,却没有人去查花旗银行的账目,以致没有人发现花旗银行账户中并没有5000万英镑的存款。

其实在1995年1月11日,新加坡期货交易所的审计与税务部致函巴林银行,提出他们对维持的"88888"号账户所需资金的一些疑虑,而且此时里森已需每天要求伦敦银行总部汇入1000多万英镑以支付其追加保证金。事实上,从1993年到1994年,巴林银行在SIMEX及日本市场投入的资金已超过11 000万英镑,超出了英格兰银行规定的英国银行的海外总资金不应超过25%的限制。为此,巴林银行曾与英格兰银行进行多次会谈。1994年5月,巴林银行得到英格兰银行主管商业银行监察的高级官员的"默许",但由于没有请示英格兰银行有关部门的最高负责人,违反了英格兰银行的内部规定,因此并未留下任何证明文件。里森对这段时间的描述为:"对于没有人来制止我的这件事,我觉得不可思议。伦敦的人应该知道我的数字都是假的,这些人都应该知道我每天向伦敦总部要求的现金是不对的,但他们仍旧支付这些钱。"巴林的许多高层管理者完全不去深究可能的问题,而一味相信里森,并期待他为巴林银行套利赚钱。尤其具有讽刺意味的是,在巴林破产的前2个月,即1994年12月,在纽约举行的一个巴林金融成果会议上,250名在世界各地的巴林银行工作者还将里森当成巴林的英雄,对其报以长时间热烈的掌声。

正如里森所说,"有一群人本来可以揭穿并阻止我的把戏,但他们没有这么做。我不知道他们的疏忽与罪犯级的倏忽之间界限何在,也不清楚他们是否对我负有什么责任。"银行的内部监控与风险防范机制在巴林银行中没有起到任何作用。高层管理人员的监督管理、财务情况的按时报告清查并得到相应的重视,都有可能改变巴林银行的历史。

(2) 金融市场风险具有不确定性、普遍性、扩散性和突发性等特征。风险责任人往往存有侥幸心理,尽力掩盖风险,期待市场出现转机,加之金融机构的信用创造能力掩盖了已经出现的损失和问题,风险不断积累,最终便以突发形式表现出来。金融市场的风险是客观存在的,投资者不可能完全避开风险,但通过对整个市场、投资对象、资金实力、心理素质等方面的分析,采取适当的投资策略与方法,就能够在一定程度上分散风险、降低风险和防范风险。

(3) 金融机构是整个社会金融活动的中介,是多边信用网络上的结点。金融机构的参与使原始的信用关系变成相互交织、相互联动的网络。金融活动不是完全独立的,其外部效应广泛存在,由于金融市场外部效应的扩张性,某个结点出现断裂,都有可能引起其他结点的波动,产生连锁反应,进而导致金融体系的局部甚至整体发生动荡和崩溃。巴林银行破产造成国际金融市场的动荡,为人们敲响了警钟,在金融全球化的今天,防范金融风险及其联动仍是重要任务。

(4) 从巴林银行的破产到东南亚的金融危机,我们可以发现,金融业存在的问题不仅仅是信用风险单一风险的问题,而是由信用风险、市场风险外加操作风险互相交织,共同作用造成的。在这种情况下,巴塞尔委员会于1997年9月推出《有效银行监管的核心原则》,该文件共提出涉及银行监管七个方面的二十五条核心原则,表明巴塞尔委员会已经确立了全面风险管理的理念。尽管这个文件主要解决监管原则问题,未能提出更具操作性的监管办法和完整的计量模型,但它为此后《巴塞尔协议》的完善提供了一个具有实际性意义的监管框架,为新协议的全面深化创造了宽广的空间。

(资料来源:《商业银行经营管理学案例》,刘忠燕主编,中国金融出版社)

第三章　商业银行负债管理理论与实务

一、单项选择题

1. B 解析：大额可转让定期存单(Large-denomination Negotiable Certificate of Deposit，CD)指银行发行的合约相对标准化、具有可转让性质的定期存款凭证，凭证上载有发行的金额及利率，还有偿还日期和方法。故本题选择 B。

2. A 解析：根据期限的不同，商业银行负债业务可分为短期负债、中期负债、长期负债。短期负债是指期限在一年以内(包含一年)的负债；中期负债是指期限在一年以上(不包含一年)、五年(包含五年)以下的负债；长期负债是期限在五年以上(不包含五年)的负债。故本题选择 A。

3. A 解析：可转让支付命令账户(Negotiable Order of Withdrawal Account，NOW)也称为付息的活期存款，对个人和非营利机构开立的、既可用于转账结算，又可支付利息，年利率略低于储蓄存款，存户可随时开出支付命令书，或直接提现，或直接向第三者支付，其存款余额可取得利息收入。通过这种账户，商业银行既可以为客户提供支付上的便利，又支付利息，从而吸引客户，扩大存款。故本题选择 A。

4. D 解析：协定账户(Agreement Account)是一种可以在活期存款账户、可转让支付命令账户和货币市场存款账户三者之间自动转账的新型活期存款账户。银行与客户达成一种协议，即重复授权银行可将款项存在活期存款账户、可转让支付命令账户和货币市场存款账户中的任何一个账户上。对前两个账户都规定一个最低余额，超过最低余额的款项由银行自动转入同一存户的货币市场存款账户上，以便取得较高的利息。如果低于最低余额，也可由银行将同一存户在货币市场存款账户上的一部分款项，转入活期存款账户或可转让支付命令账户，以补足最低余额，满足支付需要。故本题选择 D。

5. C 解析：单位存款又叫对公存款，是机关、团体、部队、企业、事业单位和其他组织以及个体工商户将货币资金存入银行，并可以随时或按约定时间支取款项的一种信用行为。故本题选择 C。

6. A 解析：同业拆借是商业银行及其金融机构之间的短期资金融通。同业拆借包括两种基本形式：一是同业拆进(拆入)；二是同业拆出。其中，同业拆借是银行负债的重要形式。同业拆借的资金主要用于弥补短期资金的不足、票据清算的差额以及解决临时性的资金短缺需要。同业拆借具有期限短、金额大、风险低、手续简便等特点，从而能够反映金融市场上的资金供求状况。因此，同业拆借市场上的利率是货币市场最重要的基准利率之一。故本题选择 A。

7. D 解析：短期借款是指期限在一年以内的借款，主要包括同业借款和向中央银行借款等。其中，同业借款是指商业银行之间或商业银行与其他金融机构之间发生的短期资金融通活动，主要包括同业拆借、证券回购、转贴现、转抵押。中央银行是商业银行的"最后贷款人"，当商业银行出现头寸不足时，可以向中央银行申请借款，具体形式有再贷款和再贴现两种。故本题选择 D。

8. B 解析：目前我国商业银行的主要收入来源是利息收入。故本题选择 B。

9. B 解析：我国的中央银行是中国人民银行。故本题选择 B。

10. C 解析：传统的存款种类有活期存款、定期存款和储蓄存款三种。故本题选择 C。

二、多项选择题

1. ABD 解析：从取得资金的方式来讲，商业银行负债业务有被动负债、主动负债和其他负债。故本题选择 ABD。

2. ABC 解析：一国经济发展程度可用国内生产总值来衡量，国内生产总值的增长一般也就意味着居民可支配收入的增加，居民增加的收入有三个主要的去向：消费、储蓄和投资。故本题选择 ABC。

3. ABCD 解析：按存款的支取方式不同，单位存款一般分为单位活期存款、单位定期存款、单位通知存款、单位协定存款等。故本题选择 ABCD。

4. BC 解析：客户在存入款项时不约定存期，支取时需提前通知商业银行，并约定支取存款日期和金额方能支取的存款类型。不论实际存期多长，按存款人提前通知的期限长短，可再分为一天通知存款和七天通知存款两个品种。故本题选择 BC。

5. ABC 解析：依法筹资原则有三重含义：一是商业银行的筹资范围和渠道都必须符合有关法律，如《商业银行法》的规定，不得超范围筹集资金；二是商业银行筹资必须严格遵守国家的利率政策，不得违反利率政策筹集资金；三是不能利用不正当竞争的手段筹集资金。故本题选择 ABC。

6. ABCD 解析：短期借款是指期限在一年以内的借款，主要包括同业借款和向中央银行借款等。其中，同业借款是指商业银行之间或商业银行与其他金融机构之间发生的短期资金融通活动，主要包括同业拆借、证券回购、转贴现、转抵押。故本题选择 ABCD。

7. AB 解析：中央银行是商业银行的"最后贷款人"，当商业银行出现头寸不足时，可以向中央银行申请借款，具体形式有再贷款和再贴现两种。故本题选择 AB。

8. ABC 解析：欧洲金融债券是商业银行在其境外市场上发行的以第三国的货币为面值的国际金融债券。其特点是债券发行人、债券发行市场、债券面值三者分别属于不同的国家，具体地说，债券发行人在一个国家，债券在另一国的金融市场上发行，债券面值所使用的货币又是第三国的。故本题选择 ABC。

9. AB 解析：根据筹集资金的用途，金融债券可分为一般性金融债券与资本性金融债券。一般性金融债券是商业银行基于其长期贷款或投资的目的而发行的债券。银行发行的债券多数是一般性金融债券。资本性金融债券是为弥补银行资本不足而发行的，介于存款负债和股票资本之间的一种债务，《巴塞尔协议》将其归为附属资本。资本性金融债券对银行收益的资产分配要求权优先于普通股和优先股、次于银行存款和其他负债。故本题选择

AB。

10. BC 解析：商业银行在中央银行的存款由两部分构成：一是法定存款准备金；二是超额准备金。其中，只有超额准备金才是商业银行的可用资金。故本题选择 BC。

三、填空题

1. 义务 解析：负债是指过去的交易事项形成的现时业务，履行该义务预期会导致企业的经济利益流出。商业银行负债是商业银行在经营活动中尚未偿还的经济义务。

2. 负债业务 解析：负债业务是商业银行生存发展的基础，是商业银行维持资产增长的重要途径，对商业银行经营活动至关重要。

3. 自有资本 解析：广义负债除了包括商业银行对他人的债务之外，还包括商业银行的自有资本等，也就是说，所有形成商业银行资金来源的业务都是其负债业务。

4. 收入与成本 解析：盈利性是商业银行追求的最终经营目标，而商业银行盈利水平的高低取决于收入与成本的配比关系，其中，筹资成本又是经营成本的重要内容。

5. 高负债、高风险 解析：由于商业银行具有高负债、高风险的特点，客观上要求商业银行只有严格遵守各项风险监管指标的规定，才能提高经营信誉，保证经营的安全性，避免经营亏损甚至破产。

6. 存款规模 解析：作为商业银行重要的资金来源之一，存款规模总是被现代商业银行的管理者衡量市场份额、评判银行业绩的重要标志。

7. 派生能力 解析：活期存款具有货币支付手段和流通手段职能，还具有较强的派生能力，从而成为商业银行的一项重要资金来源，也是商业银行扩大信用、联系客户的重要渠道。

8. 货币市场共同基金 解析：现金管理账户(Cash Management Account，CMA)是 1977 年出美国美林证券公司推出的一种综合多种金融服务于一体的金融产品，它集支票账户、信用卡账户、证券交易账户于一体，通过货币市场共同基金(Money Market Mutual Fund，MMMF)进行运作。

9. 个人存款、单位存款和同业存款 解析：我国商业银行的存款包括人民币存款和外币存款两大类。其中，人民币存款又分为个人存款、单位存款和同业存款。

10. 存款自愿、取款自由、存款有息、为存款人保密 解析：我国《商业银行法》规定，办理储蓄业务遵循"存款自愿、取款自由、存款有息、为存款人保密"的原则。

11. 1 解析：活期存款通常 1 元起存，部分银行的客户可凭存折或银行卡在全国各网点通存通兑。

12. 整存整取、零存整取、整存零取和存本取息 解析：定期存款主要有整存整取、零存整取、整存零取和存本取息四种。

13. 基本存款账户、一般存款账户、专用存款账户和临时存款账户 解析：单位活期存款帐户又称为单位结算帐户，包括基本存款账户、一般存款账户、专用存款账户和临时存款账户。

14. 同业存放 解析：同业存款，也称同业存放，是指因支付清算和业务合作等的需要，由其他金融机构存放于商业银行的款项。

15. 间接融资　解析：金融市场主要由两大市场构成：以依靠商业银行为主的间接融资市场和以依靠证券机构为主的直接融资市场，这两大市场争夺社会上的闲散资金。

16. 利息支出、费用支出　解析：商业银行的存款成本主要由利息支出和费用支出两部分构成。

17. 严格地管制利率、浮动利率、自由利率　解析：利息支出是存款成本最主要的构成部分，影响利息成本的主要因素是存款利息率的高低和存款的结构。从各国的存款利率来看，主要有三种类型：包括严格地管制利率，即商业银行必须严格执行中央银行或其他金融管理部门制定的各项存款利率；浮动利率，即在不突破金融管理当局制定的存款利率最高限的条件下，商业银行的存款利率可以自行浮动；自由利率，即商业银行可以自行制定存款利率，利率的高低由市场因素决定。

18. 购买意愿　解析：市场是由客户主体的需求，商家为满足这种需求的购买能力以及购买意愿三因素组成。

19. 保险费　解析：存款保险制度是指由符合条件的各类存款性金融机构作为投保人，按一定存款比例，向特定保险机构(存款保险公司)缴纳保险费，建立存款保险准备金。

20. 政府　解析：存款保险制度有利于保护存款人的利益、提升社会公众对银行业体系的信心，避免挤兑并维护整个金融体系的稳定。存款保险制度的消极影响在于它可能诱发道德风险。从已经实行该制度的国家来看，主要有三种组织形式：由政府出面建立、由政府与银行界共同建立、在政府支持下由银行同业联合建立。

四、判断题

1. √　解析：商业银行负债结构并没有绝对的标准，一般可以通过两个方面来进行把握：一是负债筹资的综合平均成本，负债的综合平均成本低，负债结构就合理，反之就不合理；二是保持稳定的筹资来源，实行多样化的筹资方式和筹资渠道，避免单一的筹资方式和筹资渠道，减少筹资来源不稳定性因素。

2. √　解析：大额可转让定期存单(Large-denomination Negotiable Certificate of Deposit, CD)指银行发行的合约相对标准化、具有可转让性质的定期存款凭证，凭证上载有发行的金额及利率，还有偿还日期和方法。从本质上看，CD 仍然是银行的定期存款。与传统的定期存款也有不同：(1) 定期存款是记名的，是不能转让的，不能在金融市场上流通，而 CD 是不记名的，可以在金融市场上转让。(2) 定期存款的金额是不固定的，有大有小，有整有零，CD 的金额则是固定的，而且是大额整数。(3) 定期存款虽然有固定期限，但在没到期之前可以提前支取，不过损失了应得的较高利息；CD 则只能到期支取，不能提前支取。(4) 定期存款的期限多为长期的；CD 的期限多为短期的，期限由 14 天到 1 年不等，超过 1 年的比较少。(5) 定期存款的利率大多是固定的；CD 的利率有固定的也有浮动的，即使是固定的利率，在次级市场上转让时，还是要按当时市场利率计算。

对于商业银行而言，CD 是一种新的有效的筹资工具，它具有主动性和灵活性，能够吸取数额庞大、期限稳定的资金；同时，它也是一种金融创新，极大地改变了商业银行的经营管理思想，对于投资者而言，CD 为其闲散资金的利用提供了极好的选择。

3. ×　解析：定活两便储蓄存款是指存款时不确定存期，一次存入本金随时可以支取，利率随存期长短而变动的介于活期和定期之间的一种储蓄存款。目前我国规定，存期在一年以内的，整个存期按支取日整存整取定期储蓄同档次利率打六折计息；存期在一年以上的，无论存期多长，定活两便储蓄存款存取灵活，流动性较好，既有定期之利，又有活期之便。整个存期一律按支取日整存整取定期储蓄一年期存款利率打六折计息。

4. × 解析：一般存款账户简称一般户，是指存款人因借款或其他结算需要，在基本存款账户开户银行以外的银行营业机构开立的银行结算账户。一般存款账户可以办理现金缴存，但不得办理现金支取。

5. √ 解析：存款保险制度能够保护存款人利益，提升银行信用，抑制挤兑，减少银行的连锁破产，但如果制度设计不好，客观上也可能引发投保银行的道德风险。银行有更高的从事高风险项目投资的倾向，而存款保险的实施使存款人对银行经营行为的监督产生"搭便车"的现象，银行股东往往容易出现赌博心理而拿存款人的钱去冒险。这会诱导商业银行倾向于持有更少的资本，选择更高的风险投资，这意味着商业银行失败的概率增大，当然如果制度设计得好且监督严格，则可以避免这些负面作用。

6. √ 解析：商业银行只有作为"借者的集中"，才有可能作为"贷者的集中"，即必须首先使自己成为全社会最大的债务人，才能成为全社会最大的债权人。

7. √ 解析：商业银行通过负债业务创新，提供新型的多样化的金融工具，把社会闲置资金聚集起来，一方面满足居民的资产需求；另一方面有力地推动社会经济的发展。

8. √ 解析：定期存款是指由客户与银行双方在存款时事先约定期限、利率，到期时才能支取本息的存款。

9. × 解析：储蓄存款是客户为积蓄货币和获取利息而办理的一种存款，客户仅限于个人和非营利机构。

10. √ 解析：货币市场存款账户(Money Market Deposit Account，MMDA)的性质介于储蓄存款与活期存款之间，货币市场存款账户的出现与货币市场基金有关。

五、名词解释

1. 同业借款。同业借款是指商业银行之间或商业银行与其他金融机构之间发生的短期资金融通活动，主要包括同业拆借、证券回购、转贴现、转抵押。

2. 单位协定存款。单位协定存款是一种单位内客户通过与商业银行签订合同的形式约定合同期限，确定结算账户需要保留的基本存款额度，对基本存款额度内的存款按结算日或支取日活期存款利率计息，超过基本存款额度的部分按结息日或支取日人民银行公布的高于活期存款利率、低于六个月定期存款利率的协定存款利率给付利息的一种存款。

3. 活期存款可用资金率。活期存款可用资金率是指商业银行在某特定时间对存入的活期存款除去随时可能去取的存款外能够利用的活期存款额占活期存款存入总额的百分比。该指标反映了银行对活期存款的可利用率，是银行长期管理活期存款的主要依据。

4. 资本性金融债券。资本性金融债券是为弥补银行资本不足而发行的，介于存款负债和股票资本之间的一种债务，《巴塞尔协议》将其归为附属资本。资本性金融债券对银行收益的资产分配要求权优先于普通股和优先股、次于银行存款和其他负债。

5. 主动负债。商业银行主动向市场借款，如发行金融债券、发行大额可转让定期存单、向中央银行借款、向同业借款等，商业银行在这些负债业务中处于主动地位，因此被称为主动负债。

6. 指数定期存单。指数定期存单(Index CD)是指将存款客户的存款利息收益与某种指数的变动相挂钩的一种定期存单形式。

7. 投资账户。投资账户就是商业银行与证券公司、保险公司等合作，通过银行计算机网络和销售渠道，向自己的存款客户等交叉销售股票、债券、年金保险、共同基金等金融产品，并向自己的存款客户提供咨询及投资组合等建议，帮助客户实现保值增值。

8. 基本存款账户。基本存款账户简称基本户，是指存款人因办理日常转账结算和现金收付需要开立的银行结算账户。基本存款账户是存款人的主办账户，存款人日常经营活动的资金收付及其工资、奖金和现金的支取，应通过该账户办理。企业、事业单位等可以自主选择一家商业银行的营业场所开立一个办理日常转账结算和现金收付的基本账户，同一存款客户只能在商业银行开立一个基本存款账户。

9. 保证金存款。保证金存款是商业银行为保证客户对外出具具有结算功能的信用工具，或提供资金融通后按约履行相关义务，而与其约定将一定数量的资金存入特定账户所形成的存款类别。在客户违约后，商业银行有权直接扣划该账户中的存款，以最大限度减少银行损失。

10. 存款稳定率。存款稳定率是一定时期银行各项存款中相对稳定的部分与存款总额的比率。该指标反映了银行存款的稳定程度，是掌握新增贷款的数额和期限长短的主要依据。

六、简答题

1. 简述商业银行负债业务具有的特点。

答：商业银行负债具有如下特点：第一，它必须是现实的、优先存在的经济义务，过去发生的、已经了结的经济义务或将来可能发生的经济业务都不包括在内；第二，它的数量是必须能够用货币来确定的，一切不能用货币计量的经济业务都不能称之为银行负债；第三，商业银行负债只能在偿付以后才能消失，以债抵债只是原有负债的延期，不能构成新的负债。

2. 简述创新产品——货币市场存款账户的特点。

答：货币市场存款账户的特点是：(1) 客户开户时的取存金额为 2500 美元，但以后不受此限额的约束；(2) 日常平均余额如低于 2500 美元，则按 NOW 账户的较低利息利率计息；(3) 存款利率没有上限的约束，银行每周调整一次利率；(4) 没有最短存款期的限制，但客户提款必须提前七天通知银行；(5) 账户使用货币市场存款账户进行收付转账，每月不得超过 6 次，其中以支票付款的不得超过 3 次；(6) 存户的对象不限。由于货币市场存款账户可以支付较高的利息，且能够有条件地使用支票，因此颇受人们欢迎。

3. 简述商业银行负债业务的作用。

答：商业银行负债业务的作用包括：(1) 负债业务是商业银行资金的主要来源；(2) 负

债业务是商业银行生存发展的基础；(3) 负债业务是商业银行同社会各界联系的主要渠道；(4) 负债业务成为推动社会经济发展的重要经济力量。

4. 简述大额可转让定期存单与传统的定期存款的不同。

答：大额可转让定期存单(CD)与传统的定期存款的不同包括：(1) 定期存款是记名的，是不能转让的，不能在金融市场上流通，而 CD 是不记名的，可以在金融市场上转让；(2) 定期存款的金额是不固定的，有大有小、有整有零，CD 的金额则是固定的，而且是大额整数；(3) 定期存款虽然有固定期限，但在没到期之前可以提前支取，不过损失了应得的较高利息，CD 则只能到期支取，不能提前支取；(4) 定期存款的期限多为长期的，CD 的期限多为短期的，期限由 14 天到 1 年不等，超过 1 年的比较少；(5) 定期存款的利率大多是固定的，CD 的利率有固定的也有浮动的，即使是固定的利率，在次级市场上转让时，还是要按当时市场利率计算。

5. 简述存款保险制度的作用。

答：存款保险制度作用包括：(1) 保护存款人的利益，提高社会公众对银行体系的信心；(2) 可以有效提高金融体系的稳定性，维持正常的金融秩序；(3) 促进银行业适度竞争，为公众提供质优价廉的服务；(4) 存款保险制度也有一定的负面作用。

七、论述题

分析影响存款规模的主要因素。

答：影响商业银行存款规模的因素很多，大体上分为宏观和微观两类，前者影响整个社会的存款总量，而后者则对单个银行产生影响。具体内容为：

1) 影响存款水平的宏观因素

(1) 一国经济发展水平。从长期来看，一个国家经济发展水平对社会存款总量有决定性影响。一国经济发展程度可用国内生产总值来衡量，国内生产总值的增长一般也就意味着居民可支配收入的增加，居民增加的可支配收入有三个主要的去向：消费、储蓄和投资。一般来说，消费的增长速度会低于收入的增长速度，这就意味着储蓄和投资增长会更快些，而居民储蓄增长绝大部分会体现在银行存款总量的增加。

(2) 中央银行的货币政策。中央银行的货币政策在短期内会对社会上的存款总量产生非常重要的影响。中央银行作为一个调节社会上货币供给量的机构，会经常性地对货币总量供应进行调控，中央银行执行扩张性还是紧缩性货币政策，直接影响商业银行存款总量的大小，制约商业银行的存款派生能力。

(3) 金融市场的相互竞争。金融市场主要由两大市场构成：以依靠商业银行为主的间接融资市场和以依靠证券机构为主的直接融资市场，这两大市场争夺社会上的闲散资金。以股票、债券等证券为主的市场有一定的主动性，当人们预期证券资产价格会上升时，就会将存款取出转移到证券市场，这时银行的存款总量会减少；当人们预期证券资产价格会下降时，就会卖出证券将钱存回银行，这时银行的存款总量会增加。

(4) 社会保障制度。一般来说，社会保障制度与商业银行存款是反方向变动的。社会保障程度越高，人们会预计将来支出下降，居民收入大部分会即期消费掉，这就会体现在银行存款量减少；社会保障程度越低，人们对未来的不确定性增加，就会增加货币持有量以备不时之需，这就会体现在银行存款总量增加。

除以上因素外，金融监管机构的行为、物价水平、历史文化传统及居民偏好等也会对存款总量产生影响。

2) 影响存款水平的微观因素

(1) 银行的经营管理水平。银行的经营管理水平越高，就越能为客户提供更方便快捷、个性化更强的金融服务，并以高效优质的服务带动银行存款的增长，反之亦然。

(2) 银行的资产规模、信誉。银行的实力和竞争力表现在两方面：资产规模体现出银行的硬实力，而信誉则是银行软实力的重要体现。银行的资产规模越大，抵御风险的能力越强，存款人就会觉得更安全，所以一般客户会选择规模较大的银行去存款，同时银行作为一个信用机构，信誉是它生存的根本，信誉和形象优劣直接影响客户的心理和预期选择。

(3) 服务项目和服务质量。商业银行是一个为客户服务的机构，服务项目的广泛程度、是否针对了客户的消费偏好在一定程度上会影响到客户的选择，服务的快捷方便程度和服务环境的优劣会对客户产生心理影响。银行应努力采取多种措施来解决客户的各种需求，如营业厅内可多开一些营业窗口、用叫号机来解决排队难问题、网点要设在交通便利处、服务自助机尽量采用有存取两用功能的、优化电脑和网络系统等。

(4) 存款的种类与方式。银行应根据不同客户的金融需求针对市场准确定位，开发出一些适销对路的存款品种，在存款的盈利性和方便性方面多下工夫，设计出新型的存款品种并根据市场变化不断改进，从量和质两方面来满足银行资产的需求。

综合以上影响存款的因素，宏观因素属于不可控因素，只能通过预测来采取防范措施。对于个体商业银行来说，微观因素属于可控或部分可控因素，银行可以采取一定措施使之朝对自己有利的方向发展。

八、计算题

解：活期存款积数 $= \sum$ (活期存款 $\times$ 余额占用天数)

$$= 7800 + 2400 + 5400 + 4000 + 1000$$
$$= 20\,600\ \text{万元}$$

活期存款存入总额 $= 300 + 500 + 200$
$$= 1000\ \text{万元}$$

活期存款可用资金率 $=$ 活期存款基数 $\div$ 计算期天数 $\div$ 活期存款存入总额 $\times 100\%$
$$= 20\,600 \div 31 \div 1000 \times 100\%$$
$$= 66.45\%$$

计算结果表明：该公司活期存款可用资金率为 66.45%。

完成表格，如表 3-2 所示。

表 3-2　该公司 3 月活期结算户存款情况表　　　　　/万元

时间(日)	存入	支取	存款金额	余额占用天数	积数
上月结转			300		
1 日	300		600	13	7800
14 日		200	400	6	2400
20 日	500		900	6	5400
26 日		100	800	5	4000
31 日	200		1000	1	1000

九、案例分析

案例一：

答：(1) 原告章某在储蓄所开户存款，双方建立的储蓄合同合法有效。储蓄所作为被告(银行)的派出机构，其权利和义务均应由被告银行行使和承担。

(2) 此案例争议的焦点在于被告为原告之妻挂失存折、换补新存折支取存款是否合法。为了更好地贯彻执行《储蓄管理条例》，中国人民银行制定的《关于执行<储蓄管理条例>的若干规定》是法律许可的行政立法行为，银行执行此规定并无过错。该《若干规定》第三十七条允许储户委托他人办理挂失手续，但被委托人要出示其身份证，并提供姓名、存款时间、种类、金额、账号及住址等有关情况，书面向原储蓄机构正式声明挂失止付。依此规定被告的派出机构储蓄所为原告妻子办理挂失手续，符合《若干规定》相关条例，不存在过错。然而，《若干规定》允许储户委托他人办理挂失手续，却不允许他人代理储户办理补领存折或支取已挂失存款的手续。1997 年 11 月 7 日，中国人民银行明确指出《若干规定》第三十七条中委托他人办理，仅限于挂失而不包括代领新存折或支取手续。因此，2003 年 4 月 18 日，即使原告妻子向储蓄所出示了身份证、结婚证等相关证件，储蓄所也不能为其办理换挂存折。储蓄所为其办理了换挂存折即违反了相关法规、规章，存在过错。赵某正是凭新的存折加上身份证，支取了全部存款及利息。

(3) 依据《中华人民共和国民法通则》第一百零六条、第一百一十一条和《中华人民共和国合同法》第一百零七条的规定，法院判决被告银行于判决生效后 10 日内给付原告章某人民币 10 万元，并按中国人民银行同期活期存款利率支付利息。一审判决后，双方均未提出上诉。

(4) 该案例应引起银行方面深思：第一，商业银行及其工作人员必须认识到法律法规的重要性，在开展业务过程中，必须全面了解我国现行各个层次的法律规定，严格依法操作，控制风险。第二，商业银行为客户提供优质服务不能违背法律规定，要依法保护自身利益。第三，对大额存款的支付与挂失特别要提高警惕，防止外来风险。

(资料来源：《商业银行经营管理学案例》，刘忠燕主编，中国金融出版社)

案例二：

答：(1) 此案的侵害对象应当是银行。

目前，有关借记卡支付结算的规范性文件主要有两类：一类是中国人民银行依据法律和行政法规制定的行政规章，主要是《银行卡业务管理办法》等；另一类是各商业银行依据法律、法规和部门规章制定的《借记卡章程》，这是发卡银行和持卡人协议共同遵守的。

《银行卡业务管理办法》对持卡人凭密码在银行营业网点电脑终端上提取现金是否应出示身份证件的问题并未做出明确规定，唯一规定提取规则的是中国人民银行1997年发布的《支付结算办法》，该办法第一百五十一条规定："个人持卡人在银行支取现金时，应将信用卡和身份证件一并交发卡银行或代理银行。IC卡、照片卡以及凭密码在POS(销售网点终端)上支取现金的可免验身份证件"。根据上述规定，持卡人凭密码在银行储蓄网点支取现金不属于三种免验身份证件的规定情形之列，因此银行应当查验持卡人的身份证件。

此外，我国1997年颁布了《大额现金支付管理规定》，要求银行在认真执行"存款自愿，取款自由，存款有息，为储户保密"的原则下，对一日一次性从储蓄账户(含银行卡)提取现金5万元以上的，储蓄机构柜台人员应提请取款人提供有效的身份证件，并经储蓄机构负责人核实后予以支付，由于银行未验证存款人的合法身份，对由此造成的损失应负赔偿责任。

中国银行的"借记卡章程"在第六条规定"电子借记卡仅限合法持卡人凭个人密码使用"，并未对查验身份证作出规定，但是该章程中"合法持卡人"的规定，意味着非法获取借记卡或者冒用借记卡的人无权支取资金。在持卡人并未丢失借记卡及密码，其本身并无任何过错，银行又无确凿的证据证明储户已通过机器操作或其他方式取出存款的情形下，银行应当就储户的存款丢失承担责任。

(2) 应该说，借记卡与信用卡是有区别的。中国人民银行颁布的《信用卡业务管理办法》中，定义信用卡为具有转账结算、存取现金、消费信用等功能。随后中国人民银行发布了《银行卡业务管理办法》，同时废止了《信用卡业务管理办法》。《银行卡业务管理办法》规范的银行卡业务包括了信用卡及借记卡，并明确借记卡不具有透支功能。但是《支付结算办法》出台时，各银行尚未推出借记卡，因此该办法仅规定了信用卡。尽管如此，由于信用卡和借记卡的支取规则相同，两者的法律适用应当是一致的，即借记卡也应适用《支付结算办法》的规定。

(3) 法律法规的不健全，也是造成客户存款被盗取的原因之一。由于我国法律和行政法规对上述问题没有明确的规定，在遇到这些问题时，往往需要借助银行与储户之间的合同以及银行管理机构的部门规章理清当事人的权利和义务，这是无可非议的。但是目前的部门规章未涉及密码被盗用、存款被盗取的情形，也没有采取适当措施减少借记卡合法持有人风险的规定。

(资料来源：《商业银行经营管理学案例》，刘忠燕主编，中国金融出版社)

第四章　商业银行贷款管理理论与实务(上)

一、单项选择题

1. B 解析：短期贷款是指贷款期限在一年以内(含一年)的贷款。故本题选择 B。

2. C 解析：中期贷款是指贷款期限在一年以上(不含一年)五年以下(含五年)的贷款。故本题选择 C。

3. C 解析：长期贷款是指贷款期限在五年以上(不含五年)的贷款。故本题选择 C。

4. B 解析：基准利率加点定价法是银行选择合适的基准利率后，在此之上加一定价差或乘上一个加成系数的贷款定价方法。这里的基准利率可以是国库券利率、大额可转让存单利率、银行同业拆借利率、商业票据利率等货币市场利率，也可以是优惠贷款利率，即银行对优质客户发放短期流动资金贷款的最低利率。由于这些金融工具或借贷合约的共同特征是违约风险低，因此它们的利率往往被称为无风险利率，是金融市场常用的定价参照系，故也被称为基准利率。对于所选定的客户银行往往允许客户选择相应期限的基准利率作为定价的基础，附加的贷款风险溢价水平应客户的风险等级不同而有所差异。故本题选择 B。

5. D 解析：隐含价格是指贷款定价中的一些非货币性内容。银行在决定给客户贷款后，为了保障客户能够偿还贷款，常常在贷款协议中加上一些附加性条款。附加条款可以是禁止性的，即规定融资限额及各种禁止事项；也可以是义务性的，即规定借款人必须遵守的特别条款。附加条款不直接给银行带来收益，但是可以防止借款人因经营状况发生变化给银行利益造成损失。故本题选择 D。

6. B 解析：借款人依靠其正常的经营收入已经无法偿还贷款的本息，而不得不通过重新融资或拆东墙补西墙的办法来归还的贷款属于次级贷款。次级贷款还包括借款人的还款能力出现明显问题，完全依靠其正常营业收入无法足额偿还贷款本息，即使执行担保，也可能会造成一定损失；借款人支付出现困难，并且难以按市场条件获得新的资金；借款人不能偿还对其他债权人的债务；借款人内部管理问题未解决，妨碍债务的及时足额清偿；借款人采取隐瞒事实等不正当手段套取贷款等。故本题选择 B。

7. A 解析：我国商业银行的主要业务有三类，即存款业务、贷款业务和结算业务。其中，存款业务是商业银行的基础业务，没有存款，就没有足够的资金和基础开展其他业务，BCD 不符合题意；贷款业务是我国商业银行利润的主要来源。故本题选择 A。

8. C 解析：商业银行是经营货币信用业务的特殊企业。作为企业，实现利润最大化始终是其追求的基本目标。故本题选择 C。

9. A 解析：可疑贷款是指借款人无法足额偿还贷款本息，即使执行担保，也肯定要造成较大损失。其包括借款人处于停产、半停产状态；固定资产贷款项目处于停产状态；借款人已资不抵债；银行已诉诸法律来收回贷款；贷款经过了重组仍然逾期，或仍然不能正常归还本息，还款状况没有得到明显改善等。损失贷款是指在采取所有可能的措施或一切必要的法律程序后，本息仍然无法收回，或只能收回极少部分。其包括借款人无力偿还，抵押品价值低于贷款额；抵押品价值不确定；借款人已彻底停止经营活动；固定资产贷款项目停止时间很长，复工无望等。故本题选择 A。

10. B 解析：我国的中央银行是中国人民银行。中央银行是国家中居主导地位的金融中心机构，是国家干预和调控国民经济发展的重要工具。中央银行的职能是金融调控、公共服务、金融监管。中央银行是"发行的银行"，对调节货币供应量、稳定币值有重要作用。中央银行是"银行的银行"，它集中保管银行的准备金，并对它们发放贷款，充当"最后贷款者"。中央银行是"国家的银行"，它是国家货币政策的制定者和执行者，也是政府干预经济的工具；同时为国家提供金融服务，代理国库，代理发行政府债券，为政府筹集资金；代表政府参加国际金融组织和各种国际金融活动。中央银行所从事的业务与其他金融机构所从事的业务的根本区别在于，中央银行所从事的业务不是为了营利，而是为实现国家宏观经济目标服务，这是由中央银行所处的地位和性质决定的。中央银行的主要业务有：货币发行、集中存款准备金、贷款、再贴现、证券、黄金占款和外汇占款、为商业银行和其他金融机构办理资金的划拨清算和资金转移的业务等。故本题选择 B。

二、多项选择题

1. ABCD 解析：贷款分类应遵循以下原则：(1) 真实性原则。分类应真实客观地反映贷款的风险状况。(2) 及时性原则。应及时、动态地根据借款人经营管理等状况的变化调整分类结果。(3) 重要性原则。对影响贷款分类的诸多因素，要根据《贷款风险分类指引》第五条的核心定义确定关键因素进行评估和分类。(4) 审慎性原则。对难以准确判断借款人还款能力的贷款，应适度下调其分类等级。故本题选择 ABCD。

2. CDE 解析：中国银监会在比较研究各国信贷资产风险分类做法的基础上，结合我国国情，于 2007 年制定并发布了《贷款风险分类指引》。该指引规定，我国商业银行应至少将贷款划分为正常、关注、次级、可疑和损失五类，其中后三类合称为不良贷款。故本题选择 CDE。

3. ABCDE 解析：按照我国《担保法》的有关规定，担保方式包括保证、抵押、质押、定金和留置五种方式。目前，我国商业银行的贷款业务主要采取保证、抵押和质押这三种担保方式，贷款银行可根据借款人的具体情况，采用其中的一种或同时采用几种贷款担保方式。故本题选择 ABCDE。

4. ABCD 解析：一般来讲，贷款价格的构成包括贷款利率、贷款承诺费、补偿余额和隐含价格。贷款利率是一定时期内，客户向贷款人支付的贷款利息与贷款本金之比例。它是贷款价格的主体，也是贷款价格的主要内容。贷款承诺费是指银行对已承诺贷给客户而客户又没有使用的那部分资金收取的费用。补偿余额是指应银行要求，借款人在银行保持一定数量的活期存款和低利率定期存款。隐含价格是指贷款定价中的一些非货币性内容。银行在决定给客户贷款后，为了保障客户能偿还贷款，常常在贷款协议中加上一些附加性条款。故本题选择 ABCD。

5. ABC 解析：按贷款保障方式来分类，银行贷款可划分为：信用贷款、担保贷款、票据贴现。其中，担保贷款包括保证贷款、抵押贷款和质押贷款。故本题选择 ABC。

6.　ABCDE　解析：商业银行的贷款产品有不同的还款方式可供借款人选择，如到期一次还本付息法、等额本息还款法、等额本金还款法、等比累进还款法、等额累进还款法及组合还款法、等额累进还款法等多种方法。客户可以根据自己的情况，与银行协商，在合同中约定一种还款方式。故本题选择ABCDE。

7.　ABCD　解析：在贷款分类过程中，银行首先要了解贷款的基本信息，其内容包括贷款目的、还款来源、资产转换周期及还款记录等。故本题选择ABCD。

8.　BCDE　解析：不良贷款包括：次级、可疑和损失。其中，次级贷款是指借款人的还款能力出现明显问题，完全依靠其正常营业收入无法足额偿还贷款本息，即使执行担保，也可能会造成一定损失。其包括借款人支付出现困难，并且难以按市场条件获得新的资金；借款人不能偿还对其他债权人的债务；借款人内部管理问题未解决，妨碍债务的及时足额清偿；借款人采取隐瞒事实等不正当手段套取贷款等。可疑贷款是指借款人无法足额偿还贷款本息，即使执行担保，也肯定要造成较大损失。其包括借款人处于停产、半停产状态；固定资产贷款项目处于停产状态；借款人已资不抵债；银行已诉诸法律来收回贷款；贷款经过了重组仍然逾期，或仍然不能正常归还本息，还款状况没有得到明显改善等。损失贷款是指在采取所有可能的措施或一切必要的法律程序后，本息仍然无法收回，或只能收回极少部分。其包括借款人无力偿还，抵押品价值低于贷款额；抵押品价值不确定；借款人已彻底停止经营活动；固定资产贷款项目停止时间很长，复工无望等。故本题选择BCDE。

9.　ABCD　解析：属于的商业银行贷款定价原则的是保证贷款安全性原则、利润最大化原则、扩大市场份额原则以及维护银行形象原则。故本题选择ABCD。

10.　ABCDE　解析：从经济学角度看，银行与某一客户进行业务往来，必须能够保证有利可图或至少不亏本。来源于客户的总收入包括：(1) 贷款利息收入。贷款利息收入应包括对客户所有的授信资产，如进出口押汇、打包贷款、票据贴现、一般贷款等。(2) 客户存款账户的投资收入。客户将款项存入银行，银行缴纳存款准备金后，余额除可用于贷款外，还可用于投资，从而产生一定的收益。(3) 结算手续费收入。结算手续费收入是指银行为客户办理国内结算和国际结算所取得的手续费收入。(4) 其他服务费收入。银行为客户提供其他服务，如代发工资、代理买卖外汇、保管箱业务、开具信用证、担保、贷款承诺等所取得的收入。故本题选择ABCDE。

三、填空题

1.　正常、关注、次级、可疑　解析：我国商业银行应按贷款的风险程度将贷款划分为正常、关注、次级、可疑和损失五类。

2.　还本付息　解析：贷款是商业银行作为贷款人按照一定的贷款原则和政策，以还本付息为条件，将一定数量的货币资金供给借款人使用的一种借贷行为。

3.　贷款利息、贷款本金　解析：狭义的贷款价格只包括贷款利率，即一定时期客户向贷款人支付的贷款利息与贷款本金之间的比率。

4.　保证、抵押　解析：目前，我国商业银行的贷款业务主要采取保证、抵押和质押这三种担保方式。贷款银行可根据借款人的具体情况，采用其中的一种或同时采用几种贷款担保方式。

5. 个人住房贷款、个人消费贷款、个人经营贷款、个人信用卡透支 解析：个人贷款是指以自然人为借款人的贷款。个人贷款主要包括个人住房贷款、个人消费贷款、个人经营贷款和个人信用卡透支四大类。绝大多数的个人贷款主要用于消费，极少部分的个人贷款用于生产经营。

6. 个人贷款、公司贷款 解析：商业银行贷款按客户类型可划分为个人贷款和公司贷款。个人贷款是指以自然人为借款人的贷款。公司贷款，又称企业贷款或对公贷款，公司贷款是以企事业单位为对象发放的贷款。

7. 固定利率贷款、浮动利率贷款、混合利率贷款 解析：商业银行贷款按贷款利率可划分为固定利率贷款、浮动利率贷款和混合利率贷款。固定利率贷款是指在贷款期限内，不论银行利率如何变动，借款人都将按照合同签订的固定利率支付利息，不会因为利率变化而改变还款数额。浮动利率贷款是指贷款利率在贷款期限内随市场利率或官方利率波动按约定时间和方法自动进行调整的贷款。混合利率贷款是指在贷款开始的一段时间内(利率固定期)利率保持固定不变，利率固定期结束后利率执行方式转换为浮动利率的贷款。

8. 贷款利率、贷款承诺费、补偿余额 解析：一般来讲，贷款价格的构成包括贷款利率、贷款承诺费、补偿余额和隐含价格。贷款利率是一定时期内，客户向贷款人支付的贷款利息与贷款本金之比例。它是贷款价格的主体，也是贷款价格的主要内容。贷款承诺费是指银行对已承诺贷给客户而客户又没有使用的那部分资金收取的费用。补偿余额是指应银行要求，借款人在银行保持一定数量的活期存款和低利率定期存款。隐含价格是指贷款定价中的一些非货币性内容。银行在决定给客户贷款后，为了保障客户能够偿还贷款，常常在贷款协议中加上一些附加性条款。

9. 信用贷款、担保贷款、票据贴现 解析：按银行贷款的保障条件来分类，银行贷款可分为：信用贷款、担保贷款、票据贴现。其中，担保贷款包括保证贷款、抵押贷款和质押贷款。

10. 金融、实物 解析：资产转换周期就是银行信贷资金由金融资本转化为实物资本，再由实物资本转化为金融资本的全过程。

四、判断题

1. √ 解析：贷款是商业银行作为贷款人按照一定的贷款原则和政策，以还本付息为条件，将一定数量的货币资金供给借款人使用的一种借贷行为。

2. √ 解析：目前，我国商业银行的贷款业务主要采取保证、抵押和质押这三种担保方式，贷款银行可根据借款人的具体情况，采用其中的一种或同时采用几种贷款担保方式。

3. × 解析：担保是银行防止遭受损失的保障措施，但担保并不能确保银行一定不遭受损失。

4. √ 解析：透支主要包括存款账户透支和信用卡透支，它是指存款人或信用卡人因急需资金而在银行授予的限额内支用超过一定存款数量的货币活动。透支没有具体的提款时间和还款时间，但通常有一个最长还款期限。存款账户透支和信用卡透支也属于商业银行贷款。

5. × 解析：中期贷款是指贷款期限在一年以上(不含一年)五年以下(含五年)的贷款。

6. × 解析：个人贷款是指以自然人为借款人的贷款。个人贷款主要包括个人住房贷款、个人消费贷款、个人经营贷款和个人信用卡透支四大类。绝大多数的个人贷款主要用于消费，仅个人贷款用于生产经营。

7. √ 解析：贷款承诺费是指银行对已承诺贷给客户而客户又没有使用的那部分资金收取的费用。也就是说，银行已经与客户签订了贷款意向协议，并为此做好了资金准备，但客户实际并没有从银行贷出这笔资金，承诺费就是对这笔已作出承诺但没有贷出的款项所收取的费用。承诺费作为客户未取得贷款而支付的费用，构成了贷款价格的一个部分。

8. √ 解析：信用分析是进行贷款决策的前提和基础。

9. × 解析：存贷差是商业银行利润的主要来源，由于贷款风险以及银行要保证自己的资金充足以及良好的流动性，因此银行发放贷款不是越多越好。

10. × 解析：贷款对象的信用等级越高，银行贷款的风险就越低。

五、名词解释

1. 贷款。贷款是商业银行作为贷款人按照一定的贷款原则和政策，以还本付息为条件，将一定数量的货币资金供给借款人使用的一种借贷行为。

2. 贷款对象。贷款对象是商业银行贷款发放的具体对象，也就是商业银行发放贷款所选择的经济主体。

3. 贷款额度。贷款额度是指贷款银行向借款人提供的以货币计量的贷款数额。除了人民银行、银保监会或国家其他有关部门有明确规定外，贷款额度可以根据借款人资信等级、担保能力等具体情况而确定。

4. 还款方式。商业银行的贷款产品有不同的还款方式可供借款人选择，如到期一次还本付息法、等额本息还款法、等额本金还款法、等比累进还款法、等额累进还款法及组合还款法等多种方法。客户可以根据自己的情况，与银行协商，在合同中约定一种还款方式。

5. 担保贷款。担保贷款是指由借款人或第三方依法提供担保而发放的贷款。担保贷款包括保证贷款、抵押贷款和质押贷款。

6. 票据贴现。票据贴现是指银行以购买借款人未到期商业票据的方式发放的贷款，即票据收款人在票据到期以前将票据权利转让给银行，并贴付一定利息从银行取得现款的一种短期融资方式。

7. 贷款定价。贷款定价是指如何确定贷款的利率、确定补偿余额以及对某些贷款收取手续费。

8. 贷款承诺费。贷款承诺费是指银行对已承诺贷给客户而客户又没有使用的那部分资金收取的费用。也就是说，银行已经与客户签订了贷款意向协议，并为此做好了资金准备，但客户实际并没有从银行贷出这笔资金，承诺费就是对这笔已作出承诺但没有贷出的款项所收取的费用。承诺费作为客户未取得贷款而支付的费用，构成了贷款价格的一个部分

9. 补偿余额。补偿余额是指应银行要求，借款人在银行保持一定数量的活期存款和低利率定期存款。它通常作为银行同意贷款的一个条件写进贷款协议中。

10. 资产转换周期。资产转换周期就是银行信贷资金由金融资本转化为实物资本，再由实物资本转化为金融资本的全过程所耗费的时间。也就是说，一个资产转换周期，是企业在正常经营情况下，从银行取得贷款，购买生产资料，生产并出售产品获得销售收入，最终偿还贷款所需要的时间。

六、简答题

1. 简述贷款的基本要素的构成。

答：作为一种借贷行为，一笔贷款由贷款对象、贷款用途、贷款额度、贷款价格、贷款期限、担保方式、还款方式等基本要素构成。具体如下：(1) 贷款对象是商业银行贷款发放的具体对象，也就是商业银行发放贷款所选择的经济主体。(2) 贷款用途。商业银行发放贷款应明确资金的用途或使用方向，贷款人有义务按照约定的用途使用贷款，不能用于非法目的。(3) 贷款额度。贷款额度是指贷款银行向借款人提供的以货币计量的贷款数额。(4) 贷款价格。从广义上讲，贷款价格不仅包括贷款利率，还包括贷款承诺费、补偿余额和隐含价格等能够给银行带来利益的其他项目。(5) 贷款期限。贷款期限是指贷款银行将贷款发放给借款人到收回贷款期间的时间，是贷款人对贷款的实际占有时间。(6) 担保方式。担保是指借款人无力或未按照约定按时还本付息或支付有关费用时贷款的第二还款来源，是审查贷款项目主要因素之一。(7) 还款方式。商业银行的贷款产品有不同的还款方式可供借款人选择，如到期一次还本付息法、等额本息还款法、等额本金还款法、等比累进还款法、等额累进还款法及组合还款法等多种方法。

2. 简述商业银行贷款的分类。

答：商业银行的贷款按照不同的划分标准，可以分为多种类型。按贷款期限可划分为：短期贷款、中期贷款、长期贷款与透支；按贷款保障方式划分为：信用贷款、担保贷款、票据贴现。其中，担保贷款包括保证贷款、抵押贷款和质押贷款；按客户类型划分为：个人贷款与公司贷款；按贷款偿还方式划分为：一次性偿还贷款与分期偿还贷款；按贷款利率划分为：固定利率贷款、浮动利率贷款与混合利率贷款；按贷款风险程度划分为：正常、关注、次级、可疑和损失五个类别。

3. 简述商业银行贷款的基本流程。

答：一般来说，一笔贷款的基本流程可以分为以下九个主要环节，即贷款申请、受理与调查、风险评估、贷款审批、签订合同、贷款发放、贷款支付、贷后管理以及回收处理。

4. 简述商业银行贷款的风险分类。

答：贷款风险分类是根据风险程度对贷款质量做出评价的贷款分类方法，这种方法建立在动态监测的基础上，通过对借款人现金流量、财务实力、抵押品价值等因素的连续监测和分析，判断贷款的实际损失程度，对银行的信贷管理水平和信贷人员的数字有较高的要求。有利于银行及时发现贷款发放后出现的问题，能够更准确地识别贷款的内在风险，有效地跟踪贷款质量，便于银行及时采取措施，从而提高信贷资产质量。银行的贷款风险分类通常要经过四个步骤，即基本信贷分析、还款能力分析、还款可能性分析和确定分类结果。

5. 简述商业银行贷款定价原则。

答：商业银行贷款定价原则如下：

(1) 保证贷款安全性原则。商业银行的贷款业务是一项风险性业务，保证贷款的安全是银行贷款经营管理过程的核心内容。安全的实现要求商业银行在贷款经营中应努力避免各种不确定因素对它的影响，使贷款资产处于归流、增值、无损失状态，要经得起重大风险和损失。

(2) 利润最大化原则。商业银行是经营货币信用业务的特殊企业。作为企业，实现利润最大化始终是其追求的基本目标。信贷业务是商业银行传统的主要业务，存贷利差是商业银行利润的主要来源。因此，银行在进行贷款定价时，首先必须确保贷款收益足以弥补资金成本和各项费用，在此基础上，尽可能实现利润最大化。

(3) 扩大市场份额原则。扩大市场份额原则要求商业银行在金融业竞争日益激烈的情况下，要通过制定合理的贷款价格在信贷市场上不断扩大其市场份额。商业银行在贷款定价时，必须充分考虑同业、同类贷款的价格水平，不能为了追求利润，盲目实行高价政策。但是商业银行在贷款定价时也不能为了扩大市场份额盲目降低贷款价格，不计成本的价格战会使商业银行效益降低，甚至亏损。

(4) 维护银行形象原则。作为经营信用业务的企业，良好的社会形象是商业银行生存与发展的重要基础。商业银行要树立良好的社会形象，就必须守法、诚信、稳健经营，要通过自己的业务活动，维护社会的整体利益，不能唯利是图。因此，在贷款定价中，商业银行应严格遵循国家有关法律、法规，不能利用贷款价格搞恶性竞争，破坏金融秩序的稳定，损害社会整体利益。

七、论述题

1. 论述贷款定价的方法。

答：在国际商业银行贷款定价的实践中，由于各银行的发展历史、经营策略和其所处市场竞争环境的不同，因此主要形成了三种不同的定价方法，即成本加成定价法、基准利率加点定价法、客户盈利分析定价法。在制订合理的贷款定价机制时，应首先根据银行自身经营特征、发展战略和细分市场的特征，确定合适的定价方法。

1) 成本加成定价法

成本加成定价法以贷款成本为基础进行定价，属于成本导向型。这种方法是以借入资金的成本加上一定利差来决定贷款利率的。根据此方法，一笔贷款的利率应该包括以下四个部分：(1) 资金成本。(2) 贷款费用。(3) 风险补偿费。(4) 目标收益。

根据以上分析，成本加成定价法下的贷款利率可表示为

贷款利率 = 资金成本 + 贷款费用 + 风险补偿费 + 目标收益

成本加成定价方法属于"内向型"定价方法，它是从银行自身的角度出发来实现的贷款定价方法，主要考虑银行自身的成本、费用和承担的风险。银行的资金成本、贷款费用越高，贷款利率就越高。采用这种定价方法有利于商业银行补偿成本，确保股东所要求的资本收益率得到实现。然而，成本加成定价法的不足之处在于它忽略了影响贷款价格的外部因素，此种方法由于考虑了客户的需求、同业的竞争、当前资金市场上的一般利率水平等因素，因而可能会导致客户流失和贷款市场的萎缩。

2) 基准利率加点定价法

基准利率加点定价法是银行选择合适的基准利率，在此之上加上一定价差或乘以一个加成系数的贷款定价方法。这里的基准利率可以是国库券利率、大额可转让存单利率、银行同业拆借利率、商业票据利率等货币市场利率，也可以是优惠贷款利率，即银行对优质客户发放短期流动资金贷款的最低利率。对于所选定的客户，银行往往允许客户选择相应期限的基准利率作为定价的基础，附加的贷款风险溢价水平因客户的风险等级不同而有所差异。

根据基准利率加点定价法的基本原理，银行对特定客户发放贷款的利率公式一般为

贷款利率 = 基准利率 + 借款者的违约风险溢价 + 长期贷款的期限风险溢价

基准利率加点定价法是一种"外向型"的定价方法，它以市场一般价格水平为基础来确定贷款的价格，属于市场导向型方法。它既考虑了市场风险又兼顾了贷款本身的违约风险，从而具有较高的合理性，制定的价格更贴近市场，更具有竞争性。采用基准利率加点定价法进行贷款定价，除了要考虑贷款本身的风险外，还要考虑市场风险，这就加大了风险管理的难度。

3) 客户盈利分析定价法

客户盈利分析定价法综合了银行与客户业务往来的所有成本和收益的资料，以确定对该客户提供贷款的定价。因此，此方法又称为银行整体关系为基础的贷款定价方法。这种方法将贷款定价纳入到客户与银行的整体业务关系中加以统一考虑，将贷款收益和相关的存款收益、中间业务收益等一并作为总收益，将贷款的资金成本、经营成本、风险成本、税收成本等作为总成本，再结合经济资本的最低回报率，一并确定存贷款利率。

从经济学角度看，银行与某一客户进行业务往来，必须能够保证有利可图或至少不亏本。客户盈利分析定价法可表示为

来源于某客户的总收入≥为该客户提供服务的成本＋银行目标利润

2. 论述影响贷款定价的因素。

答：影响商业银行贷款定价的因素很多，商业银行每发放一笔贷款都要兼顾银行和客户的双方利益，综合考察各方面的因素，确定一个合理的贷款价格。

(1) 基准利率及贷款政策。中央银行基准利率的变化直接影响商业银行的融资成本，从而使商业银行贷款定价发生变动。国家的经济政策对贷款流向具有强烈的指导意义，凡是政策扶持的经济领域，其贷款价格相对优惠。一些国家对利率进行管制，也会影响贷款定价。如果规定贷款利率的上限，则商业银行贷款利率只能在上限以下浮动，上限便成为贷款的最高限价。

(2) 市场供求及同行竞争。资金也是一种商品，其价格的确定自然受制于市场的供求状况。当资金供给大于需求时，贷款价格下降，反之，当资金供不应求时，贷款价格自然就会提高。同时，由于贷款市场并不为任何一家银行所垄断，而且贷款资金具有"同质"性，客户可以选择不同的商业银行"买入"资金。因此，任何一家商业银行都不能随心所欲地调整信贷资金价格，其贷款报价必须充分考虑信贷市场的竞争状况及竞争对手的定价策略，将贷款价格与市场一般利率水平的差距保持在一定的范围之内。

(3) 资金成本、业务费用及目标收益率。贷款是银行资金的运用，它以负债为资金来源，负债成本低，贷款价格就低；反之，负债成本高，贷款价格就高。银行向客户提供贷款，需要在贷款过程中做大量的工作，如进行信用调查与审查，对于担保品进行鉴定与评估，对贷款所需材料与文件进行整理、归档与保管。所有工作的费用构成了影响贷款定价的一个因素。各家银行都有自己的盈利目标，并都对资金的运用规定了目标利润率。贷款定价合适与否，一个重要的衡量标准，就是看能否在确保贷款安全性的前提下，贷款收益率达到或超过目标利润率，它直接影响到银行总体盈利状况。贷款的目标收益率本身应当制定得合理，过高的目标收益率会使银行贷款价格失去竞争力。

(4) 贷款期限、条件及方式。贷款期限与贷款风险呈正相关关系，贷款期限短、流动性强、风险小，贷款利率就低，反之相反。贷款条件是对贷款对象提出的具体要求，如果贷款限定条件多，则银行信贷风险小，就可以索取相对较低的利润利率。此外，不同的贷

款方式下,贷款的保障程度不同,贷款价格也自然存在差异。一般来讲,担保贷款风险低,贷款利率就低;信用贷款风险高,利润也就高。

(5) 借款人信用等级及给银行带来的综合利润。对于同一类贷款,借款人信用等级高,贷款风险就小,从而定价越低,反之相反。此外,银行在对特定客户贷款定价之前,应全面考虑该客户与银行的业务关系,全面考察客户给银行带来的综合利润,而不能仅仅就贷款论价格。如果客户与本行有多项业务往来,则银行可以将这些业务看作是一个资产组合,组合的目标是实现组合利润最大化,可以通过高附加值产品的高收益来弥补贷款产品的低收益,这样不但实现了银行的利润目标,而且让客户感觉得到了很大的让渡价值,从而提高对银行的满意度。

八、案例分析题

案例一:解析的答案要点(言之有理即可)。

如果将此笔贷款的担保方式由 A 公司的部分土地使用权和房屋所有权抵押更换为 B 公司保证,则不能对其办理该笔存量贷款的借新还旧。因为该行在办理贷款借新还旧时要求原贷款为担保(抵押、质押或保证)贷款的,应重新办理担保手续,但新的担保方式的风险不能高于原担保方式。由于该酒店申请将贷款担保方式由 A 公司的部分土地使用权和房屋所有权抵押更换为信用等级为 A 级的 B 公司保证使得贷款风险提高,因此,不能对其办理此笔贷款的借新还旧,应要求该酒店在提供别的有效抵押后方可办理。

案例二:解析的答案要点(言之有理即可)。

(1) 按《中华人民共和国担保法》第十九条规定:"当事人对保证方式没有约定或者约定不明确的,按照连带责任保证承担保证责任。"

(2)《最高人民法院关于适用<中华人民共和国担保法>若干问题的解释》第三十二条第二款规定:"保证合同约定保证人承担保证责任直至主债务本息还清时为止等类似内容的,视为约定不明,保证期间为主债务履行期届满之日起二年。"

(3)《最高人民法院关于适用<中华人民共和国担保法>若干问题的解释》第三十八条规定:"同一债权既有保证又有第三人提供物的担保的,债权人可以请求保证人或者物的担保人承担担保责任。当事人对保证担保的范围或者物的担保的范围没有约定或者约定不明的,承担了担保责任的担保人,可以向债务人追偿,也可以要求其他担保人清偿其应当分担的份额。"

(4) 银行贷款管理存在的是没有办理抵押登记;保证合同未经法人签字,也没有授权。

案例三:解析的答案要点(言之有理即可)。

(1) A 公司财务状况是应收账款占比过高,资产负债率过高。

(2) A 公司面临的主要风险有担保风险,应收账款账龄情况。

(3) 该行应采取的保全措施有尽快退出,办理有效财产抵押,了解母公司的存款情况以便扣收担保,了解公司的资产情况。

案例四:解析(1) 答案要点:无视国家宏观调控的变化;银行授信程序不合规;银行贷款管理不严谨,银行间无脑竞争等。

(2) 答案要点:随时关注国家政策;严格管理银行授信程序;注意贷款风险等。

第五章 商业银行贷款管理理论与实务(中)

一、单项选择题

1. A 解析：影响企业未来还款能力的因素主要包括企业的财务状况、现金流量、信用支持以及非财务因素等。企业的财务状况、现金流量形成企业的第一还款来源，信用支持构成企业的第二还款来源，非财务因素虽不构成企业直接还款来源，但会影响企业的还款能力。企业规模属于非财务因素。故本题选择 A。

2. B 解析：企业的财务状况、现金流量形成企业的第一还款来源，信用支持构成企业的第二还款来源，非财务因素虽不构成企业直接还款来源，但会影响企业的还款能力。企业规模属于非财务因素。故本题选择 B。

3. A 解析：流动资产是指一年内或在一个营业周期内变现或者耗用的资产。它包括货币资金、交易性金融资产、应收票据、应收账款、预付账款、存货、待摊费用等项目。故本题选择 A。

4. C 解析：毛利润率越高，表示借款人盈利能力越强。成本费用利润率越高，表示借款人同样的成本费用能取得更多利润。现金比率越高，表示借款人直接支付能力越强。总资产周转率越高，表示借款人的盈利能力越强。故本题选择 C。

5. D 解析：负债与所有者权益比率指负债总额与所有者权益总额的比例关系，用于表示所有者权益对债权人权益的保障程度。该比率越低，表明客户的长期偿债能力越强，债权人权益保障程度越高。但该比率也不可过低，因为当所有者权益比重过大时，尽管客户偿还长期债务的能力很强，但客户不能充分发挥所有者权益的财务杠杆作用。故本题选择 D。

6. A 解析：利息保障倍数是指借款人息税前利润与利息费用的比率，用于衡量客户偿付负债利息能力。根据稳健原则，应以倍数较低的年度为评价依据，但无论如何，利息保障倍数不能低于1，因为一旦低于1，意味着借款人连利息偿还都保障不了，更别说还本金了。故本题选择 A。

7. C 解析：反映客户短期偿债能力的比率主要有：流动比率、速动比率和现金比率。这些统称为偿债能力比率。营运能力分析常用的比率主要有：总资产周转率、固定资产周转率、应收账款周转率、存货周转率、流动资产周转率五个指标。分析借款人偿还长期债务的能力的重要指标是杠杆比率，包括资产负债率、负债与所有者权益比率、负债与有形净资产比率、利息保障倍数等。故本题选择 C。

8. B 解析：在行业的发展阶段，虽然行业竞争激烈，但行业的平均利润率水平较高，介入发展阶段行业的银行信贷资金具有高风险、高收益的特征，商业银行的信贷资金可以试探进入。故本题选择 B。

9. C 解析：商业银行的负债业务是指商业银行筹措资金、形成资金来源的业务，它是商业银行资产业务和其他业务的基础。商业银行最主要的负债业务就是存款业务，也是商业银行营运资金的主要来源，包括储蓄存款、企业存款和其他存款等。故本题选择 C。

10. D 解析：资产负债率 = 负债总额/资产总额 × 100%，即该题为 800 万元/1000 万元 × 100% = 80%。故本题选择 D。

二、多项选择题

1. ABCD 解析：流动资产包括货币资金、交易性金融资产、应收票据、应收账款、预付账款、存货、待摊费用等项目。非流动资产包括长期投资、固定资产、无形及递延资产和其他长期资产等。故本题选择 ABCD。

2. ABCDE 解析：流动负债是借款人在生产经营过程中应付给他人的资金，是借款人承担的应在一年或在一个营业周期内偿还的债务，包括短期借款、应付票据、应付账款、预收账款、应付工资、应交税费、应付利润、其他应付款和预提费用等。故本题选择 ABCDE。

3. ABCD 解析：所有者权益也叫净资产，代表投资者对净资产的所有权，是借款人全部资产减去全部负债的净额。它由两部分组成：一部分是投资者投入的资本金；另一部分是在生产经营过程中形成的资本公积金、盈余公积金和未分配利润。故本题选择 ABCD。

4. ABCD 解析：财务分析是以客户财务报表为主要依据，运用一定的分析方法，对客户的财务过程和结果进行研究和评价，以分析客户财务状况、盈利能力、资金使用效率和偿债能力，并由此预测客户的发展变化趋势，从而为贷款决策提供依据。客户财务分析主要包括财务报表分析、财务比率分析、营运能力分析以及现金流量分析。选项中的行业风险因素分析属于非财务因素分析。故本题选择 ABCD。

5. ABCD 解析：从市场竞争角度分析，行业的结构可以分为完全竞争性行业、不完全竞争性行业、寡头垄断行业和完全垄断性行业。故本题选择 ABCD。

6. ABCD 解析：行业生命周期发展过程一般可分为初创阶段、成长阶段、成熟阶段和衰退阶段四个发展阶段。故本题选择 ABCD。

7. ABCDE 解析：借款人的内控制度是否健全、财务管理能力的强弱、员工素质的高低、有无法律纠纷以及关联企业的经营管理状况好坏等均会对借款人的经营管理产生影响。故本题选择 ABCDE。

8. ABCDE 解析：商业银行对借款人的经营风险进行分析要从借款人总体特征分析、借款人产品与市场分析、借款人采购环节分析、借款人生产环节分析、借款人销售环节分析方面入手。故本题选择 ABCDE。

9. ABC 解析：企业偿债能力分析包括短期偿债能力分析和长期偿债能力分析。企业短期偿债能力的衡量指标主要有流动比率、速动比率和现金比率。长期偿债能力是指企业偿还长期负债的能力，其分析指标主要有三项：资产负债率、产权比率和利息保障倍数。

销售利润率和成本利润率是企业盈利能力分析指标。故本题选择 ABC。

10. ABC 解析：企业营运能力分析主要包括：流动资产周转情况分析、固定资产周转率分析和总资产周转率分析三个方面。企业偿债能力分析包括短期偿债能力分析和长期偿债能力分析。故本题选择 ABC。

三、填空题

1. 流动资产、非流动资产 解析：在资产负债表中，资产按其流动性分为流动资产和非流动资产。流动资产是指一年内或在一个营业周期内变现或者耗用的资产，包括货币资金、交易性金融资产、应收票据、应收账款、预付账款、存货、待摊费用等项目。非流动资产指借款人在一年内不能变成现金的那部分资产，包括长期投资、固定资产、无形及递延资产和其他长期资产等。

2. 繁荣、衰退、萧条、复苏 解析：经济周期分为：繁荣、衰退、萧条、复苏四个阶段。经济周期的特点是国民总产出、总收入、总就业量的波动，它以大多数经济部门的扩张与收缩为标志。经济衰退的普遍特征：消费者需求、投资急剧下降；对劳动的需求、产出下降、企业利润急剧下滑、股票价格和利率一般也会下降。衰退指实际 GDP 至少连续两个季度下降。萧条指规模广且持续时间长的衰退。

3. 现金、短期证券投资 解析：现金流量中的现金包括两部分：一是现金，包括库存现金、活期存款和其他货币性资金；二是短期证券投资，称为现金等价物，一般指 3 个月内的债券投资。

4. 现金流入量、现金流出量、现金净流量 解析：现金流量包括现金流入量、现金流出量和现金净流量；现金净流量为现金流入量和现金流出量之差。

5. 初创阶段、成长阶段、成熟阶段、衰退阶段 解析：社会中行业的兴衰呈现出此起彼伏的特点，每一行业的发展，通常经历由萌芽到成长到兴旺再到衰退的演变过程。这个过程就是行业生命周期发展过程，它一般可分为初创阶段、成长阶段、成熟阶段和衰退阶段四个发展阶段。

6. 完全竞争性、不完全竞争性、寡头垄断、完全垄断性 解析：从市场竞争角度分析，行业的结构可以分为完全竞争性行业、不完全竞争性行业、寡头垄断行业和完全垄断性行业。由于行业的结构不同，行业内企业的生存发展条件也不相同，企业的经营风险、盈利水平存在较大的差异。其中，在寡头垄断行业中，少数企业在市场中占有较大的份额，它们对市场中该类产品的生产、交易和价格有较大的控制权，并能获得较稳定的超额利润；对于完全垄断性行业，由于市场被独家企业控制，产品没有或缺少替代性，因此生产者能根据市场的供求情况确定产品的产量和价格，并可获得稳定的超额利润。

7. 企业的规模、产品多样化程度、经营策略 解析：借款人总体特征分析可以从企业的规模、产品多样化程度、经营策略三个方面入手。(1) 企业的规模。一般情况下，一个企业的规模越大，市场份额就越大，其经营也就越稳定，风险越小。(2) 产品多样化程度。如果企业产品单一，客户单一，而且产品用途少，那么该企业风险就大。(3) 经营策略。经营策略是在企业经营管理活动中，为实现其经营目标而采取的行动及其行动方针、方案和竞争方式。考察分析一个企业，必须弄清企业的经营目标是什么、是否合理、为完成目标所采取的策略是否可行、业务完成目标的可能性有多大、管理人员是否能够应付其中的风险等问题。

8. 原料价格风险、购货渠道风险、购买量风险　解析：借款人采购环节分析可从原料价格风险、购货渠道风险和购买量风险三个方面入手。(1) 原料价格风险：借款人如果能影响供应商的价格，就能够很好地控制生产成本，按计划完成生产、经营周期，获取利润，承担较低风险，否则可能会因价格过高而不能维持生产经营的连续性。(2) 购货渠道风险：如果借款人购货渠道单一，且经常发生变化，则其他生产所需的原料供给不能得到保证，生产不能如期完成，那么对银行来说，贷款可能不能及时收回。(3) 购买量风险：借款人原材料的购买量要根据存货管理计划、生产规模来确定。供应不足会影响生产，过量的供应也会带来过高的成本。

9. 事业连续性，Continuity；担保品，Collateral；经营环境，Condition　解析：企业信用分析的6C原则是：品德，Character；才能，Capacity；资本，Capital；事业连续性，Continuity；担保品，Collateral；经营环境，Condition。

10. 判断式信用分析方法、经验式信用分析方法　解析：国外商业银行个人信用分析主要采用两种方式：一是判断式信用分析方法；二是经验式信用分析方法。判断式信用分析方法是通过对贷款申请人财务状况进行分析，也就是对贷款申请人的资产负债的分析，来判断贷款申请人的信用状况。经验式信用分析方法也称为消费信用的评分体系，即建立信用评价模型，赋予影响贷款申请人信用的各项因素以具体的分值，就是对贷款申请人各方面的情况进行量化，然后将这些分值的总和与预先规定的"接受拒绝"临界分值进行比较。

四、判断题

1. √　解析：从分析内容来看，企业信用分析的6C原则(品德，Character；才能，Capacity；资本，Capital；事业连续性，Continuity；担保品，Collateral；经营环境，Condition)同样适用于个人信用分析。所不同的是由于个人贷款金额小、客户数量大，除住房、汽车等部分抵押贷款外，大多数是信用贷款，还款来源依赖于个人收入，而个人收入从长期看是较为稳定的，因此，个人信用分析更侧重于借款人的品德，即个人消费贷款能否按期偿还更多依赖于借款人的还款意愿。

2. ×　解析：资产负债表是反映借款人在某一特定日期财务状况的财务报表。资产负债表是根据 "资产＝负债＋所有者权益"的会计原理编制的。

3. ×　解析：负债比率说明客户总资产中债权人提供资金所占的比重，以及客户资产对债权人权益的保障程度。对银行来讲，借款人负债比率越低越好。因为负债比率越低，说明客户投资者提供的无须还本付息的资金越多，客户的债务负担越轻，债权的保障程度就高，风险也就越小；反之，负债比率越高，说明负债在总资产中的比重越大，则表明借款人债务负担越重。

4. ×　解析：负债与所有者权益比率越低，表明客户的长期偿债能力越强，债权人权益保障程度越高。但该比率也不能过低，因为当所有者权益比重过大时，客户偿还长期债务的能力很强，但客户不能充分发挥所有者权益的财务杠杆作用。

5. √　解析：利息保障倍数是指借款人息税前利润与利息费用的比率，用于衡量客户偿付负债利息能力。该比率越高，说明借款人支付利息费用的能力越强。但利息保障倍数究竟多高为宜，要根据客户历史经验并结合行业特点来判断。根据稳健原则，应以倍数较低的年度为评价依据，但无论如何，利息保障倍数不能低于1，因为一旦低于1，意味着借款人连利息偿还都保障不了，更别说归还本金了。

6. √　解析：速动资产是指易于立即变现、具有即时支付能力的流动资产。速动资产计算公式为：速动资产＝流动资产－存货－预付账款－待摊费用。

7. ×　解析：现金比率越高，表明客户直接支付能力越强。但一般情况下，客户不可能也没必要保留过多的现金类资产，因为这样会丧失许多获利机会和投资机会。

8. √　解析：应收账款周转率是反映应收账款周转速度的指标。它是一定时期内销售收入与应收账款平均余额的比率，表明一定时期内应收账款周转的次数。一般而言，一定时期内应收账款周转次数越多，说明企业收回赊销账款的能力越强，应收账款的变现能力和流动性越强，管理工作的效率越高。

9. √　解析：流动资产周转率是客户营业收入与平均流动资产总额的比率，是反映客户流动资产利润效率的指标。流动资产周转率越高，说明客户流动资产创造的收入多，实现的价值高，企业的盈利能力强。

10. √　解析：政府的行业政策在很大程度上决定了某行业是否能获得资金支持和政策优惠，进而决定了该行业系统性风险的大小及其变化趋势。目前由于国家"碳中和""碳达峰"的政策，新能源行业的信贷风险小于煤炭行业。

五、名词解释

1. 财务分析。财务分析是以客户财务报表为主要依据，对客户的财务过程和结果进行研究和评价，以分析客户财务状况、盈利能力、资金使用效率和偿债能力，并以此预测客户的发展变化趋势，从而为贷款决策提供依据。

2. 偿债能力。偿债能力是指客户偿还到期债务的能力，包括长期偿债能力和短期偿债能力。长期偿债能力是指客户偿还长期债务的能力，它表明客户对债务的承受能力和偿还债务的保障能力。短期偿债能力是指客户以流动资产偿还短期债务即流动负债的能力，它反映客户偿付日常到期债务的能力。

3. 非财务因素。非财务因素是指企业财务因素变动以外的因素。商业银行的贷前调查、贷时审查以及贷后检查都必须从关注企业财务因素逐步延伸到关注企业的非财务因素。非财务因素包括对借款人行业风险因素分析，经营风险因素分析，管理风险因素分析，自然、社会因素分析以及借款人还款意愿分析等内容。

4. 企业信用分析的6C原则。企业信用分析的6C原则是品德，Character；才能，Capacity；资本，Capital；事业连续性，Continuity；担保品，Collateral；经营环境，Condition。

5. 财务综合分析。财务综合分析是将企业营运能力、偿债能力和盈利能力等方面的分析纳入一个有机的分析系统之中，全面地对企业财务状况、经营状况进行解剖和分析，从而对企业经济效益作出较为准确的评价与判断。财务综合分析的方法主要有两种：杜邦财务分析体系法和沃尔比重评分法。

6. 经验式信用分析方法。经验式信用分析方法也称为消费信用的评分体系，即建立信用评价模型，赋予影响贷款申请人信用的各项因素以具体的分值，就是对贷款申请人各方面的情况进行量化，然后将这些分值的总和与预先规定的"接受—拒绝"临界分值进行比较。如果贷款申请人总分低于临界分值，则拒绝贷款申请。这是一种非常客观的信用分析方法，可以消除对贷款申请人的标准掌握的主观随意性。

7. 存货周转率。存货周转率是一定时期内借款人销售成本与平均存货余额的比率。它是反映客户销售能力和存货周转速度的一个指标，也是衡量客户生产经营环节中存货营运效率的一个综合性指标。

8. 盈利能力。盈利能力简单地说就是获取利润的能力。对于银行来说，借款人的盈利能力在某种程度上比偿债能力更重要，因为借款人正常经营并产生利润是偿还债务的前提条件。盈利能力越强，客户还本付息的可能性越大，贷款的风险越小。

9. 所有者权益。所有者权益也叫净资产，代表投资者对净资产的所有权，是借款人全部资产减去全部负债的净额。它由两部分组成：一部分是投资者投入的资本金；另一部分是在生产经营过程中形成的资本公积金、盈余公积金和未分配利润。

10. 判断式信用分析方法。判断式信用分析方法是通过对贷款申请人财务状况进行分析，也就是对贷款申请人的资产负债的分析，来判断贷款申请人的信用状况。个人财务报表是银行用来评价个人财务状况、确定个人信用高低的最有效的工具。除此之外，银行还可以从个人纳税申报表中了解贷款申请人的收入与支出。

六、简答题

1. 简述营运能力分析的概念及其指标。

答：营运能力是指通过借款人资产周转速度的有关指标反映出来的资产利用效率，它表明客户管理人员经营、管理和运用资产的能力。客户偿还债务和盈利能力的大小，在很大程度上取决于管理人员对资产的有效运用程度。资产利用效率高，则各项资产周转速度就快，资产变现的速度就快，这样借款人就会有现金用来偿付流动负债，因而其短期偿债能力就强。营运能力分析常用的比率主要有：总资产周转率、固定资产周转率、应收账款周转率、存货周转率、流动资产周转率五个指标。

2. 简述偿债能力分析的概念及其指标。

答：偿债能力是指客户偿还到期债务的能力，包括长期偿债能力分析和短期偿债能力分析。

长期偿债能力是指客户偿还长期债务的能力，它表明客户对债务的承受能力和偿还债务的保障能力。长期偿债能力的强弱是反映客户财务状况稳定与安全程度的重要标志。分析借款人偿还长期债务的能力的重要指标是杠杆比率，包括资产负债率、负债与所有者权益比率、负债与有形净资产比率、利息保障倍数等，主要是通过比较资产、负债和所有者权益的关系来评价客户负债经营的能力。(1) 资产负债率。资产负债率又称负债比率，是客户负债总额与资产总额的比率。(2) 负债与所有者权益比率。负债与所有者权益比率指负债总额与所有者权益总额的比例关系，用于表示所有者权益对债权人权益的保障程度。(3) 负债与有形净资产比率。负债与有形净资产比率是指负债与有形净资产的比例关系，用于表示有形净资产对债权人权益的保障程度。(4) 利息保障倍数。利息保障倍数是指借款人息税前利润与利息费用的比率,用于衡量客户偿付负债利息能力。

短期偿债能力是指客户以流动资产偿还短期债务即流动负债的能力,它反映客户偿付日常到期债务的能力。反映客户短期偿债能力的比率主要有:流动比率、速动比率和现金比率,这些统称为偿债能力比率。(1) 流动比率。流动比率是流动资产与流动负债的比率。它表明借款人每元流动负债有多少流动资产作为偿还的保证。(2) 速动比率。速动比率是借款人速动资产与流动负债的比率。(3) 现金比率。现金比率是客户现金类资产与流动负债的比率。(4) 营运资金。营运资金是指流动资产与流动负债的差额。

3. 简述税前利润率和净利润率的内容以及计算方法。

答:税前利润率是客户利润总额和销售收入净额的比率。净利润率是指经营所得的净利润占销售收入净额的百分比,其计算公式为

$$利润总额 = 营业利润 + 营业外收入 - 营业外支出$$

$$税前利润率 = \frac{利润总额}{销售收入净额} \times 100\%$$

$$净利润 = 利润总额 - 所得税$$

$$净利润率 = \frac{净利润}{销售收入净额} \times 100\%$$

税前利润率和净利润率反映销售收入净额所取得的税前利润和净利润。这两个比率越大,说明销售收入净额所取得的税前利润和净利润越多。由于这两个比率直接关系到客户未来偿还债务的能力和水平,因此,相比于毛利润率与营业利润率,银行应更重视税前利润率和净利润率。

七、论述题

1. 试述财务分析的主要内容和方法。

答:财务分析是以客户财务报表为主要依据,对客户的财务过程和结果进行研究和评价,对客户财务状况、盈利能力、资金使用效率和偿债能力进行分析,并以此预测客户的发展趋势,从而为贷款决策提供依据。

1) 财务报表分析

财务报表分析包括资产负债表分析和利润表分析。

(1) 资产负债表是反映借款人在某一特定日期财务状况的财务报表。资产负债表是根据"资产 = 负债 + 所有者权益"进行编制。① 资产是借款人拥有或可控制的、能以货币计量的经济资源。在资产负债表中,资产按其流动性分为流动资产和非流动资产。② 负债是指借款人承担的、能以货币计量的需以资产或劳务偿付的债务。负债可分为流动负债和长期负债。③ 所有者权益也叫净资产,代表投资者对净资产的所有权,是借款人全部资产减去全部负债的净额。它由两部分组成:一部分是投资者投入的资本金;另一部分是在生产经营过程中形成的资本公积金、盈余公积金和未分配利润。通过对资产负债表的总额分析、重点项目分析和结构分析,可以了解借款人的经营实力,剔除资产负债表的水分,判断其财务风险状况。

(2) 利润表是反映借款人一定时期内经营成果的报表。利润表是根据"利润=收入-费用"编制。通过对利润表的分析，可以评价企业的经营业绩，发现企业经营管理中的问题，为经营决策提供依据，同时揭示利润的变化趋势，预测企业未来的获利能力，帮助投资者和债权人做出正确的投资与贷款决策。

2) 财务比率分析

财务比率分析包括盈利能力分析和偿债能力分析。

(1) 盈利能力简单地说就是获取利润的能力。对于银行来说，借款人的盈利能力在某种程度上比偿债能力更重要，因为借款人正常经营并产生利润是偿还债务的前提条件。盈利能力越强，客户还本付息的可能性越大，贷款的风险越小。反映借款人盈利能力的比率主要有毛利润率、营业利润率、税前利润率和净利润率、成本费用利润率，这些统称为盈利比率。① 毛利润率是指销售利润和产品销售收入净额的比率。② 营业利润率是指借款人的营业利润与产品销售收入净额的比率。③ 税前利润率是客户利润总额和销售收入净额的比率，净利润率是指经营所得的净利润占销售收入净额的百分比。④ 成本费用利润率是借款人利润总额与当期成本费用的比率。

(2) 偿债能力是指客户偿还到期债务的能力，包括长期偿债能力分析和短期偿债能力分析。① 长期偿债能力是指客户偿还长期债务的能力，它表明客户对债务的承受能力和偿还债务的保障能力。长期偿债能力的强弱是反映客户财务状况稳定与安全程度的重要标志。分析借款人偿还长期债务的能力的重要指标是杠杆比率，包括资产负债率、负债与所有者权益比率、负债与有形净资产比率、利息保障倍数等。主要是通过比较资产、负债和所有者权益的关系来评价客户负债经营的能力。资产负债率又称负债比率，是客户负债总额与资产总额的比率。负债与所有者权益比率指负债总额与所有者权益总额的比例关系，用于表示所有者权益对债权人权益的保障程度。负债与有形净资产比率是指负债与有形净资产的比例关系，用于表示有形净资产对债权人权益的保障程度。利息保障倍数是指借款人息税前利润与利息费用的比率，用于衡量客户偿付负债利息能力。② 短期偿债能力是指客户以流动资产偿还短期债务即流动负债的能力，它反映客户偿付日常到期债务的能力。反映客户短期偿债能力的比率主要有：流动比率、速动比率和现金比率，这些统称为偿债能力比率。流动比率是流动资产与流动负债的比率。它表明借款人每元流动负债有多少流动资产作为偿还的保证。速动比率是借款人速动资产与流动负债的比率。现金比率是客户现金类资产与流动负债的比率。营运资金是指流动资产与流动负债的差额。

3) 营运能力分析

营运能力是指通过借款人资产周转速度的有关指标反映出来的资产利用效率，它表明客户管理人员经营、管理和运用资产的能力。客户偿还债务和盈利能力的大小，在很大程度上取决于管理人员对资产的有效运用程度。资产利用效率高，则各项资产周转速度就快，资产变现的速度就快，这样借款人就会有现金用来偿付流动负债，因而其短期偿债能力就强。

营运能力分析常用的比率主要有：总资产周转率、固定资产周转率、应收账款周转率、存货周转率、流动资产周转率五个指标。① 总资产周转率是指营业收入与平均资产总额的比率。② 固定资产周转率是指营业收入与平均固定资产总额的比率，它是反映客户固定资产使用效率的指标。③ 应收账款周转率是反映应收账款周转速度的指标。它是一定时期内销售收入与应收账款平均余额的比率，表明一定时期内应收账款周转的次数。④ 存货周转率是一定时期内借款人销售成本与平均存货余额的比率。它是反映客户销售能力和存货周转速度的一个指标，也是衡量客户生产经营环节中存货营运效率的一个综合性指标。⑤ 流动资产周转率是客户营业收入与平均流动资产总额的比率。

4) 现金流量分析

现金流量分析现金流量中的现金包括两部分：现金，包括库存现金、活期存款和其他货币性资金；短期证券投资，称为现金等价物，一般指 3 个月内的债券投资。"企业现金净流量 = 经营活动的现金净流量 + 投资活动的现金净流量 + 融资活动的现金净流量。"

2. 试述非财务因素分析的内容及主要作用。

答：非财务因素是指企业财务因素变动以外的因素。商业银行的贷前调查、贷时审查以及贷后检查都必须从关注企业财务因素逐步延伸到关注企业的非财务因素。非财务因素包括对借款人行业风险因素分析，经营风险因素分析，管理风险因素分析， 自然、社会因素分析以及借款人还款意愿分析等内容。

1) 行业风险因素分析

行业风险因素分析主要包括以下几个方面：

(1) 从行业结构着手分析：从市场竞争角度分析，行业的结构可以分为完全竞争性行业、不完全竞争性行业、寡头垄断行业和完全垄断性行业。由于行业的结构不同，行业内企业的生存发展条件也不相同，企业的经营风险、盈利水平存在较大的差异。

(2) 从行业的生命周期着手分析：社会中行业的兴衰呈现出此起彼伏的特点，每一行业的发展，通常经历由萌芽到成长到兴旺再到衰退的演变过程。这个过程就是行业生命周期发展过程，它一般可分为初创阶段、成长阶段、成熟阶段和衰退阶段四个发展阶段。

(3) 从行业与经济周期关联度分析着手：在国民经济中，行业的兴衰通常与国民经济总体运动的周期变动有明显的关联性。根据行业发展与经济周期变化的关联程度，我们可以把行业分为成长型行业、保持型行业和周期性行业。

(4) 从产业政策、法规因素着手分析：政府的行业政策在很大程度上决定了某行业是否能获得资金支持和政策优惠，进而决定了该行业系统性风险的大小及其变化趋势。银行信贷工作人员在信贷经营管理工作中要根据行业主管部门的发展规划，对行业技术结构、产品种类、地区分布和运营体制等方面的变动趋势进行全面分析。同样，国家的法律法规完备与否、新法规的出台也将对行业产生不可估量的影响，进而影响银行信贷资金的安全。

(5) 从行业的技术进步因素着手分析：银行在把握信贷投向时，要考虑技术进步因素的影响，对于技术更新快、产品升级换代频繁的行业应谨慎对待。

(6) 从社会习惯因素着手分析：社会习惯对行业发展的影响主要是由消费习惯、消费方式、消费心理的改变引起的。

(7) 从行业的依赖性和产品的替代性因素着手分析：在分析借款人所在行业的风险时，不仅要分析借款人本身所在的行业，还必须分析其所依赖的行业。借款人所在行业对其他一个或两个行业的依赖性越大，贷款的潜在的风险就越大；行业的供应链或客户群越多元化，则贷款的风险越小。此外，还要分析产品的可替代性。

(8) 从行业的成本结构因素着手分析：企业的成本由固定成本和变动成本组成。如果企业的固定成本占比比变动成本高，则说明企业具有较高的经营杠杆，其生产量越大，盈利性越高。

2) 经营风险因素分析

经营风险因素分析主要包括以下几个方面：

(1) 借款人总体特征分析可以从企业的规模、产品多样化程度、经营策略三个方面入手。

(2) 借款人产品与市场分析。

(3) 借款人采购环节分析可从原料价格风险、购货渠道风险和购买量风险三个方面入手。

(4) 借款人生产环节分析重点在于分析生产的连续性、生产技术更新的敏感性以及产品质量的管理。

(5) 借款人销售环节分析应重点分析其产品的销售范围、促销能力、销售的灵活性、销售款的回笼等。

3) 管理风险因素分析

(1) 组织形式。借款人组织形式的改变对借款还款能力的变化有十分显著的影响。企业因增资扩股、股权拆分(转让)、兼并、联营、并购、重组等导致的组织形式变化，可能对借款人的管理构架产生影响，从而对借款人的现金流量、盈利能力等产生有利或不利的影响。

(2) 管理层的素质和稳定性。市场经济条件下企业的竞争主要是人力资源的竞争，管理层的素质是影响企业发展的关键性因素。

(3) 经营思想和企业文化。正确的经营思想和健康的企业文化是企业可持续发展的内在源泉。

(4) 其他因素。借款人的内控制度是否健全、财务管理能力的强弱、员工素质的高低、有无法律纠纷以及关联企业的经营管理状况好坏等均会对借款人的经营管理产生影响。

4) 自然、社会因素分析

战争、自然灾害和人口等各种自然和社会因素，均可能给借款人带来意外的风险，从而对借款人的还款能力产生不同程度的影响，如火灾、死亡、拆迁等意外事件。

5) 还款人还款意愿分析

在实际工作中，有很多借款人不是无力还款，而是无还款意愿或还款意愿差，有钱不还。因此，银行必须认真分析借款人的还款意愿，这是影响还款的非常重要的非财务因素。借款人的还款意愿，可从借款人的还款记录，借款人的对外资信，借款人管理层的品格等方面反映出来。

3. 试述客户信用评级的方法。

答：个人贷款信用分析是根据借款人的基本信息和信用历史资料，利用特定方法得到不同等级的信用分数。贷款人据此分析客户按时还款的可能性，从而实现更加科学的产品定价，对"好"的客户采取更加优惠的利率政策，而对高风险客户采取高利率甚至拒绝其贷款申请的政策。从信用分析的目的来看，个人信用分析与企业信用分析是完全相同的。其主要有两个目的：一是分析借款人的还款意愿；二是分析借款人的还款能力。

个人信用分析主要采用两种方式：一是判断式信用分析方法；二是经验式信用分析方法。

(1) 判断式信用分析方法是通过对贷款申请人财务状况进行分析，也就是对贷款申请人的资产负债的分析，来判断贷款申请人的信用状况。个人财务报表是银行用来评价个人财务状况、确定个人信用高低的最有效的工具。除此之外，银行还可以从个人纳税申报表中了解贷款申请人的收入与支出。判断式信用分析的效果取决于贷款员估计借款人偿还债务能力和意愿的经验和洞察力。这种评估类似于工商业贷款信用评估，消费贷款贷款员必须了解借款人的特点、贷款用途、第一还款来源和第二还款来源。判断式信用分析有两个明显的不足是受信用分析人的主观意愿影响较大；二是烦琐、费时。

(2) 经验式信用分析方法也称为消费信用的评分体系，即建立信用评价模型，赋予影响贷款申请人信用的各项因素以具体的分值，就是对贷款申请人各方面的情况进行量化，然后将这些分值的总和与预先规定的"接受—拒绝"临界分值进行比较。如果贷款申请人总分低于临界分值，则拒绝贷款申请。信用评分系统是一种非常客观的评价方法，可以消除对贷款申请人的标准掌握的主观随意性。但是，信用评分体系需运用复杂的统计工具，其信息收集和定期调整的成本昂贵。更重要的是信用评分系统缺点在于：一是统计数据采用历史值，可能完全不适用推测目前值；二是统计数据仅包括获得贷款的贷款申请人，不包括被拒绝的贷款申请人，因此被拒绝的贷款申请人信用记录无法产生。

八、计算题

(1)

表 5-2　该企业的主要产品销售利润明细表

产品名称	销售数量/个		销售单价/元		单位销售成本/元		单位销售利润/元	
	2020 年	2021 年	2020 年	2021 年	2020 年	2021 年	2020 年	2021 年
A	200	190	120	120	93	90	5400	5700
B	195	205	150	145	130	120	3900	5125
C	50	50	300	300	240	250	3000	2500
合计	——	——	——	——	——	——	12 300	13 325

(2)

答：盈利能力简单地说就是获取利润的能力。反映借款人盈利能力的比率主要有毛利润率、营业利润率、税前利润率和净利润率、成本费用利润率，这些统称为盈利比率。

毛利润率是指销售利润和产品销售收入净额的比率。

$$该企业 2020 年 A 产品的毛利润率 = \frac{销售利润}{销售收入净额} \times 100\%$$

$$= \frac{5400}{200 \times 120} \times 100\%$$

$$= 22.5\%$$

该企业 2021 年 A 产品的毛利润率 = 25%

该企业 2020 年 B 产品的毛利润率 = 13%

该企业 2021 年 B 产品的毛利润率 = 17.2%

该企业 2020 年 C 产品的毛利润率 = 20%

该企业 2021 年 C 产品的毛利润率 = 16.7%

由上可知，该企业 2021 年的毛利润率普遍高于 2020 年，表明其盈利能力有所增强。

第六章　商业银行贷款管理理论与实务(下)

一、单项选择题

1. A　解析：农户小额信用贷款是指农村信用社等金融机构为支持农业和农村经济发展，向从事农村土地耕作或者其他与农村经济发展有关的生产经营活动的农民、个体经营户等发放的，以农户信誉为保证的贷款品种，其采取"一次核定、随用随贷、余额控制、周转使用"的管理办法。故本题选择 A。

2. C　解析：银团贷款亦称"辛迪加贷款"，是由获准经营贷款业务的一家或数家银行牵头，多家银行与非银行金融机构参加而组成的银行集团采用同一贷款协议，按商定的期限和条件向同一借款人提供融资的贷款方式。故本题选择 C。

3. D　解析：A. 过桥贷款是指在并购交易中，时常会因为中长期资金作出决策需要较长的周期，而交易本身因为某种原因，需要立即获得一笔资金，或需要通过一笔资金解决燃眉之急，而作出一种过渡性的短期贷款安排。B. 反向并购贷款是指银行在一家非上市公司通过收购上市公司股份并最终控制该公司，再由该上市公司对其反向收购，使之成为上市公司的子公司的过程中提供的贷款。C. 银团贷款是指由两家或两家以上银行组成一个团体，基于相同贷款条件，依据同一贷款协议，按约定时间和比例，向某一借款人发放的贷款。D. MBO 即管理层收购，是指公司的管理层通过融资购买本公司的股份，从而改变公司所有者结构和控制权结构，进而通过重组公司获得预期收益的一种收购行为。MBO 贷款即是银行为管理层收购公司的股权而提供的一种贷款形式。故本题选择 D。

4. B　解析：A. 战略风险是借款人可能作出的不适当的商业决策、经营举动或无视经营环境变化等引起经营不善的各类情况。B. 合规风险是指并购贷款或并购贷款支持的交易可能存在与相关法律、法规等相违背的风险。这种风险较可能发生在那些法律、法规指示或监管不明的领域。C. 估值风险是指对并购交易标的金额的确定将直接影响到商业银行并购贷款发放金额，通过关联交易、合同外补偿等方式产生的交易价格偏离标的实际价值的风险。D. 价格风险体现在市场价格、交易、利率、汇率以及资本和商品市场的波动中。故本题选择 B。

5. A　解析：A. 扶贫贴息贷款是指主要用于国家扶贫开发工作重点，支持能够带动低收入贫困人口增加收入的种养业、劳动密集型企业、农产品加工企业和市场流通企业，以及基础设施建设项目的贷款。B. 农户小额贷款是指金融机构向农户发放的用于满足其农业种植、养殖或者其他与农村经济发展有关的生产经营活动资金需求的贷款。C. 助学贷款是指一国政府用于资助经济困难的学生完成学业的一种特殊商业贷款。D. 下岗失业人员小额担保贷款是指银行在政府指定的贷款担保机构提供担保的前提下，向中华人民共和国境内的下岗失业人员发放的人民币贷款。故本题选择 A。

6. A 解析：按照办理贷款的地点划分，国家助学贷款可分为高校助学贷款和生源地助学贷款两种。故本题选择 A。

7. A 解析：抵押期间是指抵押权存续期间，抵押权存续期间是指抵押权成立之日起至抵押权消灭之日止之间的期限。故本题选 A。

8. B 解析：一般保证的保证人在主合同纠纷未经审判或者仲裁，并就债务人财产依法强制执行仍不能履行债务前，对债权人可以拒绝承担保证责任；而连带责任保证的债务人在主合同规定的债务履行期届满没有履行债务的，债权人可以要求债务人履行债务，也可以要求保证人在其保证范围内承担保证责任。故本题选 B。

9. A 解析：项目贷款的风险重点在于项目本身，而非发起人。贷款人虽然关心作为项目公司发起人的信用情况，但更注重对项目自身的实质性考察和评估。因此贷款人的风险更主要的是来自项目本身，而非项目的发起人。故本题选择 A。

10. C 解析：A. 项目贷款一般用于大型、重点项目建设，借贷的资金量往往较大。B. 银团贷款市场的使用者是在银行贷款市场寻求大额融资的借款者。银团贷款的产品服务对象为有巨额资金需求的大中型企业、企业集团和国家重点建设项目。C. 并购贷款重点支持符合国家产业政策、项目已建成、经营效益可观、风险相对较小的交通、能源、基础原材料、经营性基础设施等行业的并购及资产、债务重组。D. 联合贷款是由两家或数家银行一起对某一项目或企业提供贷款。联合贷款的金额一般小于银团贷款，其组织形式比银团贷款的简单，没有主牵头行和牵头行之分。故本题选择 C。

二、多项选择题

1. ABCDE 解析：商业银行的质押财产的可接受质物包括：(1) 出质人所有的、依法有权处分的机器、交通运输工具和其他动产；(2) 汇票、支票、本票、债券、存款单、仓单、提单；(3) 依法可以转让的股份、股票；(4) 依法可以转让的商标专用权，专利权、著作权中的财产权；(5) 依法可以质押的其他权利。故本题选择 ABCDE。

2. ABCDE 解析：商业银行的质押财产的不可接受质物包括：(1) 所有权、使用权不明或有争议的财产；(2) 法律法规禁止流通的财产或者不可转让的财产；(3) 国家机关的财产；(4) 依决被查封、扣押、监管的财产；(5) 珠宝、首饰、字画、文物等难以确定价值的财产；(6) 租用的财产；(7) 依法不得质押的其他财产。故本题选择 ABCDE。

3. ABCDE 解析：所谓保证是指保证人和债权人约定，当债务人不履行其债务时，保证人按照约定履行债务或者承担责任的担保方式。保证贷款是保证人以其自有的资金和合法资产保证借款人按期归还贷款本息的一种贷款形式。保证人的资格条件包括：(1) 无民事行为能力和限制民事行为能力的自然人，不可以作为保证人；(2) 公司未经同意不得为债务提供保证；(3) 国家机关不得为保证人；(4) 学校、幼儿园、医院等以公益为目的的事业单位、社会团体不得为保证人；(5) 企业法人的分支机构、职能部门不得为保证人。故本题选择 ABCDE。

4. ABDE 解析：抵押物的选择直接关系到信贷质量的好坏,关系到银行的生存与发展。

因此银行在选择贷款抵押物时一定要慎重。在选择抵押物时必须坚持以下四个原则：(1) 合法性原则，合法性原则指贷款抵押物必须是法律允许设定抵押权的财产。因为只有法律允许设定抵押权的财产，才能最终履行抵押责任，保证贷款安全；(2) 易售性原则，易售性原则指抵押物的市场需求相对稳定，一旦处分抵押物时能够迅速出手，且无须太多的处分费用；(3) 稳定性原则，稳定性原则指抵押物的价格和性能相对稳定，市场风险小，同时也易于保管，不易变质；(4) 易测性原则，易测性原则指抵押物的品质和价值易于测定。故本题选择 ABDE。

5. ABCDE 解析：项目贷款主要有以下风险：(1) 政策性风险。政策性风险主要表现在国家根据国民经济发展需要，为加强宏观调控、进行产业结构调整而制定的通过鼓励、限制或禁止某些产业、产品和技术发展，合理配置、利用资源，优化经济结构的经济政策，即产业政策方面的变化所带来的风险。(2) 行业性风险。行业性风险主要表现为在某些行业因市场发展变化快，行业发展生命期短，或者某些行业的发展本身已处于衰落期，再或者是行业本身处于高风险领域等而可能造成的收益不确定性。(3) 区域性风险。区域性风险主要是指因地理、人文、经济、气候等环境的不同而产生的风险和因地方政府行政行为而产生的风险。(4) 操作性风险。操作性风险主要表现为项目贷款运作过程中企业或银行人为地违反相关政策法规和规定而产生的风险。(5) 盲目性风险。盲目性风险主要表现为企业盲目跟风上项目、银行盲目跟风对某一行业或企业过度集中放贷款所产生的风险。(6) 偶然性风险。偶然性风险主要是指洪涝、地震、风暴等偶然的突发性自然灾害和战争所带来的风险。故本题选择 ABCDE。

6. ABCD 解析：并购贷款是企业并购融资的主要途径之一。实践中根据不同的操作，企业会适当地采用过桥贷款、MBO 款、银团贷款、反向并购贷款等并购贷款方式，在并购过程中获得融资。故本题选择 ABCD。

7. ABCE 解析：并购贷款本身业务较为复杂，西方多数商业银行将与并购贷款类似的杠杆融资列为高风险项目，实施专门的风险管理和控制程序。从贷款的风险点来看，并购贷款除具有一般贷款的信用风险、经营风险及偿债风险等外，主要还包括战略风险、合规风险、估值风险、价格风险和信誉风险等特殊风险。故本题选择 ABCE。

8. ABCDE 解析：弱势群体是指那些在经济社会发展中处于不利地位、需要国家和社会给予支持和帮助的社会群体。对弱势群体进行贷款支持是商业银行等金融机构的社会责任，具有显著的正面的社会外部效应。弱势群体贷款主要有扶贫贴息贷款、农户小额贷款、下岗失业人员小额担保贷款、助学贷款和小微企业贷款等几种主要形式。故本题选择 ABCDE。

9. BDE 解析：银团收费的具体项目可包括安排费、承诺费、代理费等。银团费用仅限为借款人提供相应服务的银团成员享有。安排费一般按银团贷款总额的一定比例一次性支付；承诺费一般按未用余额的一定比例每年按银团贷款协议约定方式收取；代理费可根据代理行的工作量按年支付。故本题选择 BDE。

10. ABCDE 解析：从不同角度分析，银团贷款具有不同的特点和优势。从借款人方面：(1) 银团贷款有利于满足借款人的巨额融资需求；(2) 银团贷款有利于节省谈判时间和精力，降低筹资成本；(3) 银团贷款能够扩大借款人往来银行的范围；(4) 银团贷款能够提高借款人的国内外声誉。从贷款人方面：(1) 银团贷款有利于分散信贷风险；(2) 银团贷款有利于获取中间业务收入和增加资产回报；(3) 银团贷款有利于银行间加强合作，并促进金融系统健康稳定地发展。故本题选择 ABCDE。

三、填空题

1. 银团贷款成员，"信息共享、独立审批、自主决策、风险自担"，权利、义务 解析：参与银团贷款的银行均为银团贷款成员。银团贷款成员应按照"信息共享、独立审批、自主决策、风险自担"的原则自主确定各自授信行为，并按实际承诺份额享有银团贷款项下相应的权利、义务。

2. 市场价格、交易、利率、汇率 解析：价格风险体现在市场价格、交易、利率、汇率以及资本和商品市场的波动中。

3. 弱势群体、商业银行、社会责任、社会外部效应 解析：弱势群体是指那些在经济社会发展中处于不利地位、需要国家和社会给予支持和帮助的社会群体。在当前的市场经济环境中，城镇下岗失业人员、农民、贫困大学生、小微企业等处于不利地位，构成了弱势群体的主体。对弱势群体进行贷款支持是商业银行等金融机构的社会责任，具有显著的正面的社会外部效应。

4. 无担保、恪守诚信、还款义务、信用财富 解析：由于国家助学贷款是无担保的贷款，作为借款的学生应该恪守诚信，在毕业后尽快履行还款义务，以实际行动支持国家助学贷款政策，同时也为个人积累信用财富。

5. 信用能力、尽职调查、风险评估、预期分析 解析：与一般的商业贷款相比，并购贷款不但要像传统信贷业务一样评估借款人的信用能力，更重要的是还要对目标企业进行详细的尽职调查和风险评估，并对并购方和目标企业财务状况进行比较高层次的预期分析。

6. 支持基础设施、并购杠杆交易、资产证券化、贷款交易二级市场 解析：从国际银团贷款的发展来看，大致经历了三个大的发展阶段：第一阶段，以支持基础设施为主的项目融资阶段；第二阶段，以并购杠杆交易推动银团贷款业务进入第二个发展高潮；第三阶段，以资产证券化和贷款交易二级市场为主的金融创新促进银团贷款市场与资本市场的融合。

7. 项目贷款、普通贷款、并购股权、股权分红 解析：并购贷款是一种特殊形式的项目贷款。普通贷款在债务还款顺序上是最优的，但如果贷款用于并购股权，则通常只能以股权分红来偿还债务。

8. 两万元、借贷双方、两年、一年 解析：小额担保贷款金额一般掌握在两万元左右，还款方式和计结息方式由借贷双方商定；贷款期限一般不超过两年，借款人提出展期且担保人同意继续提供担保的，商业银行可以按规定展期一次，展期期限不得超过一年。

9. 经济困难、特殊商业贷款、科教兴国战略、可持续发展 解析：助学贷款制度是一国政府为资助经济困难的学生完成学业而实施的一种特殊商业贷款制度，它的顺利推行对于实施科教兴国战略，促进经济长期、可持续发展具有重要的战略意义。

10. 经济担保、抵押、个人信用、连带责任 解析：与普通的贷款不同，学生办理国家助学贷款不需任何经济担保和抵押，只需要提供贷款介绍人和见证人，以个人信用为支撑即可向银行申请，而且介绍人和见证人不承担连带责任。

四、判断题

1. × 解析：贷款人员应根据抵押物的评估现值，分析其变现能力，充分考虑抵押物价值的变动趋势，科学地确定抵押率。确定抵押率的依据主要有以下两点内容：一是抵押物的适用性、变现能力。选择的抵押物适用性要强，由适用性判断其变现能力。对变现能力较差的，抵押率应适当降低。二是抵押物价值的变动趋势。

2. √ 解析：在抵押担保中，抵押物价值大于所担保债权的余额部分，可以再次抵押，即抵押人可以同时或者先后就同一项财产向两个以上的债权人进行抵押，也就是说，法律允许抵押权重复设置。

3. × 解析：无追索权的项目融资也称为纯粹的项目融资，在这种融资方式下，贷款的还本付息完全依靠项目的经营效益。同时，贷款银行为保障自身的利益必须从该项目拥有的资产取得物权担保。

4. √ 解析：项目贷款一般用于大型、重点项目建设，借贷的资金量往往较大，许多项目资金往往需要几千万元、上亿元，甚至更多。

5. √ 解析：项目贷款风险预警是指在贷款操作和监管过程中，根据事前设置的风险控制指标变化所发出的警示性信号，分析预报贷款风险的发生和变化情况，提示贷款行要及时采取风险防范和控制措施。

6. × 解析：反向并购一般是指一家非上市公司通过收购上市公司股份并最终控制该公司，再由该上市公司对其反向收购，使之成为上市公司的子公司。

7. × 解析：国家助学贷款是由政府主导、财政贴息，银行、教育行政部门与高校共同操作的，帮助家庭经济困难学生完成学业的一种银行贷款。

8. × 解析：担保贷款是指由借款人或第三方依法提供担保而发放的贷款，包括保证贷款、抵押贷款和质押贷款三种形式。

9. √ 解析：项目贷款是指银行对某一特定的工程项目发放的贷款，可以分为无追索权项目贷款和有限追索权项目贷款两种类型。

10. √ 解析：保证责任的承担方式有两种：一种是一般保证，即当事人在保证合同中约定，债务人不能履行债务时，则保证人承担保证责任；另一种是连带责任保证，即当事人在保证合同中约定保证人与债务人对债务承担连带责任。

五、名词解释

1. 保证贷款。所谓保证是指保证人和债权人约定，当债务人不履行其债务时，保证人按照约定履行债务或者承担责任的担保方式。保证贷款是保证人以其自有的资金和合法资产保证借款人按期归还贷款本息的一种贷款形式。

2. 银团贷款。银团贷款亦称"辛迪加贷款"，是由获准经营贷款业务的一家或数家银行牵头，多家银行与非银行金融机构参加而组成的银行集团采用同一贷款协议，按商定的期限和条件向同一借款人提供融资的贷款方式。

3. 合规风险。合规风险是指并购贷款或并购贷款支持的交易可能存在与相关法律、法规等相违背的风险。

4. 抵押贷款。抵押贷款是指以借款人或第三方财产作为抵押发放的贷款。

5. 农户小额贷款。农户小额贷款指金融机构向农户发放的用于满足其农业种植、养殖或者其他与农村经济发展有关的生产经营活动资金需求的贷款。

6. 项目贷款。项目贷款是指贷款人向特定的工程项目提供贷款协议融资,对于该项目所产生的现金流量享有偿债请求权,并以该项目资产作为附属担保的融资类型。它是一种以项目的未来收益和资产作为偿还贷款的资金来源和安全保障的融资方式。

7. 风险控制。风险控制是指风险管理者采取各种措施和方法,消灭或减少风险事件发生的各种可能性,或者减少风险事件发生时造成的损失,对各种专项贷款,要按照项目管理程序,对贷款项目进行立项、评估、审批、实施、验收、评价的管理过程,以确保贷款项目的成功。

8. 并购贷款。并购贷款,即商业银行向并购方企业或并购方控股子公司发放的,用于支付并购股权对价款项的本外币贷款,是针对境内优势客户在改制、改组过程中,有偿兼并、收购国内其他企事业法人、已建成项目及进行资产、债务重组中产生的融资需求而发放的贷款。

9. 信誉风险。信誉风险主要产生于对并购贷款本身或并购贷款针对交易的负面公众舆论意见,这种负面意见将妨碍直接借款人企业建立新的客户关系,甚至妨碍它维持原有的客户关系,从而引起财务损失及其他一系列问题。

10. 下岗失业人员小额担保贷款。下岗失业人员小额担保贷款是指银行在政府指定的贷款担保机构提供担保的前提下,向中华人民共和国境内(不含港、澳、台地区)的下岗失业人员发放的人民币贷款。

六、简答题

1. 简述抵押贷款与质押贷款的区别。

答:抵押贷款和质押贷款的区别如下:(1) 标的物的范围不同。抵押权的标的物可以是动产和不动产,以不动产最为常见;而质押权的标的物为动产和财产权利,动产质押形式的质权为典型质权。我国法律未规定不动产质权。 (2) 标的物的占有权是否发生转移不同。抵押权的设立不转移抵押标的物的占有;而质权的设立必须转移质押标的物的占有;这是抵押与抵押最本质的区别。(3) 对标的物的保管义务不同。抵押权的设立不交付抵押物的占有,因而抵押权人没有保管标的物的义务;而在质押的场合,质权人对质物则负有妥善保管的义务。(4) 能否重复设置担保不同。在抵押担保中,抵押物价值大于所担保债权的余额部分,可以再次抵押,即抵押人可以同时或者先后就同一项财产向两个以上的债权人进行抵押。也就是说,法律允许抵押权重复设置;而在质押担保中,由于质押合同是从质物移交给质权人占有之日起生效,因此在实际中不可能存在同一质物上重复设置质权的现象。(5) 受偿顺序不同。一物可设数个抵押权,当数个抵押权并存时,有受偿的先后顺序之分;而在质权设立的情况下,一物只能设一个质押权,因而没有受偿的顺序问题。(6) 对标的物孳息的收取权不同。在抵押期间,不论抵押物所生的是天然孳息还是法定孳息,均由抵押人收取,抵押权人无权收取,只有在债务履行期间届满,债务人不履行债务致使抵押物被法院依法扣押的情况下,自扣押之日起,抵押权人才有权收取孳息;而在质押期间，质权人依法有权收取质物所生的天然孳息和法定孳息。

2. 简述项目贷款的主要特点。

答：与传统的公司贷款相比较，项目贷款有其自身的特点，主要表现在以下几个方面：

(1) 以项目本身的经济强度为贷款的信用基础。项目贷款以项目为导向，主要依赖于项目自身的现金流量和资产实力来安排贷款，而不是依赖于项目的投资者或发起人自身的信用。贷款的数量、贷款成本的高低以及贷款结构的设计都与项目的预期现金流量和资产价值直接联系在一起。贷款银行在款项中主要关注项目在贷款期间能够产生多少现金流量用于还本和支付利息。

(2) 无追索权或有限追索权。项目的发起人或股本投资人只对项目的借款承担有限的担保责任，商业银行等债权人只能对项目公司的股东或发起人追索有限的责任。有限追索主要体现在时间、金额和对象等三个方面，商业银行等贷款人可以在贷款的某个特定阶段、某个规定的范围内以事先约定的金额对项目借款人实施追索，但均不能追索到项目借款人除该项目资产、现金流量以及所承担的义务之外的任何形式的资产。

(3) 使发起人实现表外融资。项目发起人通过组建独立的法律主体——项目公司，然后以项目公司的名义融资，由于项目公司具有独立的法律人格地位且项目发起人在项目公司中的股份不超过一定的比例，因此，项目贷款所产生的巨大数额的负债不会反映在项目发起人的资产负债表中。这种表外融资安排，给项目发起人创造了较为宽松的财务环境，有利于其调整资金结构。

(4) 信用结构多样化。在项目贷款中，用于支持贷款的信用结构安排非常灵活，且种类形态呈多样化特征，这些信用支持可在不同项目建设环节中予以采用，以保障贷款银行的利益。如在市场方面，利用购买某种产品协议，使用产品合同作为融资的信用支持；在工程建设方面，利用设备零部件供应合同、原材料供应合同、承包合同的支持提高项目的信用水平等。

(5) 借贷资金量大，融资占比高，贷款利率高。项目贷款一般用于大型、重点项目建设，借贷的资金量往往较大，许多项目往往需要几千万元、上亿元，甚至更多。而且，项目贷款主要考虑项目未来能否产生足够的现金流量偿还贷款以及项目自身风险等因素，对投资者投入的权益资本金数量没有太多要求，因此银行贷款在借款人的总体资金来源中占比较高。此外，由于项目贷款风险高，贷款结构、担保体系复杂，参与方较多，因此前期需要做大量协议签署、风险分担、咨询顾问的工作，需要产生各种融资顾问费、成本费、承诺费、律师费等，最终导致项目贷款同其他融资方式相比融资成本较高。

(6) 风险重点突出。项目贷款的风险重点要在于项目本身，而非发起人。传统的借贷关系中，贷款人承担的贷款无法收回的风险主要来自借款人自身，而不是借款人的投资项目，因此贷款人往往不对借款人的投资项目和资金具体运用进行实质性的考察监控。而在项目贷款中，贷款人虽然也关心作为项目公司发起人的信用情况，但更注重对项目自身的实质性考察和评估。贷款人的风险更主要的是来自项目本身，而非项目的发起人。

3. 简述确定质押率的依据。

答：确定质押率的依据主要有：(1) 质物的适用性、变现能力。对变现能力较差的质押财产应适当降低质押率。(2) 质物、质押权利价值的变动趋势。

4. 简述并购贷款的特征。

答：并购贷款的特征如下：

(1) 并购贷款的还款来源相较传统贷款有所不同。并购贷款的最大特点是不以借款人的偿债能力作为借款的条件，而是以目标企业的偿债能力作为条件，即用并购完成后的目标企业的利润、分红或其他现金流来偿还贷款本息。

(2) 并购贷款的准入条件和杠杆率标准比传统贷款更为严格。并购贷款在风险管理、行业导向以及企业经营状况、企业财务数据分析方面的审查要求都比普通贷款更高，同时对并购企业的信用等级、投融资能力、经营管理能力、盈利能力、资产负债率等门槛限制也有着更为严格的要求。

(3) 并购贷款的风险评估要求比传统贷款更高。与一般的商业贷款相比，并购贷款不但要像传统信贷业务一样评估借款人的信用能力，更重要的是还要对目标企业进行详细的尽职调查和风险评估，并对并购方和目标企业财务状况进行比较高层次的预期分析。

(4) 并购贷款的监管要求比传统贷款更高。对于并购贷款而言，贷款的发放只是整个贷款流程的开始，后面的整合和运营才是成败的关键。贷款银行不仅仅要了解目标企业的经营动向，还要参与企业中包括新债务的产生、对外担保、资本性支出、资产出售、实质性改变经营范围等重大经营活动的决策。

(5) 并购贷款的贷款范围比传统贷款更专注。并购贷款重点支持符合国家产业政策、项目已建成、经营效益可观、风险相对较小的交通、能源、基础原材料、经营性基础设施等行业的并购及资产、债务重组；支持优势企业之间的强强联合和上下游产业资金链的有效整合，以及优良资产的并购和债务重组等活动。

此外，由于并购交易的不确定因素较多，可能导致收购方原定的再融资计划不能如期进行，使得商业银行在并购贷款业务中存在较高的风险，因此并购贷款的利率较传统贷款更高。

5. 简述银团贷款的成员及其职责。

答：参与银团贷款的银行均为银团贷款成员。按照在银团贷款中的职能和分工，银团贷款成员通常分为牵头行、代理行和参加行角色，也可根据实际规模与需要在银团内部增设副牵头行等，并按照银团贷款相关协议履行相应职责。银团贷款牵头行是指经借款人同意，发起组织银团、负责分销银团贷款份额的银行，是银团贷款的组织者和安排者。银团代理行是指银团贷款协议签订后，按相关贷款条件确定的金额和进度归集资金向借款人提供贷款，并接受银团委托按银团贷款协议规定的职责对银团资金进行管理的银行。银团参加行是指接受牵头邀请，参加银团并按照协商确定的承贷份额向借款人提供贷款的银行。

七、论述题

1. 论述我国中小企业融资难的原因以及从商业银行的角度分析该如何解决该问题。

答：长期以来，由于小微企业规模小，财务制度不健全，内部管理不规范，经营效益不确定性强，银行征信成本高，贷款风险比较大，导致小微企业面临融资渠道狭窄、融资量少、融资困难等局面，这严重制约了小微企业本身的生存和发展，也不利于国民经济的健康发展。从银行角度来看，要解决小微企业融资难的问题，必须通过全面开展小微企业信贷业务。政府部门为鼓励和引导银行开展小微企业信贷业务，出台了财税和监管等方面的专项政策，使银行在开展小微企业信贷业务时，能够按照"大数定律"来确定信贷违约风险，依靠政策支持来降低贷款损失风险，并通过贷款差异定价实现"收益覆盖风险"，促进了银行与小微企业的良性互动与共同发展。

2. 论述农户小额信用贷款与农户联保贷款的区别。

答：农户小额信用贷款和农户联保贷款均属于农户小额贷款。农户小额信用贷款是指农村信用社等金融机构为支持农业和农村经济发展，向从事农村土地耕作或者其他与农村经济发展有关的生产经营活动的农民、个体经营户等发放的，以农户信誉为保证的贷款品种。农户小额信用贷款采取"一次核定、随用随贷、余额控制、周转使用"的管理办法。农户小额信用贷款主要用于满足如下资金需求：种植业、养殖业等农业生产方面的资金需求；小型农机具方面的资金需求；围绕农业生产的产前、产中、产后服务等方面的资金需求；购置生活用品、建房、治病、子女上学等消费类资金的需求。

农户联保贷款是指社区居民组成联保小组，贷款人对联保小组成员发放的，并由联保小组成员相互承担连带保证责任的贷款。农户联保贷款是由没有直系亲属关系农户在自愿基础上组成联保小组彼此相互担保的贷款，是为解决农户贷款难、担保难而设立的一种贷款品种。农户联保贷款适用于除小额信用贷款、抵(质)押贷款以外的农户以及难以落实保证的贷款，主要有种植业、养殖业等农业生产费用贷款，加工、手工、商业等个体工商户贷款和其他贷款等。农户联保贷款实行个人申请、多户联保、周转使用、责任连带、分期还款的管理办法，其基本原则是"多户联保，总额控制，按期还款"。

3. 论述抵押率和质押率是如何确定的。

答：在抵押物的估价中，确定抵押率非常关键。贷款人员应根据抵押物的评估现值，分析其变现能力，充分考虑抵押物价值的变动趋势，科学地确定抵押率。确定抵押率的依据主要有以下两点内容：一是抵押物的适用性、变现能力。选择的抵押物适用性要强，由适用性判断其变现能力。对变现能力较差的，抵押率应适当降低。二是抵押物价值的变动趋势。

信贷人员应根据质押财产的价值和质押财产价值的变动因素，科学地确定质押率。确定质押率的依据主要有：(1) 质物的适用性、变现能力。对变现能力较差的质押财产应适当降低质押率。(2) 质物、质押权利价值的变动趋势。一般可从质物的实体性贬值、功能性贬值及质押权利的经济性贬值或增值三方面进行分析。

八、案例分析题

案例一：

(1) 什么是管理层收购(Management Buy Out，MBO)？

答：管理层收购即 MBO，是指公司的管理层通过融资购买本公司的股份，从而改变公司所有者结构和控制权结构，进而通过重组公司获得预期收益的一种收购行为。MBO 贷款即是银行为管理层收购公司的股权而提供的一种贷款形式。

(2) 在本案例中，收购方是哪一家公司？目标公司是哪一家？转让方是哪一家？

答：在本案例中，收购方是京山宏硕投资有限公司、目标公司是湖北京山轻工机械股份有限公司、转让方是湖北省京山轻工机械厂。

(3) 银行在判断是否给实施 MBO 的管理层发放贷款支持的时候,主要评估哪些方面?

答:银行在判断给实施 MBO 的管理层发放贷款支持的时候,主要评估是否有稳定需求;是否可以产生稳定的现金流;是否可能改善经营效率;管理团队是否足够优秀,足以挖掘和提升企业的价值。

案例二:

(1) 什么是国家助学贷款?

答:国家助学贷款是由政府主导、财政贴息,银行、教育行政部门与高校共同操作的,帮助家庭经济困难学生完成学业的一种银行贷款。

(2) 试从大学生的角度来分析我国助学贷款目前存在的问题?

答:从大学生的角度来看,我国助学贷款目前存在的问题:一方面,助学贷款逾期违约现象仍然存在;另一方面,尽管今年助学贷款的规模逐渐扩大,资助金额不断增加,但是国家助学贷款比例仍低于贫困学生比例,不能满足所有贫困学生的需求(言之有理即可)。

(3) 试从大学生的角度来分析国家提高助学贷款额度给学生带来的影响。

答:对一些大学生而言,半公益性质的助学贷款无疑是一个门槛较低、成本较低、压力较小的选择,是让他们能获得受教育机会的助力;提高助学贷款的额度,则顺应了求学费用上涨的实际情况,顺应了大学生的需求,给大学生提供了更大的贷款选择空间;日益完善的征信机制也给大学生还款增加了一份有力的督促和保障;提高助学贷款额度,降低了大学生们大学圆梦的难度,学子们更有信心、希望和力量(言之有理即可)。

第七章　商业银行现金资产管理理论与实务

一、单项选择题

1. D　解析：资金流动性供给主要来自客户的新增存款、收回贷款和对外借款三个方面，不包含对外投资。故本题选择 D。

2. C　解析：法定存款准备金是指按照法定准备率向中央银行缴存的存款准备金。超额存款准备金是指商业银行在中央银行准备金账户上超过了法定存款准备金的那部分存款。存放同业是指商业银行存放在除中央银行以外的代理行的存款。结算在途资金是指商业银行在办理支付结算业务过程中形成的资金占用，是暂时处于结算路途中的资金。故本题选择 C。

3. D　解析：银行库存现金集中反映了银行经营的资产流动性和盈利性状况。故本题选择 D。

4. A　解析：营业网点根据日常业务需要持有一定的库存现金。当库存现金余额过低时，可向管辖中心金库进行现金申领，中心金库对其现金申领申请进行审批，审批通过后即向营业网点配送现金。营业网点收到现金后，机构尾箱保管，然后通过储蓄存款支出、工资性支出、行政事业费支出、农副产品收购支出等现金投放渠道流向社会。故本题选择 A。

5. B　解析：为了规范现金收支业务，商业银行将客户工资奖金发放日的现金支出金额均衡地排列在一个月的每一天，保持支出的均衡；对工资发放和其他大额现金支出实行当天转账，次日付现的预约制度，减少集中付现的冲击。故本题选择 B。

6. A　解析：存款准备金的计提有两种制度：无时差准备金制度(CRR)和时差准备金制度(LRR)。故本题选择 A。

7. B　解析：在使用代理行的服务数量和项目一定的情况下，代理行的收费标准就成为影响同业存款需要量的主要因素。收费标准越高，同业存款的需要量就越大。故本题选择 B。

8. A　解析：现金资产是银行持有的库存现金以及与现金等同的可随时用于支付的银行资产，是为了保持银行的流动性，作为银行流动性的第一道防线，现金资产是非盈利性资产。故本题选择 A。

9. B　解析：银行收回现金的渠道主要有：(1) 储蓄性存款现金收入，也称为储蓄性现金回笼，即银行通过吸收城乡居民储蓄存款回笼的现金。(2) 商品销售回笼现金，即通过商品销售收入现金后由商业单位再缴存银行。(3) 服务事业现金收入，也称为服务回笼，即城乡居民用现金支付各种费用，而收入现金的单位将其缴存开户银行。通过这种方式回笼的现金称为服务性现金回笼。(4) 税收性现金回笼，即国家税务部门通过征收个人所得税、车船牌照税、集市贸易交易税等税收活动回笼的现金，再由有关税务部门存入开户银行，通过税收形式回笼的现金称为税收回笼。故本题选择 B。

10. C 解析：商业银行的中心金库负责其辖内的现金申领、现金调拨业务，该业务通过银行内部账户进行。故本题选择 C。

二、多项选择题

1. ABC 解析：现金资产管理原则包括：(1) 适度存量控制原则；(2) 适时流量调节原则；(3) 安全保障原则。故本题选择 ABC。

2. ABCD 解析：银行收回现金的渠道主要有：(1) 储蓄性存款现金收入，也称为储蓄性现金回笼，即银行通过吸收城乡居民储蓄存款回笼的现金。(2) 商品销售回笼现金，即通过商品销售收入现金后由商业单位再缴存银行。(3) 服务事业现金收入，也称为服务回笼，即城乡居民用现金支付各种费用，而收入现金的单位将其缴存开户银行。通过这种方式回笼的现金称为服务性现金回笼。(4) 税收性现金回笼，即国家税务部门通过征收个人所得税、车船牌照税、集市贸易交易税等税收活动回笼的现金，再由有关税务部门存入开户银行，通过税收形式回笼的现金称为税收回笼。故本题选择 ABCD。

3. ACDE 解析：银行现金投放的渠道主要有：(1) 储蓄存款现金支出，即城乡居民提取银行的储蓄存款现金支出，也就是城乡居民提取在银行的储蓄存款。(2) 工资性现金支出，包括城乡居民的工资、奖金、福利、补贴以及依法获得的其他收入。(3) 行政事业费现金支出，包括差旅费、会议费、管理费以及其他费用等现金支出。(4) 农副产品收购现金支出。单位和个人如果从农民个人手中收购农副产品就要给农民支付现金。通过农副产品收购有一部分现金被投放出去。故本题选择 ACDE。

4. ADE 解析：一般情况下，银行库存现金的管理涉及三个层面：人民银行发行库、商业银行中心金库、商业银行营业网点的机构尾箱。故本题选择 ADE。

5. BCDE 解析：库存现金规模的确定包括四个方面：(1) 库存现金需要量的匡算；(2)最适送钞量的测算；(3) 现金调拨临界点的确定；(4) 商业银行库存现金的经营策略。故本题选择 BCDE。

6. ABCDE 解析：影响银行库存现金量的因素包括：(1) 现金收支规律；(2) 与中央银行发行库的距离、交通条件及发行库的规定；(3) 银行所在城市；(4) 后勤保障条件；(5) 营业网点的数量和开设网点的地理位置；(6) 商业银行内部管理。故本题选择ABCDE。

7. ABCDE 解析：影响超额存款准备金需要量的因素包括：(1) 存款波动；(2) 贷款的发放与收回；(3) 向中央银行的借款；(4) 同业往来情况；(5) 法定存款准备金的变化。故本题选择 ABCDE。

8. ABCDE 解析：加强库存现金管理的措施包括：(1) 建立库存现金资金动态分析机制，提高现金操作时效性；(2) 精确库存现金最佳持有量，充分运用银行同业拆借市场及银行间债券市场；(3) 改革现金管理模式，减少现金调缴的中间环节；(4) 采取各种措施，为现金缴存提供便利；(5) 建立定期通报制度，强化经营单位现金库存管理意识；(6) 做好客户的引导工作，加强内外部协调与沟通；(7) 制定科学的考核办法，建立完善的考核体系。故本题选择 ABCDE。

9. ABCD　解析：银行进行库存现金与各类资产负债的转换途径包括：(1) 存放于中央银行的超额存款准备金。(2) 存放于同业的存款。(3) 短期拆借给其他银行的现金资产。(4) 各种商业票据，优质商业票据有良好的变现能力，而且风险也较小。(5) 其他有变现能力的资产，地方政府债券和其他各种政府机构债券也有较好的变现能力。(6) 出售证券回购协议的证券。银行若需现金，则一是返售已经购买的金融证券便可以取得现金；二是各种拆借途径的负债，包括从中央银行拆入现金、从其他银行拆入资金、证券回购、大额定期存单、财政账户、国外现金来源、其他形式的负债等。故本题选择 ABCD。

10. ABCE　解析：库存现金面临的风险主要来自于被盗窃、被抢劫以及自然灾害或意外事故所造成的损失。故本题选择 ABCE。

三、填空题

1. 法定存款准备金率、支付能力、货币信贷量、经济运行　解析：商业银行和存款机构必须按照法定存款准备金率向中央银行缴存法定存款准备金，其目的是保持银行体系的支付能力，降低银行的风险，并借以控制和调节商业银行货币信贷量，进而影响整个经济运行。

2. 流动性、银行信誉、经营过程、流动性　解析：现金资产是商业银行维持其流动性而必须持有的资产，是银行信誉的最基本保证，持有一定数量的现金资产，主要目的在于满足银行经营过程中的流动性需要。

3. 季节性因素、历史因素、库存现金周转、库存现金需要量　解析：影响现金支出水平的因素主要有两点：一是季节性因素，如单位工资支付、农业生产资料购买等；二是历史因素，即在过去几年，在某段时间，现金支出的变化，通常根据经验数据判断，求出现金支出水平后，以此与库存现金周转的时间相乘，再加减其他相关因素，即为库存现金需要量。

4. 最适送钞量、T、$BQ/2$、AP/Q　解析：最适送钞量就是库存现金占用费与运钞费用最小值之和。可运用经济批量法来测算，其公式为 $T = BQ/2 + AP/Q$。

5. 均等的、大于、数量备用金、基本不变　解析：储蓄业务是有规律可循的。一是营业过程中，客户取款和存款的概率在正常情况下是均等的；二是在正常情况下，上午客户取款的平均金额一般大于下午客户取款的平均金额，因此在上午营业开始时应备有一定数量备用金；三是通常情况下，每个月出现现金净收入或净支出的日期基本不变。

6. 定期通报，预警、通报，现金库存的意识，现金备付管理规律　解析：商业银行加强库存现金管理，应建立定期通报制度，强化经营单位现金库存管理意识。通过预警、通报等形式督促下级经营单位切实履行分行对库存现金管理的目标要求。通过定期通报，进一步强化各经营单位负责人控制现金库存的意识，并在此基础上摸索出一定的现金备付管理规律，使得各基层行的库存得到有效控制。

7. 无条件服从、准确计提、及时上缴、时点法无时差准备金　解析：由于商业银行对于央行的法定存款准备金要求只能无条件服从，因此，对法定存款准备金的管理主要是围绕着法定存款准备金的准确计提与及时上缴进行的。从原则上讲，我国目前实行的是时点法无时差准备金制度，是以商业银行上期末的存款余额计算下期须保持的准备金数额，并于规定的时间内全部缴存，保持期内准备金存款不能运用，每期调整一次。

8. 使用范围、下降、贷款对象、增加　解析：贷款的发放与收回对超额存款准备金的影响主要取决于贷款的使用范围，如果贷款的使用对象是在他行开户的企业，就会减少本行在中央银行的存量，从而使本行的超额存款准备金下降。贷款的收回对超额存款准备金的影响也因贷款对象的不同而有所不同，比如在他行开户的贷款企业归还贷款时，会使本行超额存款准备金增加。

9. 同业拆借、票据买卖、向央行借款、出售金融资产　解析：商业银行进行头寸调度的渠道和方式主要有同业拆借、短期证券回购及票据买卖、向央行借款、系统内资金调度以及出售金融资产等。

10. 适当的量、机会成本、委托他行代理、同业市场　解析：按照银行现金资产管理的原则，同业存款也应当保持一个适当的量。同业存款过多，会使银行付出一定的机会成本；而同业存款过少，又会影响银行委托他行代理业务的开展，甚至影响本行在同业市场上的声誉。

四、判断题

1. ×　解析：持有期的长短以及持有期内金融机构存款准备金是以平均值还是每日必须得到满足(即是否允许日透支)对金融机构的信用创造能力产生影响，其确定和调整同样可以体现中央银行存款准备金工具职能。

2. ×　解析：银行在经营过程中，如果出现存款大量流出的现象，若无超额存款准备金就得采取诸如出售证券、催收贷款、向中央银行借款等行动，那么这会增加成本或减少收益。

3. √　解析：存款准备金计算期的长短，以及是以该时期内存款的平均数量还是以该计算期内的某一时点上的存款数量作为缴存准备金的存款基数，都是中央银行可以决定和调整的。

4. √　解析：基于对库存现金的动态分析，可以首先核定一个库存现金最佳持有量，即库存资金的最低额度。

5. ×　解析：银行经营业务的每一个网点，都需要有一定的库存现金，这样一来，银行网点越多，其现金的需要量也就越多，因此，从一般情况来看，银行营业网点的数量与库存现金的需要量是成正比的。

6. √　解析：由于运送现钞所花费的燃料费、维修费及司机、保安人员的补贴费等会随着接送现钞次数的增加而成正比例增长。

7. ×　解析：中国人民银行依据有关法律负责现金的印制、发行工作，并结合各商业银行的现金需求预测制订年度现金发行计划。但是，人民银行不直接向社会投放现金，钞票印制好后，存放在人民银行的发行库中。

8. √　解析：银行为保持其资金的流动性，必须根据资金流动性变化规律，运用一定的预测分析工具对未来的流动性需求与供给做出正确估计和适当的资金安排。

9. √　解析：商业银行在追求利润的同时，必须保持一定数量的可直接应付客户取现和清偿债务的资产，而现金资产正是为了满足银行的流动性需要而安排的资产。因此，商业银行保有一定数量的现金资产，目的在于保持其经营过程中的债务清偿能力，防范支付风险。

10. ×　解析：随着支付结算电子化程度的提高，商业银行结算在途资金的在途时间越来越短，收回的可能性很大，因此将结算在途资金纳入现金类资产。

五、名词解释

1. 现金资产。现金资产是银行持有的库存现金以及与现金等同的可随时用于支付的银行资产，是商业银行维持其流动性而必须持有的资产，是银行信誉的最基本保证，持有一定数量的现金资产，主要目的在于满足银行经营过程中的流动性需要。

2. 库存现金。库存现金是商业银行为完成每天现金收支活动而需要持有的周转金，其需要量的确定取决于两个因素：其一是库存现金的周转时间；其二是现金支出水平。

3. 无时差准备金制度。无时差准备金制度是指准备金的提取到位只有两天时间差的计提方案。商业银行按两周平均存款余额计提准备金，在此计算期结束后的第二天保证该准备金按时到位，并将其保持两周至第二个计算期的开始。

4. 资金头寸。资金头寸简称"头寸"，是指一种以买入或卖出表达的交易意向。如果银行在当日的全部收付款中收入大于支出款项，就称为"多头寸"；如果付出款项大于收入款项，就称为"缺头寸"。

5. 时差准备金制度。时差准备金制度是指准备金的提取到位有将近两周时间差，商业银按照第一周的存款平均余额计提准备金，然后在第三周保证金制度到位，并保持一周。

6. 超额存款准备金。超额存款准备金是商业银行在中央银行准备金账户上超过了法定存款准备金的那部分存款。超额存款准备金是商业银行最重要的可用头寸，是银行用来进行投资、贷款、清偿债务和提取业务周转金的准备资产。

7. 法定存款准备金。法定存款准备金是指按照法定准备率向中央银行缴存的存款准备金。规定缴存存款准备金的最初目的是银行备有足够的资金以应付存款人的提取，避免流动性不足而产生流动性危机，导致银行破产。

8. 现金投放。现金投放是指一个银行一定时期内，支出的现金减去收入的现金后净支出现金的数量。

9. 现金回笼。现金回笼是指一定时期内一个银行收入的现金减去支出的现金的数量后的净收入现金的数量。

10. 结算在途资金。结算在途资金是指商业银行在办理支付结算业务过程中形成的资金占用，是暂时处于结算路途中的资金。

六、简答题

1. 简述加强同业存款业务管理的措施。

答：加强同业存款业务管理的措施有：(1) 完善运营、管理、考核体系。积极开展同业合作。这方面主要做好两项工作：一是完善考核办法，健全激励约束机制；二是密切与金融同业的关系，建立沟通机制。(2) 关注资金市场价格行情，增强同业存款议价能力。一是关注资金市场利率走势，研究资金市场价格行情，及时将相关吸收情况与上级行进行沟通，争取理解支持以便多吸收存款；二是根据银行间市场同期限利率水平确定同业存款利率水平，总行对分行建立授权利率与银行市场利率联动机制，从而完善存款定价管理；三是下发部分同业存款审批权限，减少审批程序，提高工作效率。(3) 规范开展同业存款业务，完善资金核算体系。一是严格执行同业存款审批程序，严禁未经批准超利率上限、超额度组织同业存款，适时开展同业存款业务检查，对检查出的问题要严肃处理；二是利用内部资金转移定价对同业存款进行单独核算，即规定同业存款上存利率，不同期限对应不同的利率，进一步强化系统内资金往来利率差别化管理，引导分支机构正确处理负债总量增长和结构优化关系，大力发展稳定性强的负债业务。

2. 简述现金资产的作用。

答：现金资产的作用有：(1) 满足法定存款准备金的要求。商业银行和存款机构必须按照法定存款准备金率向中央银行缴存法定存款准备金，其目的是保持银行体系的支付能力，降低银行的风险，并借以控制和调节商业银行货币信贷量，进而影响整个经济运行。(2) 保持清偿力。商业银行是经营货币信用的金融企业。商业银行在追求利润的同时，必须保持一定数量的可直接应付客户取现和清偿债务的资产，而现金资产正是为了满足银行的流动性需要而安排的资产。因此，商业银行保有一定数量的现金资产，目的在于保持其经营过程中的债务清偿能力，防范支付风险。(3) 保持流动性。商业银行保持流动性，就是要科学、合理地协调流动性需求与供给，时刻满足资金的流动性需求。(4) 同业清算及同业支付。商业银行必须在中央银行和其他金融机构保持充足的现金存款余额，用以支付票据交换的差额；另外，在银行间委托代理业务中，若银行从其他代理行获取服务，则也要用现金来支付相应的手续费用等。

3. 简述如何掌握好降低库存现金的技术问题。

答：掌握好降低库存现金的有关技术问题，一是要调节好现金的票面结构，防止不适合需要的现金压库；二是要发挥中心库的调剂作用，中心库最好与地处中心位置、有大量现金投放的营业网点的业务库合二为一；三是创造条件，使储蓄所上缴的现金在当日入库；四是对收回的残破币要及时清点，定时上交中心库以减少压库。

4. 简述法定存款准备金的计提应注意的问题。

答：法定存款准备金的计提应注意以下几个问题：(1) 计算期与存款基数的确定和调整。存款准备金计算期的长短，以及是以该时期内存款的平均数量还是以该计算期内的某一时点上的存款数量作为缴存准备金的存款基数，都是中央银行可以决定和调整的。通过确定和调整这些范畴，中央银行同样可以依据金融系统的实际状况以及自己的政策意图进行调节和控制，从而调整存款数量，即定下金融机构缴存的准备金的数量，达到改变金融机构信用扩张能力的目的。(2) 存款准备金持有期的确定和调整。持有期的长短以及持有期内金融机构存款准备金是以平均值还是每日必须得到满足(即是否允许日透支)对金融机构的信用创造能力产生影响，其确定和调整同样可以体现中央银行存款准备金工具职能。

5. 简述如何确定库存现金需要量。

答：库存现金需要量的确定取决于两个因素：(1) 库存现金的周转时间。影响库存现金周转时间的因素主要有：营业机构的分布状况和距离，运输工具的先进程度和工作人员的配置，进出库制度与营业时间的相互衔接情况。(2) 现金支出水平。影响现金支出水平的因素主要有两点：一是季节性因素，二是历史因素。

七、论述题

1. 论述商业银行库存现金的经营策略。

答：库存现金经营的基本目标是在确保商业银行合理支付的前提下，尽可能降低库存现金在总资产中所占的比重，保持较高的资产收益。为此，应采取如下一些经营策略：(1) 将各营业网点的库存现金状况与其经济利益挂钩。由于影响现金收付的因素很多，因此库存现金的适宜度难把握。为了解决这一难点，商业银行管理部门可向基层营业网点下达收入成本率考核指标，将完成情况的好坏与该单位的经济利益挂钩。由于基层营业网点的库存现金是以付出平均资金成本、减少生息资产量为代价的，因此要提高收入水平，减少成本率，就必须压低库存现金的数量。(2) 规范现金收支业务。一是将客户工资奖金发放日的现金支出金额均衡地排列在一个月的每一天，保持支出的均衡；二是对工资发放和其他大额现金支出实行当天转账、次日付现的预约制度，减少集中付现的冲击。(3) 掌握储蓄现金收支的规律。储蓄业务备用金是库存现金的重要组成部分，储蓄业务是有规律可循的。一是营业过程中，客户取款和存款的概率在正常情况下是均等的。因此，没有必要保持大量现金，可以以收抵支；二是在正常情况下，上午客户取款的平均金额一般大于下午，因此在上午营业开始时应备有一定数量备用金；三是通常情况下，每个月出现现金净收入或净支出的日期基本不变。根据这些规律，就可以调节好储蓄业务备用金。(4) 掌握好降低库存现金的有关技术问题。一是要调节好现金的票面结构，防止不适合需要的现金；二是要发挥中心库的作用，中心库最好与地处中心位置有大量现金投放的营业网点的业务库合二为一；三是创造条件，使储蓄所上缴的现金在当日入库；四是对收回的残破币要及时清点，定时上交中心库以减少压库。

2. 论述商业银行现金管理中的适时流量调节原则。

答：适时流量调节就是指商业银行要根据业务过程中现金流量的不断变化，及时调节资金头寸，使其资金头寸始终保持在适度的规模上，商业银行的资金始终处于动态过程之中。银行必须根据业务过程中现金流量变化的情况，适时地调节现金流量，以确保现金资产规模适度。具体来讲，当一定时期内现金资产流入小于流出时，银行的现金资产存量就会减少，银行应及时采取措施筹集资金来补足头寸；当一定时期内现金资产流入大于流出时，银行的现金资产存量就会上升，此时需要及时调整资金头寸，寻找新的贷款或投资机会，将多余的资金头寸运用出去。在现金资产总量和结构都适度的情况下，经过商业银行经营过程中不相等的资金流入和流出，这种适度的资金状况必然会被打破。因此，只有适时灵活地调节现金资产流量，才能始终将存量保持在适度的水平上，即当资金的流入量小于流出量而导致现金资产减少时，商业银行就必须采取措施从各种渠道快速地调入资金弥补现金资产的不足；当资金的流入量大于流出量而导致现金资产存量过大时，就需要通过扩大盈利性资产的投放量，及时调整资金头寸，以保持适度的现金资产存量。

3. 论述影响库存现金的因素。

答：影响银行库存现金量的因素比较复杂，其中主要有：(1) 现金收支规律。银行的现金收支在数量上和时间上都有一定的规律性。(2) 与中央银行发行库的距离、交通条件及发行库的规定。一般来说，商业银行营业网点与中央银行发行库距离较近，交通运输条件较好，商业银行就可以尽量压缩库存现金的规模。而中央银行发行库的营业时间、出入库时间的规定，也对商业银行的库存现金产生重要影响。(3) 银行所在城市。有的地区现金交易比较通行，就会造成现金流量增大。如一些地区城市结构比较松散，小商品交易发达，私营业主较多，交易大都采用现金，银行客户现金提取量不断攀升。也有的地区经济欠发达，银行业务电子化程度不高，现金交易就比较多。(4) 后勤保障条件。银行库存现金数量与银行后勤保障条件也有密切关系。一般说来，若银行后勤保障条件较好，运送现金的车辆、保安充足及服务周到全面，则无须在每个营业机构存放过多现金；反之，就必须在每个营业网点存放充足的现金，以备需要。(5) 营业网点的数量和开设网点的地理位置。从一般情况来看，银行营业网点的数量与库存现金的需要量是成正比的。另外，一些在商贸区、繁华商务区、大型批发市场等附近的银行网点，现金流量也相对较大，对于处在这些地区的银行来说就需要保证有相对较多的库存现金。

八、计算题

1.

(1) 计算保险库存量；

解：根据公式，代入数据得：

保险库存量 = (预计每天最大投放量 − 平均每天正常投放量) × 提前时间

保险库存量 = (8 − 7) × 2

= 2 (万元)

(2) 计算现金调拨临界点。

解：根据公式，代入数据得：

现金调拨临界点 = 平均每天正常支出量 × 提前天数 − 保险库存量

现金调拨临界点 = 7 × 2 − 2

= 12 (万元)

2.

(1) 计算法定存款准备金率；

解：法定存款准备金率 $= \dfrac{1000}{5000} \times 100\% = 20\%$

(2) 计算超额存款准备金率。

解：超额存款准备金率 $= \dfrac{1000}{5000} \times 100\% = 20\%$

九、案例分析题

案例一：

(1) 什么是存款准备金？什么是法定存款准备金率？

答：存款准备金是指金融机构为保证客户提取存款和资金清算需要而准备的在中央银行的存款，中央银行要求的存款准备金占其存款总额的比例就是存款准备金率。法定存款准备金率是指中央银行规定的商业银行和存款金融机构必须缴存中央银行的法定准备金占其存款总额的比率。

(2) 针对中央银行的降低法定存款准备金率政策措施，对商业银行的影响有哪些？

答：一方面，央行降低法定存款准备金率，意味着商业银行被央行依法锁定的钱减少了，可以自由使用的钱相应增加了，从而提高了货币创造能力；另一方面，通过央行降准政策的实施，优化了商业银行等金融机构的资金结构，满足了银行体系特殊时点的流动性需求，加大了商业银行等金融机构对中小微企业的支持力度；最后，让商业银行能够更有力地支持疫情防控和企业复工复产，发挥了支持实体经济的积极作用。

(3) 试分析，中央银行规定商业银行缴存存款准备金的目的。

答：中央银行规定商业银行缴存存款准备金的目的是银行备有足够的资金以应付存款人的提取，避免流动性不足而产生流动性危机，导致银行破产；保持银行体系的支付能力，降低银行的风险，并借以控制和调节商业银行货币信贷量，进而影响整个经济运行。目前，存款准备金已经演变成为中央银行调节信用的一种政策调节。

案例二：

(1) 什么是超额存款准备金率？

答：超额存款准备金率是中央银行对超额存款准备金计付利息所执行的利率。

(2) 试分析商业银行该如何在预测了超额存款准备金需要量的基础上调节超额存款准备金。

答：商业银行在预测了超额存款准备金需要量的基础上，应当及时地进行头寸调度，以保持超额存款准备金规模的适度性。当未来的头寸需要量较大、现有的超额存款准备金不足以应付需要时，银行就应当设法补足头寸，增加超额存款准备金；而当未来头寸需要量减少、现有准备金剩余时，则应及时地将多余的超额存款准备金运用出去，寻求更好的盈利机会。商业银行进行头寸调度的渠道和方式主要有同业拆借、短期证券回购及票据买卖、向央行借款、系统内资金调度以及出售金融资产等。

(3) 试分析我国中央银行向中小银行定向降准的目的。

答：定向降准是我国中央银行支持中小银行的一种方式，通过对中小银行降准，能让中小银行降低融资成本，更好地服务中小微企业，服务实体经济；降低中小银行的资金成本，能使中小银行发挥服务地方和中小企业主体作用，从资金水平方面帮助当地经济发展。

这是中央银行向中小银行增加信贷供给，引导资金流动的表现。通过对中小银行降准，可贷资金进一步增加，释放了流动性，可以降低民间和中小企业的贷款成本，减少贷款利息支出，将资金投入三农、中小企业，减轻三农和中小企业的负担，使其更好地发展。

第八章　商业银行证券投资管理理论与实务

一、单项选择题

1. A　解析：商业银行作为经营货币资金的特殊企业，其经营的总目标是追求经济利益，而证券投资的基本目的是在一定风险水平下使投资收入最大化。围绕这个基本目标，商业银行证券投资具有以下几个功能：(1) 获取收益。从证券投资中获取收益是商业银行投资业务的基本功能。在银行贷款收益比较小或者风险比较大的情况下，为了避免银行资金闲置充分运用银行资金，同时保证银行资金运用所产生的总收益趋于最大化，银行在客观上要通过证券投资来获取收益。(2) 保持流动性。商业银行保持一定比例的高流动性资产是保证其资产安全的重要前提。变现能力很强的证券投资是商业银行理想的高流动性资产，是银行流动性管理中不可或缺的第二级准备金。(3) 分散风险。降低风险的一个基本做法是实行资产分散化。证券投资为银行资产分散化提供了一种选择，而证券投资风险比贷款风险小，形式比较灵活，可以根据需要在市场上随时买卖，有利于资金运用。(4) 合理避税。商业银行投资的证券多数集中在国债和地方政府债券上，政府债券往往具有税收优惠，银行可以利用证券组合投资达到合理避税的目的，增加银行的收益。除此之外，证券投资的某些证券可以作为向中央银行再贷款的抵押品，证券投资还是银行管理资产利率敏感性和期限结构的重要手段。总之，银行从事证券投资是兼顾资产的流动性、盈利性和安全性三者统一的有效手段。故本题选择 A。

2. B　解析：商业银行降低风险的一个基本做法是实行资产分散化。证券投资为银行资产分散化提供了一种选择，证券投资风险比贷款风险小，形式比较灵活，可以根据需要在市场上随时买卖有利于资金运用。故本题选择 B。

3. D　解析：公司债券是企业对外筹集资金而发行的一种债务凭证，发行债券的公司向债券持有者作出承诺，在指定的时间按票面余额还本付息。商业银行对公司债券的投资较为有限，主要原因是：(1) 公司债券要缴纳中央和地方两级所得税，税后收益有时比其他债券低；(2) 由于公司经营状况差异很大，且市场变化无常，故公司债券违约风险较大；(3) 公司债券在二级市场上的流动性不如政府债券。故本题选择 D。

4. C　解析：大额可转让定期存单是商业银行所发行的一种债务凭证，是银行为筹集资金的一项重大的负债业务创新。但银行也经常买入其他银行发行的这类存款单，以作为投资的一部分。这类存单风险小，流动性很强，而且具有一定的收益率，也是银行重要的证券。故本题选择 C。

5. D　解析：证券投资主要面临以下六种风险：市场风险、通货膨胀风险、经营风险、财务风险、信用风险和流动性风险。故本题选择 D。

6. C 解析：市场风险是指由空头和多头等市场条件所引起的投资总收益变动中的相应部分。当证券指数从某个较低点(波谷)持续稳定上升时，这种上升趋势称为多头市场(牛市，Bull Market)。多头市场在市场指数达到某个较高点(波峰)并开始下降。而空头市场(熊市，Bear Market)则是市场指数从较高点一直呈下降趋势至某个较低点。从这个点开始，证券市场又进入多头市场，多头市场和空头市场的这种交替，导致市场收益发生变动，进而引起市场风险。银行被迫出售在市场上需求疲软的未到期债券的可能性。由于缺乏需求，银行只能以较低价格出售债券的可能性。故本题选择 C。

7. D 解析：商业银行稳健型投资策略主要包括：梯形期限策略、杠铃策略、前置期限策略、后置期限策略。故本题选择 D。

8. A 解析：前置期限策略是指在银行面临高度流动性需求的情况下，且银行认为一段时间内短期率将趋于下跌，银行将绝大部分证券投资资金投放在短期证券上，很少或几乎不购买其他期限的证券。这一策略使证券组合具有高度的流动性，强调投资组合主要作为流动性来源而非收入来源。后置期限策略与前置期限策略恰恰相反，它把绝大部分资金投资于长期证券上，几乎不持有任何其他期限的证券，这种方法强调把投资组合作为收入来源。这种战略可以使银行获得较高的收益。但是该战略缺乏流动性，银行在需要现金时难以转手长期证券，或者在证券转让时可能遭到较大的损失。故本题选择 A。

9. D 解析：证券投资组合是为了避免证券投资风险，确保证券投资的盈利性、流动性和安全性而对各种证券投资进行的合理搭配。证券投资具有诸多风险因素，投资者为了避免单独投资于某一种证券而遭受绝对风险，一般情况下采用分散投资策略，即将资金分散投向若干种证券，并根据其风险的大小、盈利的多少、流动能力的强弱进行合理的搭配组合，从而把证券投资的风险降到最低限度。故本题选择 D。

10. C 解析：利率与债券价格的关系是相反的，市场利率越高，债券价格越低，市场利率越低，债券价格越高，市场利率与债券的市场价格呈反向变动关系。故本题选择 C。

二、多项选择题

1. ABCE 解析：证券投资与银行贷款的区别有：银行贷款一般不能流通转让，而银行购买的长期证券可在证券市场上自由转让和买卖；银行贷款是由借款人主动向银行出申请，银行处于被动地位，而证券投资是银行的一种主动行为；银行贷款往往要求借款人供担保或抵押，而证券投资作为一种市场行为，不存在抵押或担保问题；证券投资与银行贷款均有风险。故本题选择 ABCE。

2. ABCD 解析：银行将资金投资于证券之前要满足：法定准备金需要、超额准备金需要、银行流动性需要、属于银行市场份额的贷款需求。故本题选择 ABCD。

3. ABC 解析：银行证券投资的主要功能是：保持流动性，获得收益；分散风险，提高资产质量；合理避税。故本题选择 ABC。

4. BC 解析：市政债券就其偿还的保障可以分为两类：第一类称普通债券，一般用于提供基本的政府服务如教育等，其本息偿还以地方政府征税能力作保证；第二类称收益债券，用于政府所属企业或公益事业单位的项目，其本息偿还以所筹资金投资项目的未来收益作保证，安全性不如普通债券。故本题选择 BC。

5. ABCD 解析：证券投资主要面临以下六种风险：市场风险、通货膨胀风险、经营风险、财务风险、信用风险和流动性风险。故本题选择 ABCD。

6. ABCD 解析：决定债券收益率的主要因素有：债券的票面利率、期限、面值、持有时间、购买价格和出售价格。故本题选择 ABCD。

7. ABC 解析：证券组合的风险不仅与组合中每个证券的报酬率标准差有关，而且与各证券之间报酬率的方差有关。持有多种彼此不完全正相关的证券可以降低风险。两种证券的投资组合，证券间相关系数越小，越能降低投资组合的标准差。故本题选择 ABC。

8. ABCD 解析：阶梯期限投资策略的特点有：要求资金均匀分布在一定期间内，就无需预测未来利率的波动；收益也较高，当这种策略实施若干年后，每年银行到期的证券都是中长期证券，其收益率高于短期证券；缺乏灵活性，这使银行可能失去一些新出现的有利的投资机会；证券变现所能提供的流动性有限。故本题选择 ABCD。

9. ABD 解析：与前置期限策略相比，后置期限策略的特点是：强调证券投资给银行创造高效益；很难满足银行额外的流动性需求，而且风险大；短期利率下降对银行证券投资较为有利。故本题选择 ABD。

10. BC 解析：关于利率预测法正确的说法是：要求银行能够准确预测未来利率的变动；要求投资者根据预测的未来利率变动，频繁地进入证券市场进行交易，银行证券投资的交易成本增加。故本题选择 BC。

三、填空题

1. 收益、风险、期限、风险 解析：商业银行证券投资是指商业银行为了获取一定收益而承担一定风险，对有一定期限的资本证券的购买行为。商业银行证券投资包含收益、风险和期限三个要素，其中收益与风险呈正相关，期限则影响投资收益率与风险的大小。

2. 本息 解析：证券投资风险中，信用风险也称违约风险，指债务人到期不能偿还本息的可能性。由于银行投资主要集中在政府证券上，这类证券多以财政税收作为偿付本息保障，故违约风险不高。银行证券投资中还有一部分是公司债券和外国债券，这部分债券存在着真实违约的可能性。在市场经济发达的国家里，银行在进行投资分析时，除直接了解和调查债务人的信用状况外，更多地依据社会上权威信用评级机构对债券所进行的评级分类，以此为标准对证券进行选择和投资决策。

3. 债券质押式回购交易、债权买断式回购交易 解析：银行间债券市场的债券交易包括债券质押式回购交易和债权买断式回购交易两种。债券质押式回购交易是指融资方(正回购方、卖出回购方、资金融入方)在将债券质押给融券方(逆回购方、买入反售方、资金融出方)融入资金的同时，双方约定在将来某一指定日期，由融资方按约定回购利率计算的资金额向融券方返回资金，融券方向融资方返回原出质债券的融资行为。债券买断式回购交易(亦称开放式回购，简称买断式回购)是指债券持有人(正回购方)将一笔债券卖给债券购买方(逆回购方)的同时，交易双方约定在未来某一日期，再由卖方(正回购方)以约定的价格从买方(逆回购方)购回相等数量同种债券的交易行为。

4. 市场、通货膨胀、经营、财务　解析：证券投资主要面临以下六种风险：市场风险、通货膨胀风险、经营风险、财务风险、信用风险和流动性风险。

5. 获取收益、分散风险、增强流动性　解析：商业银行证券投资的主要目的是获取收益、分散风险和增强流动性。银行综合考虑自身的投资目的、流动的需要、税收利益以及法规限制等各方面的因素，选择合适的投资策略。由于商业银行持有证券范围有限，证券投资的违约风险相对较小，而主要是市场利率风险或期限控制风险，因而银行证券投资策略的目标强调在控制利率风险前提下实现证券投资流动性和收益的高效组合。

6. 不同市场债券　解析：场间价差互换是不同市场债券之间的互换。进行这种互换的动机，是认为不同市场间利差偏离正常水准。与替代互换的区别在于，场间利差互换所涉及的债券是完全不同的。例如，互换的债券一种可能是工业债券，而另一种可能是公用债券。

7. 凭证式国债、记账式国债、无记名(实物)国债　解析：普通型国债主要有凭证式国债、记账式国债和无记名(实物)国债三种。凭证式国债是一种国家储蓄债，可记名、挂失，以"凭证式国债收款凭证"记录债权，可提前兑付，不能上市流通，从购买之日起计息。记账式国债是以电脑记账形式记录债权，通过无纸化方式发行和交易，可以记名、挂失。无记名(实物)国债是一种实物债券，以实物券的形式记录债权，不记名、不挂失，可上市流通。

8. 基础资产池、现金流、剩余权益　解析：资产支持证券(Asset-backed Security，ABS)，是一种债券性质的金融工具，其向投资者支付的本息来自基础资产池(Pool of Underlying Assets)产生的现金流或剩余权益。与股票和一般债券不同，资产支持证券不是对某一经营实体的利益要求权，而是对基础资产池所产生的现金流和剩余权益的要求权，是一种以资产信用为支持的证券。

9. 商业银行、中央银行债券　解析：央行票据即中央银行票据，是中央银行为调节商业银行超额准备金面向商业银行发行的短期债务凭证，其实质是中央银行债券。2003年4月22日人民银行开始发行央行票据，央行票据的推出增加了中央银行对公开市场操作的灵活性和针对性，增强中央银行调节货币供应量的能力和执行货币政策的效果，也为商业银行灵活调剂其资金头寸提供了重要工具。

10. 风险　解析：收益和风险是证券投资中不可分割的两个方面。一般而言，收益越高，风险越大。银行在进行证券投资时，应当在承担既定风险的条件下使得收益最大化。

四、判断题

1. √　解析：商业银行证券投资的主要目的是获取收益、分散风险和增强流动性。银行综合考虑自身的投资目的、流动的需要、税收利益以及法规限制等各方面的因素，选择合适的投资策略。当短期经济较为波动、市场不确定性较高时，商业银行可以选择投资收益性较高的长期证券。

2. ×　解析：公司债券要缴纳中央和地方两级所得税，其税后收益有时比其他债券低，所以商业银行对公司债券的投资较为有限。

3. √　解析：商业银行作为经营货币资金的特殊企业，其经营的总目标是追求经济利益，而证券投资的基本目的是在一定风险水平下使投资收入最大化。

4. √ 解析：前置期限策略是指在银行面临高度流动性需求的情况下，且银行认为一段时间内短期利率将趋于下跌，银行将绝大部分证券投资资金投放在短期证券上，很少或几乎不购买其他期限的证券。

5. √ 解析：收益率曲线隐含着对未来利率变动的预期。向右上方倾斜的收益率曲线反映市场的一种平均的预期，认为未来的短期利率将高于当前水平，投资者会将证券从长期转向短期。

6. × 解析：一般来说，证券投资风险根据能否通过投资组合来消除，可以分为系统性风险和非系统性风险。系统性风险是对市场上所有证券带来风险的可能性。这种风险的影响是全局性的，对于投资者来说无法消除，其来源可能是经济周期、通货膨胀、战争等因素，不能通过投资组合抵消或削弱，又称不可分散风险。非系统性风险是指某种特定因素对某一个或某一类证券带来损失的可能性，它可以是由某个企业的生产经营状况、市场条件等发生变化引起的，可通过投资组合的方法降低风险或消除，也称可分散风险。

7. √ 解析：通货膨胀情况下的名义利率，是央行或其他提供资金借贷的机构所公布的未调整通货膨胀因素的利率，即利息(报酬)的货币额与本金的货币额的比率，即指包括补偿通货膨胀(包括通货紧缩)风险的利率。实际利率是指剔除通货膨胀率后储户或投资者得到利息回报的真实利率。

根据费雪方程式：(1 + 名义利率) = (1 + 实际利率) × (1 + 通货膨胀率)。

两边取 Ln，近似为：名义利率 = 实际利率 + 通货膨胀。

8. × 解析：收益率曲线是描绘市场利率因贷款和证券的到期时间不同而变化的图形。一般来说，收益率曲线是向上倾斜的，但少数情况下收益率曲线可能发生变异，向下倾斜或者保持水平。例如，20 世纪 80 年代初，美国为了反通货膨胀，将短期利率提高至 20%以上的高水平，同时减少了长期国债的发行。这使得短期债券收益率急剧上升，而中长期债券收益率升幅有限，导致债券收益率曲线是略向下弯曲的形态。

9. × 解析：收益率曲线的形状是银行证券投资管理人员决定持有哪种期限证券的重要参考依据。例如，宏观经济处于升息周期，债券收益率曲线一般会更加陡峭地向上倾斜。这意味着长期债券的价格下跌幅度高于中期债券，而中期债券的下跌幅度又高于短期债券。那么遵从利率预测法，银行将倾向于避免购买长期证券而重点投资短期证券，因为预期长期证券市场价格将因利率的升高而下降，从而给银行带来损失。反之，如果在降息周期，银行将可能考虑增持长期证券，因为利率下降将为长期证券提供巨大的资本盈利机会。

10. × 解析：根据《中华人民共和国商业银行法》第三条和第四十三条的有关规定，以及中国人民银行的有关监管要求，我国商业银行实行"有限制的投资模式"，即我国商业银行主要从事政府债券代理发行、承销和兑付以及金融债券的买卖。在我国，商业银行不得从事信托投资；不得从事证券经营业务；不得投资于非自用不动产；不得向非银行机构投资；不得向企业投资，但国家另有规定的除外。另外，地方政府债券是指地方政府根据信用原则、以承担还本付息责任为前提而筹集资金的债务凭证。同中央政府发行的国债一样，地方政府债券也是以当地政府的税收能力作为还本付息的担保。发行地方政府债券的目的主要是解决地方政府财政不足的问题。

五、名词解释

1. 金融债券。金融债券是由银行和非银行金融机构发行的债券。

2. 投资收益率。投资收益率又称投资利润率，是指投资收益占投资成本的比率。

3. 央行票据。央行票据即中央银行票据，是中央银行为调节商业银行超额准备金而向商业银行发行的短期债务凭证，其实质是中央银行债券。

4. 资产支持证券。资产支持证券是由受托机构发行的、代表特定目的信托的信托受益权份额。受托机构以信托财产为限向投资机构承担支付资产支持证券收益的义务。

5. 中期票据。中期票据是指具有法人资格的非金融企业在银行间债券市场按照计划发行的，约定在一定期限还本利息的债务融资工具。

6. 短期融资券。短期融资券是指企业在银行间债券市场发行和交易并约定在一年期限内还本付息的有价证券，这并不是向社会公开发行的，它的发行对象是国内各家银行。

7. 债券互换。债券互换又称"债券掉换"，是通过对债券或债券组合在水平分析期中的收益率预测来主动地互换债券，从而主动地经营一组债券资产。

8. 商业银行证券投资。商业银行证券投资是指商业银行为了获取一定收益而承担一定风险，对有一定期限的资本证券的购买行为。

9. 货币市场工具。货币市场工具是指到期期限在一年以内的金融工具与证券。这些工具主要包括国库券、商业票据、大额可转让定期存单、银行承兑汇票、证券投资基金等。

10. 资本市场工具。资本市场工具是指期限在一年以上的各种证券。这类证券包括中长期国债、中央政府机构债券、市政债券、公司债券、公司股票等。

六、简答题

1. 为什么在证券投资收益比贷款收益低的情况下，银行要选择证券投资？

答：从证券投资中获取收益是商业银行投资业务的基本功能。商业银行收益的主要来源是其贷款资产业务。银行通过贷款资产业务经营来获取收益的最大问题是贷款风险比较大，同时银行也不可能在任何时候都能确定"理想"(风险小且收益大)的客户来发放贷款。因此在银行贷款收益比较小或者风险比较大的情况下，为了避免银行资金闲置、充分运用银行资金，同时保证银行资金运用所产生的总收益趋于最大化，银行在客观上需要通过证券投资来获取收益。银行经营证券资产业务获取的收益主要来源是利息或者股息收入、证券增值或者资本增值收入、证券组合避税收入。具体分为两个部分：一是利息收益，包括债券利息、股票红利等；二是资本利得收益，即证券的市场价格发生变动所带来的收益。

2. 为什么向上倾斜的收益率曲线意味着预期短期利率会上升？

答：收益率曲线是描绘市场利率因贷款和证券的到期时间不同而变化的图形。一般来说，收益率曲线是向上倾斜的，但少数情况下收益率曲线可能发生变异，向下倾斜或者保持水平。向上倾斜的收益率曲线说明长期债券的收益率高于短期收益率。人们都会投资于长期债券，使长期债券价格上升、收益率下降。同时，短期债券需求减少，价格下降，相应收益率高，在预期理论下，表现为短期预期利率上升。

3. 简述梯形期限策略及其优缺点。

答：梯形期限策略和杠铃期限策略是商业银行证券投资的不同策略。

梯形期限策略是相对稳健的投资方法，该方法要求银行把全部的证券投资资金平均投入到不同期限的证券上，使银行持有的各种期限的证券数量都相等，当期限最短的证券到期后，银行用收回的资金再次购买期限最长的证券，如此循环往复，使银行持有的各种期限的证券总是保持相等的数额，从而可以获得各种证券的平均收益率。虽然不会使投资收益最大化，但由于投资分散使得违约风险减少，收益较为稳定，因此这种投资方法用图形表示很像阶梯形状，就被称为梯形期限策略。

梯形期限策略是中小银行在证券投资中较多采用的，其优点在于：一是管理方便，容易掌握，银行只需要将资金在期限上作均匀分布，并定期进行再投资安排即可；二是银行不必对市场利率走势进行预测，也不必频繁地进行证券交易；三是这种投资组合可以保障银行在避免因利率波动出现投资损失的同时，使银行获取至少是平均收益的投资回报。但梯形期限策略也存在缺陷：一是过于僵硬，缺少灵活性，当有利的投资机会出现时，特别是当短期利率提高较快时，不能利用新的投资组合来扩大利润；二是流动性不高，该方法中的短期证券持有量较少，当银行面临较高的流动性需求时出售中长期证券有可能出现投资损失。

4. 试述我国商业银行证券投资对象。

答：商业银行主要投资风险小流动性强的产品，主要是债券。商业银行限制买卖股票，除非是由于抵押而持有的股票。现在我国的金融业是分业经营，不准混合，以期预防金融风险，但这也是目前金融体系不成熟的体现。国家债券收益率比活期存款利率高，对于商业银行来说，这种投资可以无风险保证手里资金的安全、不贬值，同时可兑付贷款业务。商业银行一般将国家债券作为主要的投资对象。首先，就债券风险而言，国债的风险是最低的，以国家信用为保障，也就是基本无风险，而且又可以让资产增值，这是商业银行为降低风险，在资产配比中的必需品、也是大头。其次，国债的销售、发行与招投标主要是通过商业银行完成的，就国债的发行而言，基本都是余额包销，也就是如果卖不出去的国债，或者没卖完的国债，代理银行必须全额承担，自己购买，这也增加了持有国债的比重，特别是利率低、时限长的记账式国债，一般个人投资者不会购买；就国债的招投标而言，都是以商业银行为代表的金融机构进行投标，从价格到申报额度都是如此，一旦招标结果确定，中标的商业银行将按照申报额度承销国债。最后，国债的质押比率很高，一般能达到95%以上甚至100%。另外，商业银行发行的债权不是财政融资，不作为主要投资对象。首先商业银行虽然有政府背景，但是从经营上是自负盈亏的。会计账目和公司法都不允许国家财政参与，不能牺牲股东权益。只有像国开行，进出口银行这种政策银行才能由政府控制做财政融资。因而，商业银行发行金融债券给机构和投资自然人，这也就是一种公司债。政策性银行的债券发行融资都是在银行间债券市场向银行及金融机构进行的所以商业银行发行的金融债券不算财政融资，而是民间融资，是一种公司债。

七、论述题

1. 论述商业银行证券投资业务的功能。

答：商业银行作为经营货币资金的特殊企业，其经营的总目标是追求经济利益，而证券投资的基本目的是在一定风险水平下使投资收入最大化。围绕这个基本目标，商业银行证券投资具有获取收益、保持流动性、分散风险和合理避税等功能。(1) 获取收益。从证券投资中获取收益是商业银行投资业务的基本功能。众所周知，商业银行收益的主要来源是其贷款资产业务。银行通过贷款资产业务经营来获取收益的最大问题是贷款风险比较大，同时银行也不可能在任何时候都能确定"理想"(风险小并且收益大)的客户来发放贷款。因此在银行贷款收益比较小或者风险比较大的情况下，为了避免银行资金闲置、充分运用银行资金，同时保证银行资金运用所产生的总收益趋于最大化，银行在客观上需要通过证券投资来获取收益。(2) 保持流动性。商业银行保持一定比例的高流动性资产是保证其资产安全的重要前提。尽管现金资产具有高流动性，在流动性管理中具有重要作用，但现金资产无利息收入，为保持流动性而持有过多的现金资产会增加银行的机会成本，降低盈利性。变现能力很强的证券投资是商业银行理想的高流动性资产，是银行流动性管理中不可或缺的第二级准备金。证券资产作为具备流动性与盈利性双重特征的银行资产，可以较好地兼顾银行经营管理对流动性与盈利性的需求。(3) 分散风险。降低风险的一个基本做法是实行资产分散化。证券投资为银行资产分散化提供了一种选择，而证券投资风险比贷款风险小，形式比较灵活，可以根据需要在市场上随时买卖，有利于资金运用。银行经营证券资产业务在分散银行资产风险方面具有特殊的功效：① 证券投资可以作为银行实现资产分散化的一种有利选择；② 证券投资对比银行贷款有着更加广泛的选择面，同时它还能够使银行资金的运用更加分散；③ 证券投资具有自主性强与资金运用手段灵活的特点，有利于银行机动灵活地实现资产分散化；④ 银行可以通过出售或者转让的方式将用于证券投资的银行资金提前收回或者中途转让，从而降低或者转移银行资产风险。(4) 合理避税。商业银行投资的证券多数集中在国债和地方政府债券上，政府债券往往具有税收优惠，银行可以利用证券组合投资达到合理避税的目的，增加银行的收益。除此之外，证券投资的某些证券可以作为向中央银行借款的抵押品，证券投资还是银行管理资产利率敏感性和期限结构的重要手段。总之，银行从事证券投资是兼顾资产的流动性、盈利性和安全性三者统一的有效手段。

2. 论述商业银行面临的投资风险。

答：一般来说，商业银行证券投资风险根据能否通过投资组合来消除，可以分为系统性风险和非系统性风险。系统性风险是对市场上所有证券带来风险的可能性。这种风险的影响是全局性的，对于投资者来说无法消除，其来源可能是经济周期、通货膨胀、战争等因素，不能通过投资组合抵消或削弱，又称不可分散风险。非系统性风险是指某种特定因素对某一个或某一类证券带来损失的可能性，它可以是由某个企业的生产经营状况、市场条件等发生变化引起的，可通过投资组合的方法降低风险或消除，也称可分散风险。具体而言，商业银行证券投资主要面临以下六种风险：市场风险、通货膨胀风险、经营风险、财务风险信用风险和流动性风险。(1) 市场风险。市场风险是指由空头和多头等市场条件所引起的投资总收益变动中的相应部分。当证券指数从某个较低点(波谷)持续稳定上升时，这种上升趋势称为多头市场(牛市)。多头市场在市场指数达到某个较高点(波峰)并开始下降。而空头市场(熊市)则是市场指数从较高点一直呈下降趋势至某个较低点。从这个点开始，证券市场又进入多头市场，多头市场和空头市场的这种交替，导致市场收益发生变动，进而引市场风险。需要指出的是，多头市场的涨和空头市场的跌是就市场总趋势而言的。

实际上，在头市场上，证券也可能出现跌势；而在空头市场上，有些证券却呈现涨态。引起空头和多头市场交替的重要决定因素是经济周期，它是整个国民经济活动的一种波动。经济周期包括四个阶段，即高涨、衰退、萧条和复苏，这几个阶段依次循环，但不是定期循环。多头市场是从萧条开始，经复苏到高涨，而空头市场则是从高涨开始，经衰退到萧条。因此，投资时期应该选择恰好在证券市场价格于多头市场上升前买进，恰好在证券市场价格于空头市场降低前卖出，即买低卖高。(2) 通货膨胀风险。通货膨胀风险是指由于未预期的通货膨胀率的变化，银行实际投资收益的购买力低于预期的投资收益的购买力，使得银行资产遭受损失。根据实际收益率 = 名义收益率 - 通货膨胀率，当预期的通货膨胀率低于实际的通货膨胀率时，在投资证券的名义利率给定的情况下，投资的真实收益就减少了，证券投资收益的购买力就低于预期。如某银行以 100 元的价格购入一张票面收益率为 10%的证券，如果持有该证券期间通货膨胀率为 8%，则银行实际收益率只有 2%，如果通货膨胀率为 12%，则银行就要亏损 2%。(3) 经营风险。经营风险是由公司经营引起的收入现金流的不确定性。运营收入变化越大，经营风险就越大，债务违约的可能性也就越大；运营收入变化越小，经营风险越小。经营风险包括内部经营风险和外部经营风险两种。内部经营风险与公司内部能控制的运营条件联系在一起，它通过公司的运营效率得以体现。外部经营风险与公司所处的政治环境和经济环境等客观的运营环境联系在一起。政府债券不存在经营风险，高质量的公司债券在一定程度上存在经营风险，只有低质量债券更多地面临这种风险。(4) 财务风险。财务风险是企业收入不足以支付自身债务的可能性。有负债的公司的普通股会面临这种风险，而且负债在资本结构中比重越大，这种风险越大。这一风险也可反映在有沉重债务负担的公司债券上：负债越多，债券的质量越低。承担负债数额较小的公司的高等级债券，只在有限的程度上存在这一风险，而政府债券不存在这一风险。(5) 信用风险。信用风险也称违约风险，指债务人到期不能偿还本息的可能性。由于银行投资主要集中在政府证券上，这类证券多以财政税收作为偿付本息保障，故违约风险不高。银行证券投资中还有一部分是公司债券和外国债券，这部分债券存在着真实违约的可能性。在市场经济发达的国家里，银行在进行投资分析时，除直接了解和调查债务人的信用状况外，更多地依据社会上权威信用评级机构对债券所进行的评级分类，以此为标准对证券进行选择和投资决策。(6) 流动性风险。流动性风险是指银行不能及时或者只能以较低价格出售证券，难以满足资金需求的风险。这一风险形成的原因在于证券市场交易不够活跃，缺乏流动性，这些证券多为小规模的或者评级不高的证券，而那些规模较大的，评级较高的证券的流动性就更强，流动性风险也就相应更小。

第九章　商业银行中间业务管理理论与实务

一、单项选择题

1. C　解析：或有资产和或有负债业务即狭义表外业务，包括贷款承诺、担保、互换、期权等。金融服务类业务也称为传统的表外业务，包括支付结算业务、代理业务、咨询业务、租赁业务等。故本题选择 C。

2. A　解析：A. 支付结算类中间业务是由商业银行为客户办理因债权债务关系引起的与货币支付、资金划拨有关的收费业务，如支票结算、进口押汇、承兑汇票等。B. 代理类中间业务是商业银行接受客户委托、代为办理客户指定的经济事务、提供金融服务并收取一定费用的业务，包括代理政策性银行业务、代收代付款业务、代理证券业务、代理保险业务、代理银行卡收单业务等。C. 担保类中间业务指商业银行为客户债务清偿能力提供担保，承担客户违约风险的业务，包括银行承兑汇票、备用信用证、各类保函等。D. 咨询顾问类业务是商业银行依靠自身在信息和人才等方面的优势，收集和整理有关信息，结合银行和客户资金运动的特点，形成系统的方案提供给客户，以满足其经营管理需要的服务活动，主要包括财务顾问和现金管理业务等。故本题选择 A。

3. C　解析：商业银行汇票结算流程如下：出票银行受理银行汇票申请书，向申请人收取款项后，签发银行汇票，并压印出票金额，将银行汇票和解讫通知一并交给申请人。申请人应将银行汇票和解讫通知一并交付给汇票上记明的收款人。收款人受理申请人交付的银行汇票时，应在出票金额以内，根据实际需要的款项办理结算，并将结算金额准确、清晰地填入银行汇票和解讫通知的有关栏内。收款人也可以将银行汇票背书转让给被背书人。持票人向银行提示付款时，必须同时提交银行汇票和解讫通知。在银行开立存款账户的持票人向开户银行提示付款时，应在汇票背面"持票人向银行提示付款签章"处签章，并将银行汇票和解讫通知、进账单送交开户银行，银行审查无误后办理转账，将解讫通知与联行报单寄交出票行。未在银行开立存款账户的个人持票人，可以向其选择的任何一家银行机构提示付款。银行审核无误后，以持票人的姓名开立应解汇款及临时存款账户。若银行汇票的实际结算金额低于出票金额，则其多余金额由出票银行退交申请人。故本题选择 C。

4. D　解析：A. 支票分为现金支票、转账支票和普通支票。现金支票只能用于支取现金，转账支票只能用于转账。支票上未印有"现金"或"转账"字样的为普通支票，可用于支取现金，也可用于转账。普通支票上划有两条平行线的为划线支票，只能用于转账，不得支取现金。B. 本票按出票人分为商业本票和银行本票。这里所说的本票是指银行本票。单位和个人在同一票据交换区域需要支付各种款项，均可以申请使用银行本票。C. 汇票按出票人分为银行汇票和商业汇票。D. 依据中国票据法，支票只允许在同城范围内使用。故本题选择 D。

5. B　解析：A. 银行本票是申请人将款项交存银行，由银行签发的承诺自己在见票时无条件支付确定的金额给收款人或者持票人的票据。B. 商业汇票是出票人签发的，委托付款人在指定日期无条件支付确定的金额给收款人或者持票人的票据。C. 银行汇票是指由出票银行签发的，由其在见票时按照实际结算金额无条件付给收款人或者持票人的票据。D. 支票是出票人签发的，委托办理支票存款业务的银行在见票时无条件支付确定的金额给收款人或者持票人的票据。故本题选择 B。

6. B　解析：A. 贷记卡是指发卡银行给予持卡人一定的信用额度，持卡人可在信用额度内先消费、后还款的信用卡。B. 准贷记卡是指持卡人需先按发卡银行要求缴存一定金额的备付金，当备付金账户余额不足以支付时，可在发卡银行规定的信用额度内透支的信用卡。C. 借记卡是一种先存款后消费，不能透支的银行卡。D. 芯片卡是在银行卡中嵌入芯片，芯片中贮存银行卡业务中的有关数据信息，既可以联机使用，也可以脱机使用的一种智能卡。故本题选择 B。

7. A　解析：A. 电汇是指汇出行应汇款人的要求，采用加押电传或 SWIFT(环球银行间金融电信网络)形式，指示汇入行付款给指定收款人的结算方式。其特点是交款迅速，安全可靠，费用高。多用于急需用款和大额汇款。B. 信汇是汇款人向银行提出申请，同时交存一定金额及手续费，汇出行将信汇委托书以邮寄方式寄给汇入行，授权汇入行向收款人解付一定金额的一种汇兑结算方式。C. 票汇是汇出行受汇款人的委托，开立以汇入行为付款人的银行即期汇票，交由汇款人自行寄送收款人并凭此向汇入行提取款项的结算方式。D. 国内信用证结算业务是指开证行依照申请人的申请开出的，凭符合信用证条款的单据支付的付款承诺。信用证为不可撤销、不可转让的跟单信用证。国际信用证结算业务是指进出口双方签订买卖合同后，进口商主动请示进口地银行向出口商开立信用证，对自己的付款责任作出保证。当出口商按照信用证的条款履行了自己的责任后，进口商将货款通过银行交付给出口商。故本题选择 A。

8. A　解析：A. 直接租赁是由承租人指定设备及生产厂家，委托出租人投入资金购买并提供设备，交承租人使用并由承租人支付租金的租赁形式，这是金融租赁的主要形式。这种租赁的期限较长，一般设备 3～5 年，大型设备一般在 10 年以上，有的长达 20 年左右，相当于整个设备的寿命期。B. 回租租赁也叫售后回租，又称为返租赁，是指由设备所有者将自己拥有的部分资产(如设备、房屋等)卖给租赁公司，然后再从该租赁公司租回来的租赁业务。回租租赁是当企业资金流通困难时改善企业财务状况非常有效的一种做法。C. 杠杆租赁是一种新发展起来的租赁形式，是一种非常复杂的租赁交易。它是指在一项租赁项目中，设备购置成本的小部分由出租人投资承担，大部分由银行等金融机构投资人提供贷款补足的租赁方式。D. 转租赁是由出租人作为承租人，向其他出租人租赁所需的设备，再将该设备租赁给承租人使用的一种租赁方式。这种租赁方式要涉及三方当事人，包括第一出租人、第一承租人(第二出租人)、第二承租人。故本题选择 A。

9. B　解析：交易业务指银行为满足客户保值或自身风险管理等方面的需要，利用各种金融工具进行的资金交易活动，主要包括外汇交易业务和金融衍生品交易业务。其中，金融衍生片交易业务包括：远期、期货、互换和期权。故本题选择 B。

10. A 解析：A. 远期是指交易双方约定在未来某个特定时间以约定价格买卖约定数量的资产，包括利率远期合约和远期外汇合约。B. 期货是由期货交易所统一制定的、规定在将来某一特定的时间和地点交割一定数量标的物的标准化合约。C. 互换是指交易双方基于自己的比较利益，对各自的现金流量进行交换，一般分为利率互换和货币互换。D. 期权是指期权的买方支付给卖方一笔权利金，获得一种权利，可于期权的存续期内或到期日当天，以执行价格与期权卖方进行约定数量的特定标的的交易。故本题选择 A。

二、多项选择题

1. ABCDE 解析：目前，国际上最常见的划分中间业务种类的依据是收入来源标准，美国银行业根据收入来源将中间业务分为以下五类：一是信托业务，指信托部门产生的交易和服务收入；二是投资银行和交易业务，指证券承销、从事金融交易活动所产生的收入；三是存款账户服务业务，包括账户维护等；四是手续费类收入，包括信用卡收费、贷款证券化、抵押贷款再融资服务收费、共同基金和年金的销售、自动提款机(ATM)提款收费等；五是其他手续费类收入，包括数据处理服务费、各种资产出售收益等。故本题选择 ABCDE。

2. ABCDE 解析：服务类中间业务真正体现了中间业务的最基本性质，即中介、代理业务、风险低、成本低、收入稳定、安全。故本题选择 ABCDE。

3. ABE 解析：一笔信用证结算业务所涉及的基本当事人有三个，即开证申请人、开证行和受益人。(1) 开证申请人。开证申请人(Opener)是指向银行申请开立信用证的当事人，在国际贸易中，一般是进口商。开证人是信用证业务的发起人。开证人向银行申请开立信用证时，需填写开证申请书、缴纳开证押金。(2) 开证行。开证行(Opening Bank Issuing Bank)即接受开证申请人的委托、开出信用证的银行。开证行一般是进口商所在地的银行。开立信用证的依据是开证申请人填写的开证申请书。信用证一旦开出，开证行承担首要付款责任，而且其付款是终局性的，一经付出，不得追回。开证行可拒付表面上与信用证条款不一致的单据。(3) 受益人。受益人(Bene-ficiary)即信用证指明有权使用信用证的人，一般是出口商。受益人收到信用证后，应对照合同进行核对，对于不符合合同的信用证可要求开证申请人通过开证行改正。故本题选择 ABE。

4. ABCDE 解析：代理类中间业务指商业银行接受客户委托，代为办理客户指定的经济事务，提供金融服务并收取一定费用，是典型的中间业务，包括代理收付业务、代理证券业务、代理保险业务、代理政策性银行业务、代理商业银行业务、代理中央银行业务。(1) 代理收付业务。代理收付业务是指商业银行利用自身的结算便利，接受客户委托代为办理指定款项收付事宜的业务，主要包括代理各项公用事业收费、代理行政事业性收费和财政性收费、代发工资、代扣住房按揭消费贷款等。(2) 代理证券业务。代理证券业务是指商业银行利用自己的资金、网络、技术的专长接受委托，代理发行国家证券、企业债券、金融债券；代发股票红利；代理证券资金的转账清算业务；在债券到期或应付利息时代理兑付等业务。(3) 代理保险业务。代理保险业务是指商业银行接受保险公司的委托，代其办理保险业务的经营活动。(4) 代理政策性银行业务。代理政策性银行业务是指商业银行受政策性银行的委托，代为办理政策性银行因服务网点设置的限制而无法办理的业务，例如，代理贷款项目管理等。(5) 代理商业银行业务。代理商业银行业务是指商业银行之间签订委托代理协议，主要是代理资金清算、代理外币清算业务、代理外币现钞业务等。其中主要是代理结算业务，具体包括代理银行汇票业务和汇兑、委托收款、托收承付业务等其他结算业务。代理汇票业务最具典型性，可分为代理代发银行汇票和代理承兑银行汇票业务。(6) 代理中央银行业务。代理中央银行业务是指根据政策、法规应由中央银行承担，但由于机构设置、专业优势等方面的原因，由中央银行指定或委托商业银行承担的业务。主要包括代理财政性存款、代理国库、代理金银等。故本题选择 ABCDE。

5. BCD 解析：贷款承诺的类型主要包括：定期贷款承诺、备用贷款承诺、循环贷款承诺。(1) 定期贷款承诺。在定期贷款承诺下，借款人可以全部或部分地提用承诺金额，但仅能提用一次。如果借款人不能在规定的期限内提用所承诺的全部资金，那么承诺金额实际就降至已提用的金额为止。(2) 备用贷款承诺。备用贷款承诺有以下三种：① 直接的备用承诺，在这种备用承诺下，借款人可以多次提用承诺，一次提用部分贷款并不失去对剩余承诺在剩余有效期内的提用权利，然而一旦借款人开始偿还贷款，尽管偿还发生在承诺到期之前，已偿还部分也不能被再次提用；② 递减的备用承诺，这种备用承诺是在直接备用承诺的基础上，附加承诺额度将定期递减的规定，当剩余未使用的承诺不足以扣减时，银行可要求借款人提前偿还本金，以补足扣减的承诺额；③ 可转换的备用承诺，这是在直接备用承诺的基础上，附加一个承诺转换日期规定，在此日期之前，借款人可按直接备用承诺多次提用，如果一直未用，那么在此日期之后，备用承诺将变成定期贷款承诺，仅能提用一次。如果此日期前已发生了提用，那么在此日期后，承诺额就降至已提用而又未偿还的金额为止，未提用部分失效。(3) 循环贷款承诺。循环贷款承诺是指借款人在承诺有效期内可以多次提用，并且可以反复使用已偿还的贷款。只要借款人在某一时点上使用的贷款不超过全部承诺额即可。故本题选择 BCD。

6. AC 解析：银行信托业务的基本类型包括：(1) 按照委托人的不同身份划分，银行信托业务一般可以划分为个人信托业务、公司信托业务与社会公共团体信托业务。(2) 按照委托人委托的不同资财划分，银行信托业务一般可以划分为货币信托业务与非货币信托业务。(3) 按照委托人所选择的不同信托方式划分，银行信托业务一般可以划分为公益信托业务、财产信托业务、职工福利信托业务、投资信托业务与融资信托业务。故本题选择 AC。

7. ABCDE 解析：用于进出口贸易的履约保函，又可分为进口履约保函和出口履约保函两种。(1) 进口履约保函。进口履约保函是指银行(保证人)应进口商(委托人)的申请，开给出口商的信用文件。如出口商按合同交货后，进口商未能按期付款，则由银行负责偿付一定金额的款项。(2) 出口履约保函。出口履约保函是指银行(保证人)应出口商(委托人)的申请，开给进口商(受益人)的信用文件。如出口商未能按期交货，则银行负责赔偿进口商的损失。(3) 还款保函。还款保函又称预付款保函或退还预付款保函，是银行应供货人或承包商的委托向买方或业主开出的保证书。保证在委托人未能按合同规定发货或未能按合同规定使用预付款时，由银行退还受益人已经支付的全部或部分预付款本息。(4) 付款保函。付款保函是指外国贷款人要求借款人提供的到期一定还款的保证书；或在凭货物付款而不是凭单付款的交易中，进口方向出口方提供的银行担保，保证在出口方交货后，或货到后，或货到目的地经买方检验与合同相符后，进口方一定付款，如买方不付，则担保行一定付款；或在技术交易中，买方向卖方提供银行担保，保证在收到与合同相符的技术资料后，买方一定付款，如买方不付，则担保行代为付款。上述三种银行保证书的金额即合同金额。(5) 特殊贸易保函。特殊贸易保函是指担保人为特殊形式的贸易活动出具的保证书。如补偿贸易保函、融资租赁保函以及用于进出口成套设备用的保留款保函。这些贸易的特点主要在于合同的一方获得对方商品形式的融资，而偿还大多不以现金支付为形式，如来料加工、来件装配、来样加工和补偿贸易的偿还，均为产品或加工品等实物形式。故本题选择 ABCDE。

8. ADE 解析：我国商业银行中间业务包括服务类中间业务和或有债权、或有债务类中间业务。服务类中间业务包括：支付结算类中间业务、代理类中间业务、咨询顾问类中间业务、基金类中间业务、保管类中间业务、银行卡业务、理财业务、电子银行业务、金融租赁业务和信托业务。或有债权、或有债务类中间业务包括：银行保函业务、备用信用证、贷款承诺、票据发行便利和交易业务。故本题选择 ADE。

9. ABCDE 解析：客户授信额度是银行确定的在一定期限内对某客户提供短期授信支持的量化控制指标，银行一般要与客户签订授信协议。按照授信形式的不同，可分为贷款额度、开证额度、开立保函额度、开立银行承兑汇票额度、承兑汇票贴现额度、进口保理额度、出口保理额度、进口押汇额度、出口押汇额度等业务品种分项额度。故本题选择 ABCDE。

10. CDE 解析：期货按照交易的标的物(也称基础资产)的不同可分为商品期货和金融期货。标的物是某种商品的，如铜或原油，属于商品期货；标的物是某种金融产品，如外汇、债券、利率、股票指数，属于金融期货。故本题选择 CDE。

三、填空题

1. 服务类中间业务 解析：服务类中间业务主要是指商业银行不运用或较少运用自己的资金，以中间人的身份为客户提供代理收付、委托、保管、咨询等金融服务，并收取手续费。

2. 或有债权、或有债务类中间业务 解析：或有债权、或有债务类中间业务是指不在资产负债表内反映，但在一定条件下会转化为资产或负债业务的中间业务，包括贷款承诺、担保业务、金融衍生业务和投资银行业务等。

3. 信用保函、融资保函 解析：银行保函的种类很多，我国一般按照保函的作用分为信用保函和融资保函两大类。

4. 市场、信用、小得多、佣金 解析：银行开具备用信用证时将面临市场风险与信用风险，但一般情况下较贷款损失要小得多，银行在开立备用信用证时要收取佣金。

5. 只能在期权到期日、可以在买入后到期权到期日之间任何时间 解析：欧式期权的买方只能在期权到期日行使权利；美式期权的买方可以在买入后到期权到期日之间任何时间行使权利。

四、判断题

1. √ 解析：商业银行中间业务即商业银行的中间或中介业务，在这种业务中，商业银行不以信用活动一方的身份出现，只是以中间人的身份出现，它一般不会引起商业银行资产负债的变化，一般不反映在商业银行的资产负债表内。

2. × 解析：根据国际商业银行通行惯例，商业银行的表外业务是指商业银行从事的、按照通行的会计准则不列入资产负债表内，不影响资产负债总额，但能改变当期损益及营运资金，从而影响银行资产收益率的经营活动。

3. × 解析：承诺类中间业务是指商业银行在未来某一日期按照事前约定的条件向客户提供约定信用的业务，包括贷款承诺、透支额度等可撤销承诺和备用信用额度、回购协议、票据发行便利等不可撤销承诺两种。

4. × 解析：虽然信托必须以信用为基础，而且银行在业务经营中直接或者间接地涉及资金融通，但实际上信托只是一种有条件的授权而并不直接涉及债权债务关系。对比银行信用业务，银行信托业务具有财产权的转移性、资产核算的特殊性与收益分配的实绩性。

5. √ 解析：备用信用证是开证行应借款人的要求，以放款人作为信用证的受益人而开具的一种特殊信用证。其实质是对借款人的一种担保行为，保证在借款人破产或不能及时履行义务的情况下，由开证行向受益人及时支付本利。

6. √ 解析：在贷款承诺下，商业银行为客户提供了一种保证，使其在未来一段时期内肯定可以获得所需要的贷款，商业银行则收取一定的费用作为提供这种保证的补偿。客户需要融通资金时，如果市场利率高于贷款承诺中规定的利率，那么客户就会要求商业银行履行贷款承诺；如果市场利率低于贷款承诺中规定的利率，那么客户就会放弃使用贷款承诺，而直接以市场利率借入所需资金，客户损失的仅为前期支付的承诺费或使用费。因此客户拥有是否选择履行贷款承诺的权利。

7. × 解析：即期外汇交易又称为现汇交易或外汇现货交易，是指在交易日后的第二个营业日或成交当日办理实际货币交割的外汇交易。

8. √ 解析：看涨期权是指期权买方在到期日或到期日之前，以固定价格购买标的资产的权利，其授予权利的特征是购买，但不负担必须买进的义务，若放弃行使购买权，则损失期权费；看跌期权是指期权买方在到期日或到期日之前，以固定价格出售标的资产的权利，其授予权利的特征是出售，但不负担必须卖出的义务，若放弃行使购买权，则损失期权费。

9. √ 解析：远期外汇交易是指交易双方在成交后并不立即办理交割，而是事先约定币种、金额、汇率、交割时间等交易条件，到期才进行实际交割的外汇交易，其最大的优点在于能够对冲汇率在未来上升或者下降的风险，因而可以用来进行套期保值或投机。

10. √ 解析：银行保函的交易程序包括：(1) 委托人向商业银行提交开立保函的申请书。(2) 商业银行审查及落实反担保措施。商业银行收到委托人的申请书后，对委托人的资格、履约能力、申请担保项目的合法性和可行性、申请书的内容是否完整准确等进行审查。我国特别强调反担保措施，委托人要交存100%的保证金或提供实物资产抵押或提供担保商业银行认可的金融机构或其他单位作反担保，以承担最终付款责任。(3) 银行出具保函。(4) 保函的展期、修改或撤销。(5) 担保项目的监督管理。(6) 办理赔付。遇到索赔，受益人退回保函正本后方可办理赔付，赔付时要仔细审查保函条款，分清责任，严格按保函的规定办理。办理赔付后，立即向反担保行或申请人追偿。

五、名词解释

1. 表外业务。商业银行的表外业务是指商业银行从事的、按照通行的会计准则不列入资产负债表内，不影响资产负债总额，但能改变当期损益及营运资金，从而影响银行资产收益率的经营活动。

2. 信用证。国内信用证结算业务是指开证行依照申请人的申请开出的，凭符合信用证条款的单据支付的付款承诺。信用证为不可撤销、不可转让的跟单信用证。

3. 支付结算系统。支付结(清)算系统，也称支付系统，是一个国家或地区对交易者之间的债权债务关系进行清偿的系统。具体来讲，它是由提供支付服务的中介机构、管理货币转移的规则、实现支付指令传递及资金清算的专业技术手段共同组成的，用以实现债权债务清偿及资金转移的一系列组织和安排。

4. 银行卡。银行卡是由经授权的金融机构(主要指商业银行)向社会发行的具有消费信用、转账结算、存取现金等全部或部分功能的信用支付工具。

5. 电子银行业务。电子银行业务是指商业银行等银行业金融机构利用面向社会公众开放的通信通道或开放型公众网络，以及银行的特定自助服务设施或客户专用网络，向客户提供的离柜式银行服务。电子银行渠道主要包括网上银行、电话银行、手机银行、自助终端等。

6. 信托。信托的定义如下：(1) 从委托人的角度来看，信托是指财产所有者在对受托人(银行或者金融机构)信任的基础上，委托或者授权受托人按事先约定的要求经营管理其财产并为指定人(受益人)谋取利益的经济行为。(2) 从受托人角度来看，信托是指受托人(银行或者金融机构)凭借自身的信用与经营管理资财的能力，受他人委托或者授权而代为经营管理其资财并为指定人(受益人)谋取利益的经济行为。由于银行在信托业务经营中通常是作为受托人而出现的，因此银行一般是从受托人角度来为信托定性的。

7. 银行保函。银行保函又称保证书，是指商业银行应申请人的请求，向受益人开立的一种书面信用担保凭证，保证在申请人未能按双方协议履行其责任或义务时，由担保人代其履行一定金额、一定时限范围内的某种支付或经济赔偿责任。银行保函是由银行开立的承担付款责任的一种担保凭证，银行根据保函的规定承担付款责任。

8. 备用信用证。备用信用证是开证行应借款人的要求，以放款人作为信用证的受益人而开具的一种特殊信用证。其实质是对借款人的一种担保行为，保证在借款人破产或不能及时履行义务的情况下，由开证行向受益人及时支付本利。

9. 贷款承诺。贷款承诺是指银行承诺客户在未来一定的时期内，按照双方事先约定的条件(如期限、利率、金额、贷款用途等)，应客户的要求，随时提供不超过一定限额的贷款。

10. 票据发行便利。票据发行便利又称票据发行融资安排，它是一种具有法律约束力的中期授信承诺，它是商业银行与借款人之间签订的、在未来一定时期内由银行以承购连续性短期票据的形式向借款人提供信贷资金的协议。票据发行便利是银行对票据发行者的一种承诺，如票据发行者未能按计划卖出应发行的票据，则银行将负责买下剩余的部分，或以贷款方式予以融通。

六、简答题

1. 简述中间业务的基本性质。

答：中间业务的基本性质：(1) 居间的地位。(2) "或有资产""或有负债"性质。(3) 以收取手续费的形式获得收益。(4) 中间业务具有经济效益、社会效益和综合效益。

2. 简述金融租赁的种类与特点。

答：金融租赁业务有如下几类：(1) 直接租赁。直接租赁是由承租人指定设备及生产厂家，委托出租人投入资金购买并提供设备，交承租人使用并由承租人支付租金的租赁形式，这是金融租赁的主要形式。(2) 回租租赁。回租租赁也叫售后回租，又称为返租赁，是指由设备所有者将自己拥有的部分资产(如设备、房屋等)卖给租赁公司，然后再从该租赁公司租回来的租赁业务。回租租赁是当企业资金流通困难时改善企业财务状况非常有效的一种做法。(3) 杠杆租赁。杠杆租赁是一种新发展起来的租赁形式，是一种非常复杂的租赁交易。它是指在一项租赁项目中，设备购置成本的小部分由出租人投资承担，大部分由银行等金融机构投资人提供贷款补足的租赁方式。(4) 转租赁。转租赁是由出租人作为承租人，向其他出租人租赁所需的设备，再将该设备租赁给承租人使用的一种租赁方式。这种租赁方式要涉及三方当事人，包括第一出租人、第一承租人(第二出租人)、第二承租人。

与经营性租赁相比，金融租赁具有如下特点：(1) 金融租赁一般涉及出租人、承租人和供货商三方当事人；(2) 金融租赁要签订两个或两个以上的合同，即租赁合同、购买合同和贷款合同；(3) 金融租赁的标的物是特定设备，由承租人选定设备及供货商；(4) 金融租赁的承租人一般不得中途解除合同；(5) 出租人一般可在一个租期内完全收回投资并盈利；(6) 租赁期满后，承租人一般对设备有留购、续租和退租三种选择。

3. 简述国内信用证的特点。

答：国内信用证具有以下特点：(1) 国内信用证只限于办理转账结算，不得支取现金。(2) 信用证与作为其依据的购销合同相互独立，银行在处理信用证业务时，不受购销合同的约束。(3) 一家银行做出的付款、议付或履行信用证项下其他义务的承诺不受申请人与开证行、申请人与受益人之间关系的制约。受益人在任何情况下，不得利用银行之间或申请人与开证行之间的契约关系。(4) 在信用证结算中，各有关当事人处理的只是单据，而不是与单据有关的货物及劳务。

4. 简述备用信用证的特点。

答：备用信用证有如下特点：(1) 对于开证行而言，备用信用证形成其或有负债，银行只是第二付款人，同时，还具有较低成本性、较高收益性和相对独立性的特点。(2) 对于被担保人而言，备用信用证对其信用水平和融资能力等有强有力的支持作用。(3) 对于受益人而言，备用信用证可以使其避免风险，提高安全性。

5. 简述贷款承诺的优点。

答：对借款人而言，贷款承诺具有如下优点：首先，贷款承诺为其提供了较大的灵活性，获得贷款承诺保证后，借款人可以根据自身的经营情况，灵活地决定使用贷款的金额、期限，从而达到有效、合理地使用资金，减少资金冗余。其次，贷款承诺保证了借款人在需要资金时有资金来源，提高了其资信度，从而可以使其在融资市场处于一个十分有利的地位，降低融资成本。

对承诺银行而言，贷款承诺为其提供了较高的盈利性。因为一般情况下，借款人只是把贷款承诺作为一个后备性的保障，而不会经常使用。因此银行在不需要动用资金的情况下，仅凭信誉实力就可获得收入。

七、论述题

1. 试述商业银行理财业务的分类。

答：商业银行理财业务按照银行的客户划分为对公理财业务和个人理财业务。(1) 对公理财业务。对公理财业务是指商业银行在传统的资产业务和负债业务的基础上，利用技术、信息、服务网络、信用等方面的优势，为机构客户提供财务分析、财务规划、投资顾问、资产管理等专业化服务。(2) 个人理财业务。个人理财业务是指商业银行为个人客户提供的财务分析、财务规划、投资顾问、资产管理等专业化服务。按照管理运作方式不同，个人理财业务可分为理财顾问服务和综合理财服务。① 理财顾问服务是指商业银行向客户提供财务分析与规划、投资建议、个人投资产品推介等专业化服务。② 综合理财服务是指商业银行向客户提供理财顾问服务的基础上，接受客户委托和授权，按照与客户事先约定的投资计划和方式进行投资和资产管理的业务活动。综合理财服务又可分为私人银行业务和理财计划两类。私人银行业务是指向富裕阶层提供的理财业务，它并不限于为客户提供投资理财产品，还包括利用信托、保险、基金等一切金融工具为客户进行个人理财，维护客户资产在收益性、风险性和流动性之间的平衡，同时还包括与个人理财相关的一系列法律、财务、税务、财产继承等专业顾问服务。理财计划是指商业银行在对潜在目标客户群分析研究的基础上，针对特定目标客户群开发设计并销售的资金投资和管理计划。按照客户获得收益方式的不同，理财计划可以分为保证收益理财计划和非保证收益理财计划。

2. 试述国内商业银行中间业务的分类。

答：国内商业银行中间业务分为九类：(1) 支付结算类中间业务。支付结算类业务指由商业银行为客户办理因债权债务关系引起的与货币支付、资金划拨有关的收费业务，如支票结算、进口押汇、承兑汇票等。(2) 银行卡业务。银行卡业务是由经授权的金融机构向社会发行的具有消费信用、转账结算、存取现金等全部或部分功能的信用支付工具。(3) 代理类中间业务。代理类中间业务指商业银行接受客户委托、代为办理客户指定的经济事务、提供金融服务并收取一定费用的业务，包括代理政策性银行业务、代收代付款业务、代理证券业务、代理保险业务、代理银行卡收单业务等。(4) 担保类中间业务。担保类中间业务指商业银行为客户债务清偿能力提供担保，承担客户违约风险的业务，包括银行承兑汇票、备用信用证、各类保函等。(5) 承诺类中间业务。承诺类中间业务指商业银行在未来某一日期按照事前约定的条件向客户提供约定信用的业务，包括贷款承诺、透支额度等可撤销承诺和备用信用额度、回购协议、票据 发行便利等不可撤销承诺两种。(6) 交易类中间业务。交易类中间业务指商业银行为满足客户保值或自身风险管理的需要，利用各种金融工具进行的资金交易活动，包括期货、期权等各类金融衍生业务。(7) 基金托管业务。基金托管业务指有托管资格的商业银行接受基金管理公司委托，安全保管所托管的基金的全部资产，为所托管的基金办理基金资金清算款项划拨、会计核算、基金估值、监督管理人投资运作。(8) 咨询顾问类业务。咨询顾问类业务是商业银行依靠自身在信息和人才等方面的优势，收集和整理有关信息，结合银行和客户资金运动的特点，形成系统的方案提供给客户，以满足其经营管理需要的服务活动，主要包括财务顾问和现金管理业务等。(9) 其他类中间业务。其他类中间业务包括保管箱业务以及其他不能归入以上八类的业务。

3．试述金融租赁的操作流程。

答：以直接租赁为例介绍金融租赁的具体操作规程：(1) 选择租赁设备及其制造厂商。承租企业根据项目的计划要求，确定所需引进的租赁设备。然后选择信誉好、产品质量高的制造厂商，并直接与其谈妥设备的规格、型号、性能、技术要求、数量、价格、交货日期、质量保证和售后服务条件等。(2) 申请委托租赁。承租人首先要选择租赁公司，主要是了解租赁公司的融资能力、经营范围、融资费率等有关情况。选定租赁公司之后，承租人提出委托申请，填写租赁申请表或租赁委托书交给租赁公司，详细载明所需设备的品种、规格、型号、性能、价格、供货单位、预定交货期以及租赁期限、生产安排、预计经济效益、支付租金的资金来源等事项。(3) 技术商务谈判。在租赁公司参与的情况下，承租人与设备厂商进行技术谈判，主要包括设备型号、质量保证、零配件交货期、技术培训、安装调试以及技术服务等方面。同时，租赁公司与设备厂商进行商务谈判，主要包括设备的价款、计价币种、运输方式、供货方式等方面。(4) 签订租赁合同。租赁公司与承租人之间签订租赁合同，租赁合同的主要条款包括租赁物件、租赁物件的所有权、租赁期限、租金及其变动、争议仲裁以及租赁双方的权利与义务等。租赁合同的签订表明承租人获得了设备的使用权，而设备的所有权仍属于租赁公司。(5) 融资及支付货款。租赁公司可用自有资金购买设备，但如果其资金短缺，则可以通过金融机构融通资金，或从金融市场上筹集资金直接向供货厂商支付设备货款及运杂费等款项；也可由租赁公司先将款项提供给承租单位，用于预付货款，待设备到货收到发票后，再根据实际货款结算，转为设备租赁。(6) 交货及售后服务。供货厂商按照购货合同规定，将设备运交租赁公司后转交给承租人，或直接交给承租人。承租人向租赁公司出具租赁设备验收清单，作为承租人已收到租赁设备的书面证明。供货厂商应派工程技术人员到厂进行安装调试，由承租企业验收。(7) 支付租金及清算利息。租赁公司根据承租人出具的设备收据开始计算起租日。由于一些事先无法确定的费用(如银行费用、运费及运输保险费等)，因此租赁公司在支付完最后一宗款项后，按实际发生的各项费用调整原概算成本，并向用户寄送租赁条件变更书。承租企业应根据租赁条件变更通知书支付租金。租赁公司再根据同金融机构签订的融资合同以其租赁费等收入偿还借款和支付利息。(8) 转让或续租。租赁期届满后，租赁公司按合同规定或将设备所有权转让给承租人，或收取少量租金继续出租。若转让设备所有权，则租赁公司必须向承租人签发租赁设备所有权转让书证明该租赁设备的所有权已归属承租人所有。

八、案例分析题

(1) 什么是中间业务？

答：中间业务是指商业银行不动用或不直接运用自己的资金，也不占用或不直接占用客户的资金，以中间人身份替客户办理收付或其他委托事项，提供各类金融服务并收取手续费的业务。

(2) 案例中提到的招商银行的中间业务有哪些？

答：招商银行率先布局银行卡业务和网络服务，相继推出了"一卡通"和"一网通"服务；招行开创了金葵花理财业务；招商积极推出招商银行 App 和掌上生活 App，使得招商银行移动银行业务不断增加。

(3) 中间业务有哪些特点？

答：商业银行中间业务有以下特点：一是少资产性。商业银行办理中间业务时，通常不以商业银行资金买卖为手段，只是利用自身的银行信用、金融信息、服务网络、管理技术等方面的优势，特别是依靠自身强大的流动资产作为后盾，通过付出一定的人力、物力和承担一定的经济责任，为客户提供服务。二是强代理性。商业银行办理中间业务通常是以接受客户委托的方式开展业务，尤其是在办理代理、担保、承兑、承诺等中间业务时其代理性的特点尤显突出。三是低风险性。在办理中间业务时，商业银行是以中介人或代理人的身份开展业务的，其经营风险主要由委托人来承担；在办理部分中间业务时，商业银行也间接承担一定的风险，但风险相对较低。四是收益稳定性。商业银行在办理中间业务时，通常以收取佣金或手续费的方式获利。中间业务的发展，为商业银行带来了大量的佣金收入和手续费收入。五是种类多、范围广。随着社会经济生活的变化和金融创新的不断涌现，中间业务得到迅速发展，特别是商业银行中间业务已经突破了传统的结算、代收代付范畴，出现了占用客户资金、代客垫付资金、出售银行信用、承担业务风险等信用行为，使中间业务的品种迅速增加，覆盖面迅速扩大。

(4) 谈谈我国商业银行中间业务发展中的不足和策略。

答：我国商业银行中间业务发展中的不足：从总体上看，中间业务发展速度慢，品种单一，范围狭窄；从地区上看，商业银行中间业务发展不平衡，各地之间差距很大。

我国商业银行发展中间业务的策略：第一，要扭转人们对中间业务的片面认识；第二，商业银行要制定加快发展中间业务的实施策略；第三，商业银行要不断开拓创新，提高中间业务效益；第四，加快人才培养步伐，优化中间业务从业人员素质；第五，优化外部环境，统一标准，规范中间业务操作。

第十章　商业银行电子业务管理理论与实务

一、单项选择题

1. B　解析：《电子银行业务管理办法》第二条规定：电子银行业务包括网上银行业务、手机银行业务，以及其他利用电子服务设备和网络，由客户通过自助服务方式完成金融交易的银行业务。故本题选择 B。

2. A　解析：纯电子银行发展模式凭借高科技的发展，不需要设立物理的营业网点便可面向客户办理各项业务。客户只需在互联网上填写一张含有基本信息的申请表，发送至银行，打印申请表并签名，连同存款支票一并寄给银行便可开户。该模式的电子银行节约了人力资源，大幅度降低了经营成本。这也是纯电子银行存款利率较高的原因，在单位产品利润率相同的情况下，纯电子银行可以将节约的大部分经营成本返还给客户。故本题选择 A。

3. B　解析：个人网上银行的特点如下：(1) 即时性。即时性指即时登录、即时开通、即时享用。(2) 全面性。全面性指业务涵盖查询到账资金、转账支付、即时缴纳手机费、网上购物、个人贷款、投资理财等，功能非常强大。(3) 安全性。商业银行网上银行推出动态口令卡和 U 盾的安全措施，提高了产品的安全性，保障了客户的资金安全。故本题选择 B。

4. D　解析：个人网上银行的业务品种主要包括基本网银服务、网上投资、网上购物协助服务、个人理财助理、企业银行及其他金融服务。故本题选择 D。

5. C　解析：手机银行是由手机、GSM 短信中心和银行系统构成的。在手机银行的操作过程中，用户通过 SIM 卡上的菜单对银行发出指令后，SIM 卡根据用户指令生成规定格式的短信开加密，然后指示手机向 GSM 网络发出短信；GSM 短信系统收到短信后，按相应的应用或地址传给相应的银行系统；银行对短信进行预处理，再把指令转换成主机系统格式；银行主机处理用户的请求，并把结果返回给银行接口系统；银行接口系统将处理的结果转换成短信格式，短信中心将短信发给用户。故本题选择 C。

6. D　解析：手机银行并非电话银行，电话银行是基于语音的银行服务，而手机银行是基于短信的银行服务。通过电话银行进行的业务都可以通过手机银行实现，手机银行还可以完成电话银行无法实现的二次交易。例如，银行可以代用户缴付电话、水、电等费用，但在划转前一般要经过用户确认。由于手机银行采用短信息方式，用户随时开机都可以收到银行发送的信息，从而可在任何时间与地点对划转进行确认。故本题选择 D。

7. A　解析：P2P 网络借贷指的是个体和个体之间通过互联网平台实现的直接借贷。

P2P 网络借平台为借贷双方提供信息流通交互、撮合、资信评估、投资咨询、法律手续办理等中介服务，有些平台还提供资金移转和结算、债务催收等服务。故本题选择 A。

8. B 解析：网上银行业务蓬勃发展的同时，各类网络犯罪案件层出不穷，严重影响了人们对网上银行业务的使用，主要有如下四大原因：钓鱼病毒造成的用户信息泄露；虚假网站造成的用户信息泄露；电脑木马病毒中毒造成的用户信息泄露；网上银行自身系统造成的资金丢失。故本题选择 B。

9. D 解析：互联网金融提供了更加便捷和个性化的金融解决方案。利用互联网技术，可以将金融产品"关注用户体验""致力界面友好"等设计理念发挥得淋漓尽致。例如，支付宝可以方便地为消费者提供水费、电费、煤费等交费服务，免除了老百姓排队的烦恼。故本题选择 D。

10. D 解析：在互联网金融模式下，金融资源的可获得性较强，交易成本较低，交易信息相对资源配置趋向于去中介化，这至少将给传统商业银行带来以下影响：弱化商业银行的支付功能；冲击商业银行的贷款业务；加速金融脱媒。故本题选择 D。

二、多项选择题

1. ABCD 解析：电子银行业务是一种新兴技术下的金融业务的科技创新与融合，建立于互联网技术计算机技术的基础之上，为满足人们日益变化的业务需求而产生，而且在为人们提供了便利的金融服务的同时，也极大降低了银行自身的成本。和传统银行相较而言，电子银行业务具有以下特征：(1) 服务方便、高效、可靠；(2) 经营成本低；(3) 渠道及介质的虚拟化；(4) 为客户提供全方位离柜式金融服务。故本题选择 ABCD。

2. BE 解析：电子银行的业务模式有两种：一种是运用信息技术和设施的传统银行电子化模式；另一种是配备强大的人力和财力资源，将传统业务和创新业务推广至互联网上的纯电子银行发展模式。故本题选择 BE。

3. ABCDE 解析：电子银行业务是指商业银行等银行业金融机构利用面向社会公众开放的通信通道或者开放型公众网络，以及银行的特定自助服务设施或客户建立的专用网络，向客户提供的银行服务。狭义的电子银行主要包括网上银行、手机银行、微信银行等涉网银行业务，广义的电子银行主要包括网上银行、电话银行、手机银行、自助银行、微信银行和其他离柜业务。故本题选择 ABCDE。

4. ABDE 解析：个人网上银行是指银行通过互联网，为个人客户提供账户查询、转账汇款、投资理财、在线支付等金融服务的网上银行服务，使客户可以足不出户就能够安全便捷地管理活期和定期存款、支票、信用卡及个人投资等。故本题选择 ABDE。

5. ABCDE 解析：企业网上银行适用于需要实时掌握账户及财务信息、不涉及资金转入和转出的广大中小企业客户。客户在银行网点开通企业电话银行或办理企业普通卡证书后，就可以在柜面或在线自助注册企业网上银行普及版。客户凭普通卡证书卡号和密码即可登录企业网上银行普及版，获得基本的网上银行服务。通常，商业银行的企业网上银行服务包括：账户管理、代收业务、付款业务、B2B 在线支付、投资理财、代理行业务、网上银行信用证业务、票据托管、网上年金服务、集团理财。故本题选择 ABCDE。

6. ABE 解析：手机银行与网上银行相比，优点也比较突出。首先，手机银行有庞大的潜在用户；其次，手机银行须同时经过 SIM 卡和账户双重密码确认之后，方可操作，安全性较好，而网上银行是一个开放的网络，很难保证在信息传递过程中不受攻击。另外，手机银行实时较好，折返时间几乎可以忽略不计。而网上银行进行相同的业务需要一直在线，还将取决于网络拥挤程度与信号强度等许多不确定因素。故本题选择 ABE。

7. ABCDE　解析：自助银行又称无人银行、电子银行，它属于银行业务处理电子化和自动化的一部分，是近年在国外兴起的一种现代化的银行服务方式。它利用现代通信和计算机技术，为客户提供智能化程度高、不受银行营业时间限制的 24 小时全天候金融服务，全部业务流程在没有银行人员协助的情况下完全由客户自己完成，主要包括自动提款机(ATM)、自动存款机(CDM)、销售终端(POS)、多媒体自助终端、自助服务电话等。故本题选择 ABCDE。

8. ABCDE　解析：电子银行业务是商业银行等银行业金融机构利用面向社会公众开放的通信通道或开放型公众网络，以及银行为特定自助服务设施或客户建立的专用网络，向客户提供的银行服务。电子银行业务的特点有：安全可靠、方便实用、结算快捷、强化管理和降低费用。故本题选择 ABCDE。

9. ABCDE　解析：网上银行业务的主要类型包括：(1) 基本网银业务。商业银行提供的基本网上银行服务包括在线查询账户余额、交易记录，下载数据，转账和网上支付等。(2) 网上投资。由于金融服务市场发达，可以投资的金融产品种类众多，国外的网上银行包括股票、期权、共同基金投资和 CDs 买卖等多种金融产品服务。(3) 网上购物。(4) 个人理财助理。(5) 企业银行。企业银行服务是网上银行服务中最重要的部分之一。(6) 其他金融服务。除了银行服务外，大商业银行的网上银行均通过自身或与其他金融服务网站联合的方式，为客户提供多种金融服务产品。故本题选择 ABCDE。

10. CE　解析：按照网络销售平台的不同，基于互联网的基金销售可以分为两类：一是基于自有网络平台的基金销售，实质是传统基金销售渠道的互联网化，即基金公司等基金销售机构通过互联网平台为投资人提供的基金销售服务。二是基于非自有网络平台的基金销售，实质是基金销售机构借助其他互联网机构平台开展的基金销售行为，包括在第三方电子商务平台开设网店销售基金、基于第三方支付平台的基金销售等多种模式。故本题选择 CE。

三、填空题

1. 通信通道、开放型公众网络　解析：电子银行业务是商业银行等银行业金融机构利用面向社会公众开放的通信通道或开放型公众网络，以及银行为特定自助服务设施或客户建立的专用网络，向客户提供的银行服务。电子银行业务主要包括利用计算机和互联网开展的网上银行业务，利用移动电话和无线网络开展的手机银行业务，以及其他利用电子服务设备和网络，由客户通过自助服务方式完成金融交易的网络服务方式。

2. 即时性、业务全面、安全性　解析：个人网上银行的特点有：(1) 即时性。即时性指即时登录、即时开通、即时享用。(2) 业务全面。业务全面指业务涵盖查询到账资金、转账支付、即时缴纳手机费、网上购物、个人贷款、投资理财等，功能非常强大。(3) 安全性。商业银行网上银行推出动态口令卡和 U 盾的安全措施，提高了产品的安全性，保障了客户的资金安全。

3. GSM 短信中心、银行系统 解析：手机银行是由手机、GSM 短信中心和银行系统构成的。在手机银行的操作过程中，用户通过 SIM 卡上的菜单对银行发出指令后，SIM 卡根据用户指令生成规定格式的短信并加密，然后指示手机向 GSM 网络发出短信；GSM 短信系统收到短信后，按相应的应用或地址传给相应的银行系统；银行对短信进行预处理，再把指令转换成主机系统格式；银行主机处理用户的请求，并把结果返回给银行接口系统；银行接口系统将处理的结果转换成短信格式，短信中心将短信发给用户。

4. 自助 解析：自助银行又称无人银行、电子银行，它属于银行业务处理电子化和自动化的一部分，是近年在国外兴起的一种现代化的银行服务方式。它利用现代通信和计算机技术，为客户提供智能化程度高、不受银行营业时间限制的 24 小时全天候金融服务，全部业务流程在没有银行人员协助的情况下完全由客户自己完成。

5. 支付、云计算、社交网络 解析：互联网金融是指依托于支付、云计算、社交网络以及搜索引擎等互联网工具，实现资金融通、支付和信息中介等业务的一种新兴金融。互联网金融不是互联网和金融业的简单结合，而是在实现安全、移动等网络技术水平上，被用户熟悉、接受(尤其是对电子商务的接受)后，自然而然为适应新的需求而产生的新模式及新业务，是传统金融行业与互联网精神相结合的新兴领域。

6. 个体、个体、直接 解析：P2P 网络借贷指的是个体和个体之间通过互联网平台实现的直接借贷。P2P 网络借贷平台为借贷双方提供信息流通交互、撮合、资信评估、投资咨询、法律手续办理等中介服务，有些平台还提供资金移转和结算、债务催收等服务。

7. 计算机 解析：互联网金融业务主要由计算机处理，操作流程完全标准化，客户不需要排队等候，业务处理速度更快，用户体验更好。如阿里小贷依托电商积累的信用数据库，经过数据挖掘和分析，引入风险分析和资信调查模型，商户从申请贷款到发放只需要几秒钟，日均可以完成贷款 1 万笔，成为真正的"贷款工厂"。

8. 简单、小额支付 解析：从目前手机银行所提供功能来看，与网上银行相比，手机银行的功能相对简单，而且以小额支付为主，这主要受目前有关技术环境和条件的影响。一是由于整个手机银行的交易过程涉及手机终端厂商、移动运营商、银行和客户，整个生产链比较长，因此任何一个环节对数据和技术的不兼容都会影响客户的正常使用。二是网络环境的制约。

9. B2B 在线支付 解析：B2B 在线支付是专门为电子商务活动中的卖方和买方提供的安全、快捷、方便的在线支付结算服务。

10. 网络银行、虚拟银行、金融服务 解析：网上银行又称网络银行或虚拟银行，是指银行以互联网作为传输渠道，向客户提供金融服务的方式。它有两个层次的含义：一个是机构概念，指通过信息网络开办业务的银行；另一个是业务概念，指银行通过信息网络提供的服务，包括传统银行业务和因信息技术应用而带来的新兴业务。

四、判断题

1. √ 解析：电子银行不需要开设柜台服务，只需要利用网络技术就可以构建自己的银行网站。电子银行的使用客户只需要账户和密码就可以进行相应的金融业务操作，取代了传统的面对面纸质化的业务办理形式，形成了自主化的服务方式。这种虚拟化的服务形式也是电子银行最主要的特点，将传统的物理网点及银行卡介质等完全取代。

2. × 解析：根据已有的研究和统计表明，电子银行经营成本仅不到经营收入的20%，远低于普通银行的60%。虽然在电子银行前期有着较大投入，但是从长远而言，除了简单必要的系统维护和升级的费用外，在其他方面的成本投入几乎很少。

3. × 解析：目前电子银行业务规模还较小，盈利能力也较弱。而传统银行由于经过长时间的发展、壮大，拥有了大量而稳定的客户群，银行可以依托此种优势向客户进行网上银行、手机银行等业务的宣传。同时，由于之前的银行卡在客户中已经得到普及，因此可以直接开通这些卡的网银功能，使得这些潜在的客户转为有效客户，对虚拟网点业务的开展起到积极的促进作用。

4. × 解析：纯电子银行发展模式凭借高科技的发展，不需要设立物理的营业网点便可面向客户办理各项业务。客户只需在互联网上填写一张含有基本信息的申请表，发送至银行，打印申请表并签名，连同存款支票一并寄给银行便可开户。该模式的电子银行节约了人力资源，大幅度降低了经营成本。这也是纯电子银行存款利率较高的原因，在单位产品利润率相同的情况下，纯电子银行可以将节约的大部分经营成本返还给客户。

5. × 解析：从目前手机银行所提供功能来看，与网上银行相比，其功能相对简单，而且以小额支付为主，这主要受目前有关技术环境和条件的影响。一是由于整个手机银行的交易过程涉及手机终端厂商、移动运营商、银行和客户，整个生产链比较长，因此任何一个环节对数据和技术的不兼容都会影响客户的正常使用。二是网络环境的制约。手机银行应用的基础是无线网络，而无线网络相对有线网络的带宽窄，容易产生信息阻塞，且稳定性比较差。这些都对手机银行的应用推广形成一定的制约。

6. √ 解析：外币兑换机的主要服务对象为外国游客和有外汇收入的居民。外币兑换机能识别多种不同的货币，在兑换过程中自动累计总数，然后按照汇率进行兑换。

7. × 解析：自助银行又称无人银行、电子银行，它属于银行业务处理电子化和自动化的一部分，是近些年在国外兴起的一种现代化的银行服务方式。它利用现代通信和计算机技术，为客户提供智能化程度高、不受银行营业时间限制的24小时全天候金融服务，全部业务流程在没有银行人员协助的情况下完全由客户自己完成。

8. × 解析：互联网金融是指依托于支付、云计算、社交网络以及搜索引擎等互联网工具，实现资金融通、支付和信息中介等业务的一种新兴金融。互联网金融不是互联网和金融业的简单结合，而是在实现安全、移动等网络技术水平上，被用户熟悉、接受(尤其是对电子商务的接受)后，自然而然为适应新的需求而产生的新模式及新业务，是传统金融行业与互联网精神相结合的新兴领域。

9. √ 解析：互联网支付是指通过计算机、手机等设备，依托互联网发起支付指令、转移资金的服务。其实质是新兴支付机构作为中介，利用互联网技术在付款人和收款人之间提供的资金划转服务。典型的互联网支付机构是支付宝。

10. × 解析：众筹融资是指通过网络平台为项目发起人筹集从事某项创业或活动的小额资金，并由项目发起人向投资人提供一定回报的融资模式。众筹融资平台扮演了投资人和项目发起人之间的中介角色，使创业者从认可其创业或活动计划的资金供给者中直接筹集资金。按照回报方式不同，众筹融资分为以下两类：一是以投资对象的股权或未来利润作为回报；二是以投资对象的产品或服务作为回报。

五、名词解释

1. 电子银行业务。电子银行业务是商业银行等银行业金融机构利用面向社会公众开放的通信通道或开放型公众网络，以及银行为特定自助服务设施或客户建立的专用网络，向客户提供的银行服务。

2. 自助银行。自助银行是指不需要银行职员帮助、客户通过电子计算机设备实现自我服务的银行。

3. 网上银行。网上银行又称网络银行或虚拟银行，是指银行以互联网作为传输渠道，向客户提供金融服务的方式。它包含两个层次的含义，一个是机构概念，指通过信息网络开办业务的银行；另一个是业务概念，指银行通过信息网络提供的服务，包括传统银行业务和因信息技术应用而带来的新兴业务。

4. 互联网金融。互联网金融是指依托于支付、云计算、社交网络以及搜索引擎等互联网工具，实现资金融通、支付和信息中介等业务的一种新兴金融业务模式。

5. 手机银行。手机银行也称为移动银行(Mobile Banking)，是利用移动通信网络及终端办理相关银行业务的简称。

6. 代收业务。代收业务是指银行为收费企业提供的向其他企业或个人客户收取各类应缴费用业务。通常只有事先签订收费企业、缴费企业或个人、银行三方协议后，银行才提供此项业务。

7. 投资理财。投资理财是银行通过提供基金、证券、外汇等系列投资理财产品，满足不同企业客户进行各种投资需要，实现企业资金保值、增值的金融服务。

8. 个人网上银行。个人网上银行是指银行通过互联网，为个人客户提供账户查询、转账汇款、投资理财、在线支付等金融服务的网上银行服务。使客户可以足不出户就能够安全便捷地管理活期和定期存款、支票、信用卡及个人投资等。

9. 企业网上银行。企业网上银行适用于需要实时掌握账户及财务信息、不涉及资金转入和转出的广大中小企业客户。

10. 贷款证券化。贷款证券化是指商业银行通过一定程序将贷款转化为证券发行的总理资过程。

六、简答题

1. 简述传统银行与电子银行业务的区别。

答：相对于传统的银行业务，电子银行业务有着众多的优势，对银行客户的开发和利用能够起到十分重要的作用，而且还能有效降低成本，提高业务效率，具体来说，电子银行业务有如下优势：(1) 可以有效降低银行的成本。降低银行成本体现在如下几个方面：将部分客户分流到电子银行中进行业务办理，可以有效减少对柜面以及相关服务人员的需求，这样可以节约相当多的租赁费以及业务人员费；同样的业务，在柜台进行办理的时间比通过电子银行进行办理的时间多得多，因而，电子银行业务可以提高效率，从而减少银行的成本。(2) 有利于拓宽客户渠道，增加客流量。通过电子银行业务，不但解决了可能出现的排队拥挤问题，还在柜面业务的基础上增加了许多新的业务，或是将多种金融业务进行融合，使得能够满足不同的客户群体的业务需求。(3) 有利于银行的人员结构调整。在传统的银行业务开展过程中，必须要有多种不同工作性质不同工作岗位的人员分别开展工作，不利于管理。电子银行业务的开展，可以优化组织结构，提高服务质量，有利于进行针对性的服务和市场的开拓。(4) 有利于银行做到精细化管理。电子银行业务对客户的各项交易过程信息进行详尽的记录，并将其传输到银行既定的数据库中。这样便于对客户的管理，防止客户的流失，对客户的管理做到精细化管理。

2. 自助银行有哪些机器设备及主要功能？

答：(1) 自动提款机。自动提款机就是常说的 ATM(Automatic Teller Machine)。自动提款机是自助银行最普遍的机器设备，其主要的功能就是提供最基本的一种银行服务，即出钞交易。此外，在自动提款机上也可以进行账户查询、密码修改等业务。(2) 自动存款机。自动存款机能实时将客户的现金存入账户，这种功能其实就是自动取款的反向操作。(3) 存折补登机。存折补登机是一种方便客户存折更新需要的自助服务终端设备。(4) 多媒体查询机。多媒体查询机利用触摸屏技术提供设备说明、操作指导、金融信息、业务查询等多种服务，其中包括外汇牌价、存贷款利率等信息。(5) 外币兑换机。外币兑换机能识别多种不同的货币，在兑换过程中自动累计总数，然后按照汇率进行兑换。(6) 外汇买卖、银证转账。客户在银行的营业柜台办理外汇买卖、银证转账交易开通手续。客户根据相应外汇信息，通过自助银行终端直接进行外汇买卖交易。(7) 缴纳公用事业费。当前不少银行的自助终端都能提供公用事业费的缴纳服务。

3. 互联网金融有什么特点？

答：在互联网金融模式下，因为有搜索引擎、大数据、社交网络和云计算技术等的存在，市场信息不对称程度非常低，市场充分有效，接近一般均衡定理描述的无金融中介状态。互联网金融与传统金融相比具有显著的特征。具体如下：(1) 成本低。在互联网金融模式下，资金供求双方可以通过网络平台自行完成信息甄别、匹配、定价和交易，无传统中介、无交易成本、无垄断利润客户不需要排队等候，业务处理速度更快，用户体验更好。(2) 效率高。互联网金融业务主要由计算机处理，操作流程完全标准化使得客户不需要排队等位，业务处理速度更快，用户体验更好。(3) 覆盖广。在互联网金融模式下，客户能够突破时间和地域的约束，在互联网上寻找需要的金融资源，金融服务更直接，客户基础更广泛。(4) 发展快。依托于大数据和电子商务的发展，互联网金融得到了快速增长。(5) 管理弱。管理弱包括两方面：一是风控弱。互联网金融还没有接入中国人民银行征信系统，也不存在信用信息共享机制，不具备类似银行的风控、合规和清收机制，容易发生各类风险问题。二是监管弱。互联网金融在中国处于起步阶段，还没有监管和法律约束，缺乏准入门槛和行业规范，整个行业面临诸多政策和法律风险。(6) 风险大。互联网金融的风险主要来自于两方面：一是信用风险。现阶段中国信用体系尚不完善，互联网金融的相关法律还有待配套，互联网金融违约成本较低，容易诱发恶意骗贷、卷款跑路等风险问题。二是网络安全风险。在互联网发达的时代，网络金融犯罪问题不容忽视。一旦遭遇黑客攻击，互联网金融的正常运作会受到影响，危及消费者的资金安全和个人信息安全。

4. 简述互联网支付的模式。

答：互联网支付模式主要分为三类：一是客户通过支付机构链接到银行网银，或者在计算机、手机外接的刷卡器上刷卡，划转银行账户资金。资金仍存储在客户自身的银行账户中，第三方支付机构不直接参与资金划转。二是客户在支付机构开立支付账户，将银行账户内的资金划转至支付账户，再向支付机构发出支付指令。支付账户是支付机构为客户开立的内部账务簿记，客户资金实际上存储在支付机构的银行账户中。三是快捷支付模式，支付机构为客户开立支付账户，客户、支付机构与银行三方签订协议，将银行账户与支付账户进行绑定，客户登录支付账户后可直接管理银行联户内的资金。该模式是资金存储在客户的银行账户中，但是资金操作指令通过支付机构发出。

七、论述题

1. 互联网金融背景下，商业银行面临的挑战有哪些？商业银行应该如何应对？

答：随着互联网和电子商务的发展，互联网第三方支付平台交易量、虚拟货币的发行和流通量将越来越大，涉及的用户越来越多，第三方支付已经成为一个庞大的金融产业。互联网金融模式在飞速发展、推动商业银行变革的同时，在不断蚕食着传统商业银行业的版图，互联网金融正在对传统商业银行造成全面冲击。

互联网金融给商业银行带来的冲击。在互联网金融模式下，金融资源的可获得性较强，交易成本较低，交易信息相对对称，资源配置趋向于去中介化。这至少将给传统商业银行带来以下影响：(1) 弱化商业银行的支付功能。互联网金融模式下的支付方式主要分为互联网支付和移动支付。(2) 冲击商业银行的贷款业务。贷款业务是商业银行最重要的资产业务，也是商业银行的主要盈利手段。(3) 加速金融脱媒。金融脱媒指的是在金融管制的情况下，资金供给绕开商业银行体系，直接输送给需求方和融资者，完成资金的体外循环。

商业银行运用互联网思维和技术深化银行金融服务。互联网金融在给商业银行带来冲击和挑战的同时蕴藏着机遇。商业银行在关注互联网金融发展动向的同时，如果能借助保持互联网思维和技术实现金融互联网化，就能提升自己的优势，弥补自身的不足，化解以互联网金融带来的冲击，在更好地支持和服务实体经济的基础上，求得自身的转型与发展。(1) 加强数据的挖掘和积累，实现金融互联网化。互联网金融的优势就在于对数据的挖掘和积累，即通过特定的网络技术构架对海量数据进行自助分析，从而揭示数据之间隐藏的关系、模式和趋势，再提供相应的服务。(2) 提升客户体验及满意度，增强服务的便利性。互联网金融异军突起的另一个重要原因是提供了更加便捷和个性化的金融解决方案。(3) 加强与互联网企业合作，实现资源共享。在现实中，互联网企业需要金融，金融业需要互联网。商业银行和互联网企业合作，可以共享商户资源、客户信息和跨界人才，还可以实现优势互补，创造共赢的局面。

2. 试论述 P2P 网络借贷在我国的发展状况、面临的主要风险、如何防范这些风险。

答：P2P 网络借贷是新金融业态的典型代表，也是互联网金融的重要组成部分。近几年，随着我国互联网金融的普及，P2P 网络借贷逐渐发展，使传统银行难以覆盖的借款人利用互联网和移动通信等现代信息技术，跨时间、跨地域、不受渠道限制，在虚拟世界里能充分享受贷款的高效与便捷。

我国 P2P 网络借贷面临的主要风险：(1) 信用风险。信用风险即借款人到期不愿或无力偿还其足额债务，而为债权人带来的风险，又称违约风险。(2) 欺诈风险。近几年，我国 P2P 网络借贷中网贷机构诈骗投资人资金的现象频发，P2P 网络借贷存在着极大的欺诈风险。(3) 信息安全风险。P2P 网络借贷交易前，借款人需向网贷平台提供自己的信用证明材料，包括身份、财产信息及个人信用报告等。(4) 操作风险。操作风险是由不完善的操作程序、系统或人为因素而导致 P2P 网络借贷平台产生直接或间接损失的风险。

我国 P2P 网络借贷风险的防范措施。(1) 引入信用评级机构，完善网贷平台评价体系。为了有效评估 P2P 网贷平台与客户的信用风险，我国应引入信用评级机构，进而促进 P2P 行业的信用评价体系的完善。(2) 引入第三方存管制度，提升资金管理安全性。引入第三方存管制度，能够强化 P2P 行业的资金管理与监督，有效降低 P2P 行业的资金流转风险。(3) 建立网贷平台档案数据库，提高行业信息披露水平。行业信息披露是 P2P 网贷实现互联网金融市场"三公"原则的基础，同时是维护投资者利益的基本保证。(4) 实行"负面清单制"管理模式，明确 P2P 网贷禁止行为。为了进一步规范 P2P 网络借贷平台的运作与经营，我国应对其实行"负面清单制"管理模式，严格禁止 P2P 网贷平台开展与金融信息中介无关的业务。(5) 优化 P2P 网贷平台业务流程，降低投资风险及损失。由于我国 P2P 网贷平台的发展规模差异较大，业务流程存在诸多漏洞，使得借款与投资双方均面临着较大的风险与损失。

3. 谈谈互联网金融的潜在风险及风险应对措施。

答：互联网金融的影响和规模的逐渐扩大，在活跃金融市场给人们带来便利的同时，与之产生的互联网金融风险问题也不可避免，因此若要发展互联网金融，应重视其各项风险。

互联网金融的潜在风险如下：(1) 市场监管风险。互联网金融业务具有跨行业、跨部门、业务交叉性强等特征。形成了银行业。证券业务、保险业务以互联网为基础进行深度融合和较差的模式，混业经营使分业监管存在很大困难。跨部门监管协调机制尚不成熟，部门间职能不清，导致互联网金融行业存在很多不规范的领域。(2) 安全风险。互联网金融以互联网为平台，便拥有一定的技术漏洞，存在着技术风险。互联网传输故障、黑客攻击、计算机病毒等因素，促使互联网金融交易面临的风险必须引起足够的重视。中国对互联网金融信用体系的建设也仍处于起步阶段，还存在很多问题，缺少对客户信息资料保密的机制，且在其中的交易过程，具有高程度的虚拟化，真实性不易考证。(3) 法律风险。目前互联网金融行业尚处于无门槛、无标准、无监管的三无状态，导致部分互联网金融产品游走于合法与非法之间，很容易引起法律纠纷。(4) 规模风险。由于互联网金融规模太大、涉及面太广，轻微的技术故障和收益风险都可能会引发投资界的大地震甚至引发群体性事件，从而招致监管层干预，这种规模风险会随着互联网金融规模的扩大而越发明显。(5) 流动性风险。不少用户在赎回高峰时曾遭遇互联网金融资金流动速度过慢的情况，与许多互联网理财产品所宣传的"随时提取"的承诺并不完全符合。(6) 内部管控风险。如今许多的互联网金融企业其公司内部的专业人才储备和管理完善程度如何，对于用户来说并不了解。由于专业能力差劲或对风险预判不足，或内部管理混乱导致亏损等一系列的问题，仍无法产生一个有效的处理方案，因此内部管控风险也是广大消费者需要面对的风险之一。

随着互联网金融的不断发展，互联网金融体系也需要不断地加强和完善，而针对不同主体，也应各自提出相应措施。互联网金融风险应对措施如下：(1) 加强网络监管。建立严格的审查机制和市场准入制度。将互联网金融企业由审批制逐渐过渡到备案制，列出负面清单，尽快建立存款保险制度，探索保护投资者利益的机制，加强个人信息保护，严厉打击非法买卖个人信息行为，尽快建立相关的法律作保障。(2) 统一监管体系。构建有效统一的互联网金融监管体系，促进互联网金融稳健发展互联网金融市场代表着金融产品与服务的发展方向。(3) 建立健全法律法规。建立完善的法律体系，规范互联网金融业务是完善互联网金融的法律体系。尽快对网络信贷、众筹融资等新型互联网金融形式建立全面规范的法律法规。

八、案例分析题

答：犯罪分子首先群发手机短信，谎称用户的中行 E 令即将过期，需要升级，并提供一个号称官方网站、实为钓鱼网站的链接。该钓鱼网站与官方网站非常相似，犯罪分子只在页面上加入一个"登录中行网银 E 令升级"的栏目，诱使用户点击。一旦用户根据短信提示，登录到指定的网页并进行相关操作，钓鱼网站将通过早已设置的木马程序，盗取用户的用户名、密码以及动态口令。犯罪分子用木马程序盗取了用户的用户名、密码以及动态口令后，会在极短的时间内，把这些信息输入到正规的中国银行官网，随即将用户账户内的资金瞬间转走。因此，客户一方面需要在电脑上安装防木马程序；另一方面登录网上银行后注意核对页面上的"预留信息"，以防止登录的是钓鱼网站。

网上银行作为银行对外提供交易服务的重要窗口，其安全问题不容忽视。一方面，银行需要加强内部管理，严格按照规程办理业务，严防操作风险；另一方面，银行有责任提醒客户应当安全使用网上银行，不给不法分子做案机会，防止因客户密码泄露、登录钓鱼网站等原因造成资金损失。银行应大力发展和推进网银系统开发建设，一定要以安全为前提，切实做到"人平安，钱安全，资金财产无风险"。

第十一章 商业银行风险管理理论与实务

一、单项选择题

1. B 解析：商业银行面临的风险主要有：信用风险、市场风险、操作风险、流动性风险、国家风险。其中，信用风险是商业银行在业务经营中面临的最基本的风险。信用风险是指债务人或交易对手未能履行合同所规定的义务或信用质量发生变化，影响金融产品价值，从而给债权人或金融产品持有人造成经济损失的风险。但信用风险对基础金融产品和衍生产品的影响不同。对于基础金融产品而言，信任风险造成的损失最多是其债务的全部账面价值。而对衍生产品而言，对于违约造成的损失一般小于衍生品的名义价值，但由于衍生产品的名义价值通常巨大，因此潜在的风险不容忽视。故本题选择 B。

2. C 解析：由于人为错误、技术缺陷或不利的外部事件所造成损失的风险称为操作风险。根据《巴塞尔协议 II》，操作风险可以分为由人员、系统、流程和外部事件所引发的四类风险，并由此分为七种表现形式：内部欺诈、外部欺诈，聘用员工做法和工作场所安全性，客户、产品及业务做法，实物资产损坏，业务中断和系统失灵，交割及流程管理。这七种损失事件还可进一步细化为具体业务活动和操作，使商业银行管理者能够从引起操作风险的具体因素着手，采取有效的管理措施。操作风险普遍存在于商业银行业务和管理的各个方面。操作风险具有非盈利性，它并不能为商业银行带来盈利，商业银行之所以承担它是因为其不可避免，对它的管理策略是在管理成本一定的情况下尽可能降低。同时，操作风险还可能引发市场风险和信用风险。故本题选择 C。

3. B 解析：商业银行风险的不确定性，是指风险因素是否发生的不确定性、发生时间的不确定性和产生的结果的不确定性。商业银行风险是商业银行在经营过程中，由于不确定因素的影响，从而导致银行蒙受经济损失或获取额外收益机会的可能性。故本题选择 B。

4. A 解析：商业银行通常运用的风险管理的方法是：(1) 风险规避。风险规避是指商业银行拒绝或退出某一业务或市场，以避免承担该业务或市场具有的风险。简单地说就是：不做业务，不承担风险。(2) 风险分散。对于难以规避的风险采取分散策略是商业银行普遍使用的方法。分散策略的目的在于选择多种多样、彼此相关系数小的资产进行搭配组合，以降低整个资产组合中的风险度，确保银行资产的安全性、流动性和盈利性。(3) 风险转移。风险转移是指通过购买某种金融产品或采取其他合法的经济措施将风险转移给其他经济主体的一种风险管理办法。(4) 风险对冲。风险对冲是指通过投资或购买与标的资产收益波动负相关的某种资产或衍生产品，来冲销标的资产潜在的风险损失的一种风险管理策略。故本题选择 A。

5. B 解析：风险管理，从狭义上讲是指风险度量，即对风险存在及发生的可能性、风险损失的范围与程度进行估计和衡量；从广义上讲是指风险控制，包括监测商业银行内部业务活动所引起的风险，依据风险管理的规章来监督银行内部各部门行为是否得当。因此，风险管理可以定义为：研究风险发生的规律和风险控制的技术，通过运用各种风险管理技术和方法，有效控制和处置所面临的各种风险，从而达到通过最小的成本获得最大安全保障的目的。故本题选择 B。

6. A 解析：商业银行的风险对冲可以分为自我对冲和市场对冲两种情况。自我对冲是指商业银行利用资产负债表或某些具有收益负相关性质的业务组合本身所具有的对冲特性进行风险对冲。市场对冲是指对于无法通过资产负债表和相关业务调整进行自我对冲的风险，通过衍生产品市场进行对冲。风险对冲对管理市场风险(利率风险、汇率风险、股票风险和商品风险)非常有效。由于近年来信用衍生产品的不断创新和发展，因此风险对冲也被广泛用来管理信用风险。故本题选择 A。

7. B 解析：目前，操作风险的概念还存在着较大的争议，不同的国家有不同的认识，甚至同一个国家不同的银行的看法也不一样，但大体一致。巴塞尔委员会根据英国银行家协会、国际掉期和衍生品交易委员会及普华永道咨询公司的意见，将操作风险定义为"由不完善或有问题的内部程序、人员及系统技术或外部事件所造成的风险"。故本题选择 B。

8. A 解析：操作风险按其成因主要分为人员因素、内部流程、系统技术和外部事件。内部流程引起的操作风险是指由于商业银行业务流程缺失、设计不完善或者没有严格执行而造成的损失，主要包括财务错误，文件合同、成品设计缺陷等。故本题选择 A。

9. C 解析：巴塞尔委员会认为，资本约束并不是控制操作风险的最好方法，对付操作风险的第一道防线，应该是操作风险的内部控制。由此可见，健全的内部控制是商业银行有效识别和防范操作风险的重要手段。中国人民银行公布的《商业银行内部控制指引》中指出，健全有效的内部控制涉及内部控制环境、风险识别与评估、内部控制措施、信息交流与反馈以及监督评价与纠正五个要素；同时，这五个要素贯穿于决策、建设与管理、执行与操作、监督与评价、改进五个环节中。故本题选择 C。

10. A 解析：商业银行操作风险管理是在确定商业银行操作风险的成因、正确评估风险的基础上，实施风险监测和控制的一系列过程。风险控制和风险缓释是操作风险管理的中心环节。故本题选择 A。

二、多项选择题

1. ABCE 解析：商业银行风险的特征有：(1) 商业银行风险的不确定性。风险是客观的、普遍的，但就某一具体风险损失而言其发生是不确定的，是一种随机现象。(2) 商业银行的客观性。风险是一种不以人的意志为转移，独立于人的意识之外的客观存在，超过人们主观意识所存在的客观规律。商业银行的风险同样具有客观性，只能在一定的时间和空间内改变风险存在和发生的条件，降低风险发生的频率和损失程度。但是，从总体上说，风险是不可能彻底消除的。(3) 商业银行风险的普遍性。商业银行的发展历史就是与各种风险相伴的历史。自从银行出现后，就面临着各种各样的风险，如银行面临着自然风险、市场风险、技术风险、政治风险等，甚至面临国家和政府风险。商业银行的风险无处不在，无时不有。(4) 商业银行风险的可测定性。商业银行的个别风险的发生是偶然的、不可预知的，但通过对大量风险数据观察会发现，风险往往呈现出明显的规律性。故本题选择ABCE。

2. ABCD 解析：商业银行市场风险包括利率、汇率、股票价格和商品价格等的不变动而使银行表内和表外业务发生损失的风险。具体如下：(1) 利率风险。利率风险是指市场利率的变动使银行资产与负债产生的损失或收益的不确定性。当利率出现不利波动时，银行的财务状况可能变坏，反之，银行的财务状况可能变好。按照来源不同，利率风险可以划分为重新定价风险、收益率曲线风险、基准风险和期权性风险。(2) 汇率风险。汇率风险是指由于汇率的不利变动而导致银行业务发生损失的风险。汇率风险一般由银行从事以下活动而产生：一是商业银行为客户提供外汇交易服务或进行自营外汇交易活动(如外汇远期、期货、互换和期权等金融合约的买卖)；二是商业银行银行账户中的外币业务活动(如外币存款、贷款、债券投资、跨境投资等)。(3) 股票价格风险。股票价格风险是指由于商业银行持有的股票价格发生不利变动而给商业银行带来损失的风险。(4) 商品价格风险。商品价格风险是指商业银行所持有的各类商品的价格发生不利变动而给商业银行带来损失的风险。这里的商品包括可以在二级市场上交易的某些实物产品，如农产品、矿产品(包括石油)和贵金属等。故本题选择 ABCD。

3. ACDE 解析：商业银行风险管理的方法包括：(1) 风险规避。风险规避是指商业银行拒绝或退出某一业务或市场，以避免承担该业务或市场具有的风险。(2) 风险分散。对于难以规避的风险采取分散策略是商业银行普遍使用的方法。(3) 风险转移。风险转移是指通过购买某种金融产品或采取其他合法的经济措施将风险转移给其他经济主体的一种风险管理办法。(4) 风险对冲。风险对冲是指通过投资或购买与标的资产收益波动负相关的某种资产或衍生产品，来冲销标的资产潜在的风险损失的一种风险管理策略。故本题选择ACDE。

4. BCDE 解析：巴塞尔委员会根据英国银行家协会、国际掉期和衍生品交易委员会及普华永道咨询公司的意见，将操作风险定义为"由不完善或有问题的内部程序、人员及系统技术或外部事件所造成的风险"。操作风险按其成因主要分为人员因素、内部流程、系统技术和外部事件。人员因素引起的操作风险是指因商业银行员工发生内部欺诈、失职违规以及因员工的知识或技能匮乏、核心员工的流失、商业银行违反用工法等造成损失或者不良影响而引起的风险。故本题选择 BCDE。

5. AC 解析：商业银行市场风险市值因市场价格，包括利率、汇率、股票价格和商品价格等的不利变动而使银行表内和表外业务发生损失的风险。市场风险存在于银行的交易和非交易业务中。过去，在金融市场价格比较稳定的背景下，人们更多注重的是金融市场的信用风险，而几乎不考虑市场风险的因素。20 世纪 70 年代初，布雷顿森林体系崩溃，浮动汇率制下的汇率、利率等产品价格的变动日益趋向频繁和无序；进入 80 年代后，金融创新的迅猛发展，以及世界各国金融自由化的浪潮，使得金融市场的波动更加剧烈，这些给商业银行和金融系统带来巨大的风险。此外，银行还面临所持有的股票价格波动风险和所持有的商品价格风险。其中商业银行最主要面临的有利率风险和汇率风险。故本题选择AC。

6. AD 解析：风险转移是指通过购买某种金融产品或采取其他合法的经济措施将风险

转移给其他经济主体的一种风险管理办法。如果风险分散后仍有很大风险存在，那么商业银行就应该利用合法的交易方式和业务手段进行风险转移。风险转移可分为保险转移和非保险转移。保险转移是指为商业银行投保，以缴纳保险费为代价，将风险转移给承保人。当被保险人发生风险损失时，承保人按照保险合同的约定责任给予被保险人经济补偿。出口信贷保险是金融风险保险中较有代表性的品种。非保险转移指利用其他方式将风险合法转移至其他经济主体，如通过贷款的利率政策和抵押放款方式将风险转嫁给别人；采取担保贷款的方式将风险转嫁给担保方；提前或推迟结算结汇，调整合同契约条件等。此外，在金融市场中，某些衍生产品(如期权合约)可看作是特殊形式的保单，为投资者提供了转移利率、汇率、股票和商品价格风险的工具。故本题选择 AD。

7. ABD　解析：商业银行风险管理的方法有：(1)风险规避。风险规避是指商业银行拒绝或退出某一业务或市场，以避免承担该业务或市场具有的风险。(2)风险分散。对于难以规避的风险采取分散策略是商业银行普遍使用的方法。(3)风险转移。风险转移是指通过购买某种金融产品或采取其他合法的经济措施将风险转移给其他经济主体的一种风险管理办法。(4)风险对冲。风险对冲是指通过投资或购买与标的资产收益波动负相关的某种资产或衍生产品，来冲销标的资产潜在的风险损失的一种风险管理策略。故本题选择 ABD。

8. ABC　解析：与信用风险和市场风险相比，操作风险具有以下特点：(1) 从因素来源看，操作风险中的风险因素很大比例上来源于银行的业务操作，属于银行可控范围内的内生风险。单个操作风险因素与操作损失之间并不存在清晰的、可以界定的数量关系。(2) 从覆盖范围看，操作风险管理几乎覆盖了银行经营管理的所有方面的不同风险。既包括发生频率高、但损失相对较低的日常业务流程处理上的小纰漏，也包括发生频率低、但一旦发生就会造成极大损失，甚至危及银行存亡的自然灾害、大规模舞弊等。因此，试图用一种方法来覆盖操作风险的所有领域几乎是不可能的。(3) 从风险与报酬上看，对于信用风险和市场风险而言，风险与报酬存在一一映射关系，也就是高风险的同时会有高收益，或是低风险的同时有较低的收益。这主要是由信用风险和市场风险的特点所决定的，但这种关系并不一定适用于操作风险。(4) 从分布特点看，银行的业务规模大、交易量大、结构变化迅速的业务领域，受操作风险冲击的可能性最大，所造成的损失也愈大，但并不一定是大规模的银行操作风险一定就大，还要考虑银行内部操作系统的健全、控制程序和技术安全等多个方面。故本题选择 ABC。

9. ABDE　解析：外部事件所引起的操作风险是指商业银行在一定的政治、经济和社会环境中面临的外部突发事件影响商业银行的正常经营活动，甚至发生损失的风险。如外部人员故意欺骗或盗用银行的资金等。会计错误属于内部风险。故本题选择 ABDE。

10. ACD　解析：公司治理是现代商业银行稳健运营和发展的核心。完善的公司治理结构，是商业银行有效地防范和控制操作风险的前提。良好的公司治理目标包括：建立独立董事制度，对董事会讨论事项发表客观公正的意见。建立外部监事制度，对董事会董事、高级管理层及其成员进行监督。明确董事会、监事会、高管层和内部相关部门在控制操作风险时的职责：第一，高管层负责具体执行董事会批准的操作风险管理系统；第二，风险管理部门具体执行操作风险管理系统；第三，业务管理部门要定期地向风险管理部就操作风险状况进行报告；第四，内部审计部门要监督操作风险管理措施的贯彻落实，确保业务管理者将操作风险保持在可容忍的程度以下，以及要保证风险控制措施的有效性和完整性。故本题选择 ACD。

三、填空题

1. 信用风险 解析：信用风险是商业银行在业务经营中面临的最基本的风险。信用风险是指债务人或交易对手未能履行合同所规定的义务或信用质量发生变化，影响金融产品价值，从而给债权人或金融产品持有人造成经济损失的风险。

2. 负债、资产 解析：流动性风险是指商业银行无力为负债的减少或资产的增加提供融资而造成损失或破产的风险。流动性风险包括资产流动性风险和负债流动性风险。资产流动性风险是指资产到期不能如期足额收回，进而无法满足到期负债的偿还和新的合理贷款及其他融资需要，从而给商业银行带来损失的风险。负债流动性风险是指商业银行过去筹集的资金，特别是存款资金，由于内外因素的变化而发生不规则波动，对其产生冲击并引发相关损失的风险。

3. 客观性 解析：风险是一种不以人的意志为转移，独立于人的意识之外的客观存在，超过人们主观意识所存在的客观规律。商业银行的风险同样具有客观性，只能在一定的时间和空间内改变风险存在和发生的条件，降低风险发生的频率和损失程度。但是，从总体上说，风险是不可能彻底消除的。

4. 风险规避 解析：风险规避是指商业银行拒绝或退出某一业务或市场，以避免承担该业务或市场具有的风险。简单地说就是：不做业务，不承担风险。在现代商业银行风险管理实践中，风险规避，要通过经济资本配置来实现。

5. 风险对冲 解析：风险对冲是指通过投资或购买与标的资产收益波动负相关的某种资产或衍生产品，来冲销标的资产潜在的风险损失的一种风险管理策略。商业银行的风险对冲可以分为自我对冲和市场对冲两种情况。

6. 信用风险 解析：信用风险是金融市场中最古老，也是最重要的风险形式之一，它是商业银行所面临的主要风险。信用风险直接影响到现代社会经济生活的各个方面，也影响到一个国家的宏观经济决策和经济发展，甚至影响全球经济的稳定与协调发展。

7. 最低资本充足率、监督检查、市场约束 解析：《巴塞尔新资本协议》不仅构建了最低资本充足率、监督检查、市场约束三大支柱，明确最低资本充足率覆盖了信用风险，而且对信用风险的计量提出了标准法、内部评级法初级法、内部评级法高级法三种方法。

8. 信用违约期权、总收益互换、信用联动票据 解析：信用衍生品主要有信用违约期权、总收益互换、信用联动票据等。

9. 重新定价风险、收益率曲线风险、基准风险 解析：利率风险是指市场利率的变动使银行资产与负债产生的损失或收益的不确定性。当利率出现不利波动时，银行的财务状况可能变坏；反之，银行的财务状况可能变好。按照来源不同，利率风险可以划分为重新定价风险、收益率曲线风险、基准风险和期权性风险。

10. 人员因素、系统技术、外部事件 解析：操作风险按其成因主要分为人员因素、内部流程、系统技术和外部事件。

四、判断题

1. √ 解析：中国银监会就《商业银行流动性风险管理办法》借鉴了国际金融监管改革成果，引入流动性覆盖率、净稳定资金比例等监管指标，要求商业银行的流动性覆盖率和净稳定资金比例不低于 100%，商业银行的存贷比应当不高于 75%，流动性比例应当不低于 25%。

2. √ 解析：流动性风险是指商业银行无力为负债的减少或资产的增加提供融资而造成损失或破产的风险。流动性风险包括资产流动性风险和负债流动性风险。资产流动性风险是指资产到期不能如期足额收回，进而无法满足到期负债的偿还和新的合理贷款及其他融资需要，从而给商业银行带来损失的风险。负债流动性风险是指商业银行过去筹集的资金，特别是存款资金，由于内外因素的变化而发生不规则波动，对其产生冲击并引发相关损失的风险。

3. × 解析：风险是一种不以人的意志为转移，独立于人的意识之外的客观存在，超过人们主观意识所存在的客观规律。商业银行的风险同样具有客观性，只能在一定的时间和空间内改变风险存在和发生的条件，降低风险发生的频率和损失程度。但是，从总体上说，风险是不可能彻底消除的。

4. √ 解析：对于难以规避的风险采取分散策略是商业银行普遍使用的方法。分散策略的目的在于选择多种多样、彼此相关系数小的资产进行搭配组合，以降低整个资产组合中的风险度，确保银行资产的安全性、流动性和盈利性。"不要将所有的鸡蛋放在一个篮子里"的古老投资格言形象地说明了这一方法。风险分散策略的具体方法包括数量分散化、授信对象分散化、资产占用用途分散化、资产币别的分散化等。

5. √ 解析：商业银行信息系统主要包括面向客户的业务处理系统和主要供内部管理使用的管理信息系统。在操作风险管理中，信息系统的主要作用在于支持风险评估建立损失数据库，风险指标收集与报告、风险管理和建立资本模型等。商业银行应尽可能地利用信息系统的设定，防范各种操作风险和违法犯罪行为。

6. × 解析：商业银行的操作或服务虽然可以外包，但其最终责任并未被"包"出去，外包服务的最终责任人仍然是商业银行。商业银行对客户和监管者仍然承担着保证服务质量、安全、透明度和管理汇报的责任。所以，一些关键过程和核心的业务，如账务系统、资金交易业务等不应外包出去。过多的外包也会产生额外的操作风险或其他隐患，即流程中的派生风险。

7. × 解析：保险作为操作风险缓释的有效手段，一直是西方商业银行操作风险管理的重要工具。银行管理操作风险中，内部程序和控制也不能完全消除操作风险，商业银行可以通过购买第三方保险来减轻损失。

8. × 解析：巴塞尔委员会认为，资本约束并不是控制操作风险的最好方法，对付操作风险的第一道防线，应该是操作风险的内部控制。由此可见，健全的内部控制是商业银行有效识别和防范操作风险的重要手段。中国人民银行公布的《商业银行内部控制指引》中指出，健全有效的内部控制涉及内部控制环境、风险识别与评估、内部控制措施、信息交流与反馈以及监督评价与纠正五个要素；同时，这五个要素贯穿于决策、建设与管理、执行与操作、监督与评价、改进五个环节中。

9.　√　解析：为了确保内部控制的有效运行，商业银行必须遵循全面、审慎、有效和独立四个内部控制原则。全面，是指商业银行的内部控制必须包括上述的要素和五个环节，进而渗透到商业银行的各项业务过程之中，覆盖所有部门和岗位，任何决策或操作均应有据可查；审慎，就是银行内部必须以防范风险、审慎经营为出发点，商业银行的各项经营管理必须坚持内控优先的要求；有效，是指在为确保内部控制的充分执行，内控存在的问题得到及时发现和纠正，必须赋予内部控制部门高度的权威性；独立，是指面对复杂的环境，银行必须建立独立的内部控制监督评价部门，不断对内部控制进行评估，促进内部控制的改进。

10.　√　解析：合规管理文化是商业银行在长期的发展过程中形成的，是全体员工统一于风险管理方向上的某种思想理念、价值标准、道德规范和行为方式的集合。有效的合规管理文化以商业银行整体文化为背景，以经营价值最大化为目的，贯穿以人为本的经营理念，有机地融合先进的风险管理技术和科学的风险管理手段，在与不断变化的市场、客户的不断博弈中完善政策制度。目前，违规、内部欺骗的损失事件在我国商业银行操作风险中占比超过80%，这说明，合规问题是我国商业银行操作面临的主要问题，也是我国风险管理的核心问题。

五、名词解释

1. 商业银行风险。商业银行风险是商业银行在经营过程中，由于不确定因素的影响，从而导致银行蒙受经济损失或不能获取额外收益机会的可能性。

2. 信用风险。信用风险是指债务人或交易对手未能履行合同所规定的义务或信用质量发生变化，影响金融产品价值，从而给债权人或金融产品持有人造成经济损失的风险。

3. 市场风险。市场风险是指由于市场价格(包括金融资产价格和商品价格)波动而导致商业银行表内、表外头寸遭受损失的风险。

4. 操作风险。操作风险是指由于人为错误、技术缺陷或不利的外部事件所造成损失的风险。

5. 流动性风险。流动性风险是指商业银行无力为负债的减少或资产的增加提供融资而造成损失或破产的风险。

6. 国家风险。国家风险是指经济主体在与非本国居民进行国际经贸与金融往来时，由于别国经济、政治和社会等方面的变化而遭受损失的风险。

7. 违约风险暴露。违约风险暴露是指债务人违约时的预期表内项目和表外项目的风险暴露总额，包括已使用的授信余额、应收未收利息、未使用授信额度的预期提取数量以及可能发生的相关费用等。

8. 信用评级。信用评级是指商业银行对客户未来偿付能力的各种因素及变化趋势进行全面系统考察，在定性分析和定量分析基础上，揭示、评价客户的信用风险及违约可能性。

9. 总收益互换。总收益互换是指总收益卖方将特定参考资产的总收益支付给总收益买方，作为交换，买方支付以浮动利率为基础的总收益给卖方的一种信用衍生工具。

10. 次级贷款。次级贷款是指一些贷款机构向信用程度较差和收入不高的借款人提供的贷款。

六、简答题

1. 简述商业银行风险的特征。

答：商业银行风险具有以下特征：(1) 商业银行风险的不确定性。风险的不确定性，是指风险因素是否发生的不确定性、发生时间的不确定性和产生的结果的不确定性。商业银行的风险同样具有其不确定性，正是由于不确定性风险的存在，决定商业银行风险管理是长期的、持续的以及全面的风险管理。同时，商业银行的风险管理重点是给商业银行带来损失的风险因素。(2) 商业银行风险的客观性。风险是一种不以人的意志为转移，独立于人的意识之外的客观存在，超过人们主观意识所存在的客观规律。商业银行的风险同样具有客观性，只能在一定的时间和空间内改变风险存在和发生的条件，降低风险发生的频率和损失程度。(3) 商业银行风险的普遍性。商业银行的发展历史就是与各种风险相伴的历史。自从银行出现后，就面临着各种样的风险，如银行面临着自然风险、市场风险、技术风险、政治风险等，甚至面临国家和政府风险。商业银行的风险无处不在，无时不有。(4) 商业银行风险的可测定性。商业银行的个别风险的发生是偶然的、不可预知的，但通过对大量风险数据观察会现，风险往往呈现出明显的规律性。

2. 简述市场风险的类型。

答：市场风险的类型有：(1) 利率风险。利率风险是指市场利率的变动使银行资产与负债产生的损失或收益的不确定性。当利率出现不利波动时，银行的财务状况可能变坏，反之，银行的财务状况可能变好。按照来源不同，利率风险可以划分为重新定价风险、收益率曲线风险、基准风险和期权性风险。(2) 汇率风险。汇率风险是指由于汇率的不利变动而导致银行业务发生损失的风险。汇率风险一般由银行从事以下活动而产生：一是商业银行为客户提供外汇交易服务或进行自营外汇交易活动；二是商业银行银行账户中的外币业务活动。(3) 股票价格风险。股票价格风险是指由于商业银行持有的股票价格发生不利变动而给商业银行带来损失的风险。(4) 商品价格风险。商品价格风险是指商业银行所持有的各类商品的价格发生不利变动而给商业银行带来损失的风险。

3. 简述商业银行风险管理的含义和方法。

答：风险管理可以定义为：研究风险发生的规律和风险控制的技术，通过运用各种风险管理技术和方法，有效控制和处置所面临的各种风险，从而达到通过最小的成本获得最大安全保障的目的。

商业银行风险管理的方法：20 世纪 80 年代之后，银行业竞争加剧，存贷利差变窄，金融衍生工具广泛使用，使商业银行面临的风险日益呈现多样化、复杂化。1988 年《巴塞尔资本协议》的出台，标志着国际银行业的全面风险管理原则体系基本形式。具体如下：(1) 风险规避。风险规避是指商业银行拒绝或退出某一业务或市场，以避免承担该业务或市场具有的风险。在现代商业银行风险管理实践中，风险规避，要通过经济资本配置来实现。(2) 风险分散。对于难以规避的风险采取分散策略是商业银行普遍使用的方法。分散策略的目的在于选择多种多样、彼此相关系数小的资产进行搭配组合，以降低整个资产组合中的风险度，确保银行资产的安全性、流动性和盈利性。(3) 风险转移。风险转移是指通过购买某种金融产品或采取其他合法的经济措施将风险转移给其他经济主体的一种风险管理办法。(4) 风险对冲。风险对冲是指通过投资或购买与标的资产收益波动负相关的某种资产或衍生产品,来冲销标的资产潜在的风险损失的一种风险管理策略。商业银行的风险对冲可以分为自我对冲和市场对冲两种情况。

4. 简述现代银行信用风险技术模型。

答:信用风险技术模型的内容如下:(1) 单一客户风险管理技术模型。① RiskCalc 模型。RiskCalc 模型是在传统信用评分技术基础上发展起来的一种适用于非上市公司的违约概率模型,其核心是通过严格的步骤从客户信息中选择出最能预测违约的一组变量,经过适当变换后运用 Logit/Probit 回归技术预测客户的违约概率。② KMV 模型。KMV 模型将股权视为企业资产的看涨期权,以股票的市场数据为基础,利用默顿的期权定价理论,估计企业资产的当前市值和波动率,再根据公司的负债计算出公司的违约点,然后计算借款人的违约距离,最后根据企业的违约概率与预期违约率之间的对应关系,求出企业的预期违约率。③ KPMG 风险中性定价模型。KPMG 风险中性定价理论的核心思想是假设金融市场中的每个参与者都是风险中立者,不管是高风险资产、低风险资产或无风险资产,只要资产的期望收益是相等的,市场参与者对其的态度就是一致的,这样的市场环境被称为风险中性范式。④ 死亡率模型(Mortality Model)。死亡率模型是依据寿险思路开发的,即该模型与确定寿险保费时的方法和思路一致。它以债券或贷款在特定时间段的违约率的组合为基础,根据信用等级分类,开发出一张表格(死亡率表),用该表对债券或贷款的一年的边际死亡率(Marginal Mortality Rate,MMR)和多年的累计死亡率(Cumulative Mortality Rate,CMR)进行预测用来衡量某个特定信用等级的债券或者贷款的违约率。(2) 组合信用风险技术模型。① Credit Metrics 模型。该模型认为,信用风险源自借款人的信用等级的变化,并假定信用评级是有效的。其次,信用工具的市场价值取决于借款人的信用等级,即不同信用等级的信用工具有不同的市场价值,因此,信用等级的变化会带来信用工具价值的相应变化。根据等级转移矩阵所提供的信用工具信用等级变化的概率分布,同时根据不同等级下的给定贴现率计算其信用工具在各信用等级上的市场价值,从而得到信用工具市场价值在不同信用风险状态下的概率分布。最后,模型就达到了用传统的期望和标准差来衡量非交易性资产信用风险的目的。② Credit Portfolio View 模型。该模型在 Credit Metrics 的基础上,对于周期性因素进行了处理,将评级转移矩阵与经济增长率、失业率、利率、汇率、政府支出等宏观经济变量之间的关系模型化,并通过蒙特卡罗模拟技术模拟周期性因素的"冲击"来测定评级转移概率的变化。③ Credit Risk+模型。Credit Risk+模型是瑞士银行金融产品开发部于 1996 年开发的信用风险管理系统,它是应用保险经济学中的保险精算方法来计算债务组合的损失分布的。它是一个违约模型,把信用评级的升降看作是市场风险,在任何时期只考虑违约和不违约这两种事件状态,重点研究期望损失和非期望损失。在 Credit Risk+信用风险附加计量模型中,每一笔贷款被视作小概率违约事件,并且每笔贷款的违约概率都独立于其他贷款,这样,贷款组合违约概率的分布接近泊松分布。

5. 简述操作风险缓释的方法。

答:操作风险缓释的方法主要有:(1) 应急和连续营业方案。连续营业方案就是使得银行在实际的业务构成中不中断实现营业的连续性。这主要通过建立灾难应急恢复和业务连续方案,明确在中断事件中恢复服务的备用机制,确保商业银行在低概率的严重业务中断事件发生时能够执行这些方案。同时,灾难发生时,所选择的应急恢复和业务连续方案应当与实际情况相匹配。充分考虑商业银行的规模、主要业务、受损情况等因素，正确识别出对迅速恢复服务起关键作用的业务程序。(2) 保险。保险作为操作风险缓释的有效手段，一直是西方商业银行操作风险管理的重要工具。银行管理操作风险中，内部程序和控制也不能完全消除操作风险，商业银行可以通过购买第三方保险来减轻损失。保险主要包括：① 商业银行一揽子保险。其主要承担商业银行内部盗窃和欺诈以及外部欺诈风险。② 经理与高级职员责任险。③ 财产保险。其主要承保由于火灾、雷电、爆炸、碰撞等自然灾害引起的银行的财产损失。④ 营业中断保险。其主要承保因设备瘫痪、电信中断等事件所导致的营业中断引发的损失。我国对于银行操作风险类的保险主要是意外事故险和财产险。保险只是操作风险管理的补充手段之一，预防和减少操作风险的发生，最终还是要靠商业银行自身加强风险管理。(3) 业务外包。业务外包就是把一些自身可能会出现操作风险的业务流程，或者一些机构方面的职责外包出去。

七、论述题

与信用风险和市场风险相比，操作风险具有哪些特点？

答：与信用风险和市场风险相比，操作风险具有以下特征：(1) 从因素来源看，操作风险中的风险因素很大比例上来源于银行的业务操作，属于银行可控范围内的内生风险。单个操作风险因素与操作损失之间并不存在清晰的、可以界定的数量关系。(2) 从覆盖范围看，操作风险管理几乎覆盖了银行经营管理的所有方面的不同风险。既包括发生频率高、但损失相对较低的日常业务流程处理上的小纰漏，也包括发生频率低、但一旦发生就会造成极大损失，甚至危及银行存亡的自然灾害、大规模舞弊等。因此，试图用一种方法来覆盖操作风险的所有领域几乎是不可能的。(3) 从风险与报酬上看，对于信用风险和市场风险而言，风险与报酬存在一一映射关系，也就是高风险的同时会有高收益，或是低风险的同时有较低的收益。这主要是由信用风险和市场风险的特点所决定的，但这种关系并不一定适用于操作风险。(4) 从分布特点看，银行的业务规模大、交易量大、结构变化迅速的业务领域，受操作风险冲击的可能性最大，所造成的损失也愈大，但并不一定是大规模的银行操作风险一定就大，还要考虑银行内部操作系统的健全、控制程序和技术安全等多个方面。

第十二章　商业银行贷款交易与贷款证券化理论与实务

一、单项选择题

1. A　解析：目前，我国整个商业银行的不良贷款率为 1%左右，相对于商业银行 130 多万亿元庞大的金融资产来说，贷款交易理应主要集中在正常贷款的交易上。故本题选择 A。

2. B　解析：贷款交易流程包括：确定交易对手、签署保密协议或承诺、尽职调查、贷款交易日、交易的确认、签署交易执行文件、交易结算、通知借款人。转移资产给 SPV 属于贷款证券化的基本流程之一。故本题选择 B。

3. D　解析：我国贷款交易的限制性规定：(1) 我国的贷款交易必须是整体性交易，不允许拆分式交易。(2) 我国的贷款交易必须是买断式交易，不允许回购或双买断。(3) 我国的贷款交易形式上必须是贷款更新，不允许贷款转让和贷款参与。(4) 我国的贷款交易主体必须是银行金融机构，不允许非银行金融机构参与。(5) 我国的贷款交易必须是无追索权的贷款交易，不允许设有风险自留。(6) 我国的贷款交易主要集中在正常贷款。故本题选择 D。

4. B　解析：资产证券化是 20 世纪 70 年代产生于美国的一项重大金融创新，也是世界金融业发展的一个趋势。故本题选择 B。

5. B　解析：资产证券化又称为"二级证券化"。故本题选择 B。

6. C　解析：根据资产证券化发起人、发行人和投资者所属地域不同，资产证券化可分为境内资产证券化和离岸资产证券化。故本题选择 C。

7. A　解析：根据证券化的基础资产不同，可将资产证券化分为不动产证券化、应收账款证券化、信贷资产证券化、未来收益证券化(如高速公路收费)、债券组合证券化等。故本题选择 A。

8. C　解析：资产证券化最基本的功能是提高资产的流动性；资产证券化交易中的证券一般不是单一品种而是通过对现金流的分割和组合，可以设计出具有不同档级的证券；一般而言，资产证券化产品的风险权重比基础资产本身的风险权重低得多。资产证券化可以解决资产和负债的不匹配问题。故本题选择 C。

9. B　解析：资产证券化的基本运作程序主要有以下几个步骤：(1) 重组现金流，构造证券化资产。(2) 组建特殊目的机构，实现真实出售，达到破产隔离。(3) 完善交易结构，进行信用增级。(4) 资产支持证券的信用评级。(5) 安排证券销售，向发起人支付。(6) 挂牌上市交易及到期支付。故本题选择 B。

10. B 解析：企业证券化属于公司财务的范畴，主要是负债表右边融资，起到盘活存量的作用，企业证券化以公司为融资主体，并且假设公司会永续经营。资产证券化操作属于结构金融的范畴，主要是资产负债表左边融资，资产证券化的作用主要是提供流动性，它以 SPV 为发行主体，在设立的第一天就有明确的终止日期。故本题选择 B。

二、多项选择题

1. AC 解析：1998 年起，部分金融机构开展了贷款转让交易的尝试，主要是国有商业银行处置不良资产以及零星的未到期银行贷款转让活动，参与者主要是商业银行和金融资产管理公司。故本题选择 AC。

2. BD 解析：1998 年 7 月，中国银行上海市分行和广东发展银行上海分行签订了转让银行贷款债权的协议，这是国内第一笔贷款转让业务。2002 年 8 月，民生银行正式获得中国人民银行批准开展贷款转让业务，民生银行上海分行率先与锦江财务公司开展了 2 亿元的贷款受让业务。2003 年 7 月，中国银监会批准光大银行开办贷款转让业务。随后贷款转让业务在银行间逐步开展起来。故本题选择 BD。

3. ABCDE 解析：目前，贷款转让交易系统上的报价和交易尚不活跃，影响其活跃的主要因素有：平台上线时间较短，入市机构仍较少；部分入市机构尚处于制定内部流程阶段，尚未开展业务；参与主体类型单一，市场需求同质化；贷款转让市场面临一定的政策法律限制，财税配套制度尚未健全等。故本题选择 ABCDE。

4. ABCD 解析：通过贷款交易，可以充分发挥金融机构的整体实力，实现优势互补，达到改善信贷资产结构、提高信贷资产流动性、合理配置信贷资金和经营效益最大化等目的。故本题选择 ABCD。

5. AB 解析：证券化是指资金供给者和需求者通过资产证券市场进行投融资的过程。从形式上讲，证券化可分为融资证券化和资产证券化两种。故本题选择 AB。

6. ABC 解析：目前贷款交易主要包括贷款转让、贷款参与和贷款更新三种方式。故本题选择 ABC。

7. ABCDE 解析：资产证券化的主要参与方包括：原始权益人(发起人)、特殊目的机构(SPV 或发行人)、投资者、专门服务商、受托机构、信用评级机构、信用增级机构、承销机构。故本题选择 ABCDE。

8. ABC 解析：根据证券化产品的金融属性不同，可将资产证券化分为股权型证券化、债权型证券化和混合型证券化。故本题选择 ABC。

9. ABCDE 解析：在资产证券化过程中，入池的贷款应具备的理想标准有：(1) 能够在未来产生可预测的、稳定的现金流；(2) 有持续一定时期的低违约率、低损失率的历史记录；(3) 本息偿还可分摊于贷款的整个生命期间；(4) 贷款的初始债务人具有广泛的地域分布和多样化的客户类型分布；(5) 贷款抵押物有较高的变现价值；(6) 贷款具有标准化的合约条款；(7) 资产池中的贷款数量需达到一定规模，且单项贷款在总金额中占比不宜过高。故本题选择 ABCDE。

10. ABCDE 解析：SPV(Special Purpose Vehicle)即特殊目的载体，是专门为资产证券

化成立的具有独立法律地位的实体，是证券化结构设计中最为关键的主体。SPV可以是由证券化发起人设立的一个附属机构，也可以是专门进行资产证券化的机构。发起人(原始贷款银行)同SPV签订合同，将证券化的整个贷款转移给SPV，这种交易必须以真实销售的方式进行。SPV从法律角度完全独立于基础资产的原始权益人，使证券化后的基础资产不会受到原始权益人破产的影响，从而达到"破产隔离"的目的。故本题选择ABCDE。

三、填空题

1. 资产负债管理、贷款流通转让的二级市场、银行有限的贷款资金和无限的贷款需求之间　解析：在贷款交易中，商业银行等金融机构出于资产负债管理的需要，将贷款转移出去，由第三者购买，从而形成了贷款流通转让的二级市场。通过二级市场的运作，解决了银行有限的贷款资金和无限的贷款需求之间的矛盾，形成了良好的资金融通。

2. 《贷款转让交易主协议》　解析：《贷款转让交易主协议》的签署暨贷款转让交易启动仪式的进行标志着我国贷款交易市场初步建立起来。

3. 资金供给者和需求者通过资产证券市场进行投融资的过程　解析：证券化是指资金供给者和需求者通过资产证券市场进行投融资的过程。

4. 一级证券化、初级证券化　解析：融资证券化又称为一级证券化或初级证券化。

5. 内部信用增级、外部信用增级　解析：信用增级的方式很多，通常采用内部信用增级和外部信用增级两种类型。

四、判断题

1. √　解析：贷款交易是银行在不改变原有贷款形态的情况下，将已经发放的贷款直接让渡给第三方的融资行为。

2. √　解析：在贷款全部转让时，该受让行即取代原贷款银行而成为债权关系中的新债权人，出让行脱离债的关系。

3. ×　解析：在贷款参与中，就对外关系而言，贷款出让行名义上仍是贷款银行，参贷行与借款人之间并没有直接的债权债务关系，参贷行对借款人也没有直接追索的权利。因此，即使贷款文件禁止贷款转让，贷款银行仍可以通过贷款参与方式转让贷款及其风险。

4. √　解析：在贷款更新的情形下，通常签署一个三方协议，在这个协议中，借款人解除原贷款银行(贷款出让行)在贷款文件中的义务，由新贷款人(贷款受让行)承接，贷款受让行取得在贷款协议项下的权益。

5. √　解析：美国的资产证券化的次级证券通常由投资银行、对冲基金、保险公司等金融机构购买。

五、名词解释

1. 贷款交易。贷款交易是指商业银行等金融机构之间，根据协议约定交易在其经营范围内自主、合规发放尚未到期信贷资产的融资行为。

2. 贷款转让。贷款转让是指在贷款银行不改变贷款内容的情况下，将其享有的贷款债权让与第三人享有的法律行为。

3. 贷款参与。贷款参与是指为维护贷款人与借款人之间的关系，或为维护借款人的声誉，贷款银行在许多情况下并不希望借款人知悉其在贷款交易市场上转让针对该借款人的贷款。在这种情况下，贷款人可以通过贷款参与的方式将部分或全部的贷款权利义务转让给贷款受让行。贷款银行(出让行)与贷款受让行签署参贷协议，贷款出让行同意将债务人向其支付的本息按照约定的参贷比例转付给贷款受让行(或称为参贷行)，同时参贷行向贷款出让行提供资金并承担贷款的信用风险。

4. 贷款更新。贷款更新也称为主体变更，指贷款出让行与借款人签署贷款协议后，经借款人同意将贷款协议的权利义务一并转移给贷款受让行，由贷款受让行承接贷款协议的贷款人地位，享有权利并负担义务，即贷款协议的所有条件不变，但贷款人发生变化。

5. 融资证券化。融资证券化又称一级证券化，就是指资金的需求者在金融市场上发行有价证券(如股票、债券等)的方式来直接融通资金。融资证券化的实质是由间接金融转向直接金融，它属于增量的证券化，又称为"初级证券化"。

6. 资产证券化。资产证券化又称二级证券化，是指将缺乏流动性但能够产生未来现金流的资产，通过结构性重组，转变为可以在金融市场上销售和流通的证券，并据以融通资金的过程。

六、简答题

1. 简述贷款交易的作用。

答：银行发放贷款后，在客户未出现违约的情况下，银行一般无权要求客户提前偿还贷款，只能坐等客户按期还本付息，资金因而沉淀下来，随着信贷资产存量规模的不断扩大，银行必须吸收更多的增量资金来维持流动性和正常运转，银行吸收存款的任务越来越重，难度越来越大，经营成本也越来越高。为加强信贷资产的流动性，贷款银行可以通过贷款交易的方式分散信贷风险。通过贷款交易，可以充分发挥金融机构的整体实力，实现优势互补，达到改善信贷资产结构、提高信贷资产流动性、合理配置信贷资金和经营效益最大化等目的。具体而言，贷款交易具有以下几个方面的作用：(1) 满足金融管理当局的监管要求。银行可以采取贷款交易方式，调节贷款规模，改善存贷比例和资本充足率，从而满足监管要求。(2) 调整贷款结构。贷款银行如果希望削减特定行业或地区的贷款总额，则可出让有关贷款；如果希望加强对某些行业或地区的贷款，则可以买入相关贷款。(3) 获取投资收益。在贷款交易市场中，银行可能估测某笔贷款在市场中的定价被低估，或者其价格在未来有可能上扬，因此，银行可以低价买进该笔贷款并以高价卖出获得收益。(4) 贷款交易很可能发生在某个银行集团下属银行之间，从而实现包括税收优惠等有利条件。通过贷款交易方式，跨国银行集团能够充分利用跨越不同法律体系或法律制度带来的便利和优势，如避税、规避金融监管以及外汇管制。(5) 完善了贷款市场体系。完整的贷款市场应当包括贷款发放的一级市场和贷款流通转让的二级市场，两者是一个有机联系的整体。贷款交易的产生与发展，给银行贷款提供了变现的途径，增强了银行贷款的流动性，健全了整个贷款市场体系。

2. 简述资产支持证券化(ABS)、抵押证券化(MBS)、担保债务凭证(CDO)的概念及区别。

答：概念：(1) ABS 即资产支持证券化，狭义的 ABS 通常是指将银行贷款、企业应收账款等有可预期稳定现金流的资产打包成资产池后向投资者发行债券的一种融资工具。(2) MBS 即抵押证券化，是以住房或商用房抵押贷款这种信贷资产为基础，以借款人对贷款进行偿付所产生的现金流支撑，通过金融市场发行证券(大多是债券)融资的过程，它是证券化发展史上最早出现的证券化类型。其本质跟 ABS 一样，只是基础资产是房或者商业地产的抵押贷款。(3) CDO 即担保债务凭证，是一种新型的 ABS，指以抵押债务信用为基础，基于各种资产证券化技术，对债券、贷款等资产进行结构重组，重新分割投资回报和风险，以满足不同投资者需要的创新性衍生证券产品。

ABS、MBS、CDO 三者的区别如下：首先，三者的标的资产(即资产池内的资产)不同：(1) MBS 的资产池是房产抵押贷款债权；狭义 ABS 的资产池是房产抵押贷款以外的债权，如：信用卡应收账款、租赁租金、汽车贷款债权等；CDO 的资产池主要是一些债务工具，如：高收益的债券、新兴市场公司债券、国家债券、银行贷款、狭义的 ABS、MBS 等。(2) 债务人数量不同。MBS 或传统的 ABS 的债权人至少有上千个人；CDO 的债权人约为 100 至 200 个，甚至少于 100 个的也常见。(3) 标的资产的相关性要求不同。传统 MBS 或 ABS 的资产讲究一致性，其债权性质、到期日皆为相似，至希望源自同一个创始者，以对现金流量的形态适度地掌握；CDO 的各个债权要求相异性，来源不能相同，同时彼此间的相关性愈小愈好，以达到充分分散风险的要求。

3. 简述抵押证券化(MBS)的优点。

答：MBS 的优点如下：(1) MBS 可以把银行等金融机构持有的流动性较低的长期抵押贷款转化为流动性较高的证券，这极大地改善了这些机构的资产流动性。(2) 如果 MBS 选择的是表外融资形式，就不会增加这些机构的负债率，还可以释放资本金。因此，这种证券化产品很受金融机构的青睐。(3) 由于 MBS 的基础资产是违约率较低的抵押贷款，现金流量比较稳定且易于预测，因此市场投资者也很喜欢这种投资工具。

4. 简述资产支持证券化(ABS)的种类。

答：随着证券化技术的不断发展和证券化市场的不断扩大，ABS 的种类日趋繁多，具体可以细分为以下品种：(1) 贷款类资产，包括无抵押无担保的企业贷款、汽车消费贷款、助学贷款等；(2) 应收账款类资产，包括贸易应收账款、信用卡应收账款、设备租赁费等；(3) 收费类资产，包括公园门票收入、俱乐部会费收入、基础设施收费、保费收入等；(4) 其他资产，如专利、版权、商标使用权收入等。

5. 简述贷款证券化的意义。

答：银行作为信贷资产的发起人和销售者，在证券化中可以获得多方面的直接收益。(1) 银行可迅速获得流动性。贷款证券化使贷款具有可交易性，为银行流动性管理提供了一条新的可选途径。银行将其持有的一部分贷款通过证券化转让出去，提前收回资金，以便安排组织新的、更具投资效益的贷款项目，或使资金周转紧张的问题得以缓解。(2) 银行可以分散和转移信贷风险和利率风险。贷款证券化改变了银行"生成——持有直至到期"的传统信贷经营管理模式，银行能够借助证券化将信贷组合过度集中的违约风险分散转移给众多投资者，避免因持有对特定客户、行业或区域的大量贷款而可能造成的风险累积，优化信贷结构。同时，银行可以利用证券化将中长期贷款提前变现，调整长期资产和短期负债期限非对称地错配所形成的利率风险敞口，向证券投资者转移贷款内含的利率风险。(3) 银行还可利用证券化提高资本充足率。根据《巴塞尔协议》的资本要求，银行在扩张其风险资产的同时须相应增加其资本规模。通过证券化，银行可将部分贷款移至表外，从而减少风险资产，以达到资本充足度的监管要求。(4) 在贷款证券化过程中，银行作为贷款出售方不仅获得上述利益，还可以在出售贷款后继续保持服务者的角色。大型银行往往可以充分发挥在客户信息、市场占有、信用评估、贷款组织、监督管理、追讨未偿债权、资产管理方面的优势，专门从事组织→发放→出售→管理贷款，充当中介服务商，在不占用信贷资金的条件下赚取可观的手续费。

七、论述题

1. 试述贷款交易的流程。

答：贷款交易的流程如下：(1) 确定交易对手。确定合适的交易对手是贷款交易的第一步。在参与贷款交易时，贷款出让行应重视考虑潜在交易对手的资信、信用评估能力以及市场经验等方面因素。同时，潜在受让行所在国的税收制度也是贷款出让行应注意的问题。在成熟的贷款交易市场中，贷款出让行与潜在的贷款受让行通常无需直接寻找交易对手，该工作可由经纪商完成。(2) 签署保密协议或承诺。交易双方就转让主体资格进行确认后，根据情况需要，双方通常须签署保密协议或函件。在贷款交易中必须直视贷款信息以及借款人信息的保密问题。在确定交易对手后，贷款的潜在受让行一般要求贷款出让提供资料，但由此产生保密问题。贷款潜在的受让行如果有权对贷款资料进行审核，那么其必然全面接触借款人的有关信息，导致借款人的信息被披露给潜在的受让行，这可能对借款人的利益造成损害。因此，如果贷款有关文件中借款人未明确授权贷款出让对第三人披露其信息，则贷款出让行应在取得借款人的书面同意后方可向潜在的贷款受让行披露。因此，贷款出让行与贷款受让行要签署保密协议或承诺。(3) 尽职调查(如信用调查、贷款资产评估等)。贷款受让行与贷款出让行签署保密协议后，贷款出让行即可将贷款相关信息及材料(一般为其印件)提供给贷款受让行，受让行随即展开尽职调查。(4) 贷款交易日。倘若贷款潜在的受让行完成有关尽职调查后决定受让或参与贷款出让行提供的贷款，并初步商定贷款交易的方式(如贷款转让或贷款参与等)，则贷款出让行和潜在受让行可约定贷款交易日(T 日)。(5) 交易的确认。交易的确认须经过两个步骤：一是贷款出让行向贷款受让行发出确认函。贷款交易完成后，贷款出让行即在约定的期限内(如 T + 1 日)向贷款受让行发出交易确认函。二是贷款受让行签署确认函后发回执给贷款出让行。贷款受让行如对确认函的内容无异议，则应及时(如在 T + 2 日)签署确认函并发至贷款出让行。(6) 签署交易执行文件。在签署确认书后，出让方要准备交易执行文件，由双方签署。(7) 交易结算。在贷款交易的结算日，贷款的受让行向贷款的出让方支付受让贷款的价款以及费用。(8) 通知借款人。如果采用贷款转让方式，那么在交易完成后，应将贷款交易的转让通知借款人，以便使贷款转让对借款人产生效力；但在贷款参与等情形下，则无须作此通知。

2. 试述我国贷款交易的限制性规定。

答：目前，我国的贷款交易市场正处于起步阶段，入市机构仍较少，交投尚不活跃，贷款交易市场还面临一定的政策法律限制。(1) 我国的贷款交易必须是整体性交易，不允许拆分式交易。2010 年的《中国银监会关于进一步规范银行业金融机构信贷资产转让业务的通知》(以下简称《通知》)规定，银行业金融机构转让信贷资产应当遵守整体性原则，即转让的信贷资产应当包括全部未偿还本金及应收利息，不得有下列情形：一是将未偿还本金与应收利息分开；二是按一定比例分割未偿还本金或应收利息；三是将未偿还本金及应收利息整体按比例进行分割；四是将未偿还本金或应收利息进行期限分割。(2) 我国的贷款交易必须是买断式交易，不允许回购或双买断。《通知》规定，银行业金融机构转让信贷资产应当遵守真实性原则，禁止资产的非真实转移；转出方不得安排任何显性或隐性的回购条款；转让双方不得采取签订回购协议、即期买断加远期回购等方式规避监管。(3) 我国的贷款交易形式上必须是贷款更新，不允许贷款转让和贷款参与。《通知》规定，银行业金融机构转让信贷资产应当遵守洁净转让原则，即实现资产的真实、完全转让，风险的真实、完全转移；信贷资产转入方应当与信贷资产的借款方重新签订协议，确认变更后的债权债务关系；拟转让的信贷资产有保证人的，转出方在信贷资产转让前，应当征求保证人意见，保证人同意后，可进行转让；如保证人不同意，则转出方应和借款人协商，更换保证人或提供新的抵质押物，以实现信贷资产的安全转让；拟转让的信贷资产有抵质押物的，应当完成抵质押物变更登记手续或将质物移交占有、交付，确认担保物权有效转移；银行业金融机构在签订信贷资产转让协议时，应当明确双方权利和业务，转出方应当向转入方提供资产转让业务涉及的法律文件和其他相关资料；转入方当行使信贷资产的日常贷后管理职责。(4) 我国的贷款交易主体必须是银行金融机构，不允许非银行金融机构参与。现阶段，我国的贷款交易主体必须是银行金融机构，包括在中华人民共和国境内设立的商业银行、城市信用合作社、农村信用合作社等吸收公众存款的金融机构及政策性银行。(5) 我国的贷款交易必须是无追索权的贷款交易，不允许设有风险自留。如果是有追索权的贷款交易，受让方保留追索权，转让方应在表外记载，按照或有负债的有关规定管理和披露。《通知》规定，信贷资产转出方将信用风险、市场风险和流动性风险等完全转移给转入方后，应当在资产负债表内终止确认该项信贷资产，转入方应当在表内确认该项信贷资产，作为自有资产进行管理；转出方和转入方应当做到衔接一致，相关风险承担在任何时点上均不得落空；信贷资产转让后，转出方和转入方的资本充足率、拨备覆盖率、大额集中度、存贷比、风险资产等监管指标的计算应当作出相应调整。(6) 我国的贷款交易主要集中在正常贷款。目前，我国整个商业银行的不良贷款率为 1%左右，相对于商业银行 130 多万元亿庞大的金融资产来说，贷款交易理应主要集中在正常贷款的交易上。《通知》中也规定，本通知所称信贷资产是指确定的、可转让的正常类信贷资产，不良资产的转让与处置不适用本通知规定。

3. 试述贷款证券化的基本流程。

答：(1) 确定基础资产并组建资产池。发起人(原始贷款银行)根据自身的融资需求，对其所拥有的能够产生未来现金流的贷款进行清理、估价，确定可以证券化的贷款数额和范围，将这些贷款汇集形成一个资产池。入池的贷款应具备的理想标准是：① 能够在未来产生可预测的、稳定的现金流；② 有持续一定时期的低违约率、低损失率的历史记录；

③ 本息偿还可分摊于贷款的整个生命期间；④ 贷款的初始债务人具有广泛的地域分布和多样化的客户类型分布；⑤ 贷款抵押物有较高的变现价值；⑥ 贷款具有标准化的合约条款；⑦ 资产池中的贷款数量需达到一定规模，且单项贷款在总金额中占比不宜过高。(2) 转移资产给 SPV。SPV 即特殊目的载体，是专门为资产证券化成立的具有独立法律地位的实体，是证券化结构设计中最为关键的主体。SPV 可以是由证券化发起人设立的一个附属机构，也可以是专门进行资产证券化的机构。发起人(原始贷款银行)同 SPV 签订合同，将其拟证券化的整个的贷款转移给 SPV，这种交易必须以真实销售的方式进行。SPV 从法律角度完全独立于基础资产的原始权益人，使证券化后的基础资产不会受到原始权益人破产的影响，从而达到"破产隔离"的目的。(3) 完善交易结构并进行内部信用初评。购买贷款后，SPV 必须与银行、券商等相关机构达成一系列的协议来完善交易结构。SPV 要与原始贷款银行或其指定的银行签订贷款服务合同，并一起确定一家受托管理银行签订托管合同，与银行达成必要时提供流动性的周转协议，与证券承销商达成证券承销协议等。然后，SPV 聘请信用评级机构对该交易结构及设计好的贷款支持证券进行内部信用初评。信用评级机构主要是通过对各种合同文件的合法性与有效性进行审查，从而对交易结构和贷款支持证券给出内部评级结果。(4) 信用增级。如果仅仅以资产池的未来现金流收入作保证，发行的贷款支持证券是难以吸引投资者的。为了吸引更多的投资者、降低融资成本、改善发行条件，SPV 必须对拟发行的证券进行信用增级，来提高证券的信用质量、提高偿付的时间性与确定性等方面的保证。信用增级的方式很多，内部信用增级和外部信用增级是通常采用的两种类型。内部信用增级手段包括：① 破产隔离，通过剔除掉原始权益人的信用风险对投资收益的影响，提高贷款支撑证券信用等级；② 发行优先级证券和次级证券，意在用高收益的次级证券本息交付顺序上的滞后处理，来保证低收益的优先级证券获得本息的优先支付。外部信用增级手段主要是第三方提供担保，即以银行信用证或保险公司保单或其他专业公司提供担保等形式为证券提供担保。(5) 发行评级和证券发售。信用增级后，SPV 再次委托信用评级机构对即将发行的贷款支持证券进行正式的发行评级，并将评级结果向投资者公告，随之由其聘请的证券承销商负责安排销售。证券发行后，发行人从承销商处获取证券发行收入，并向发起人支付购买信贷资产的价款，同时向其聘请的各专业机构支付相关费用。至此，原始权益人的筹资目的已经达到。(6) 现金流管理与本息清偿。贷款支持证券发行后，SPV 要保证基础资产现金流的收回，并按期向证券投资者支付本息。但是 SPV 不直接管理基础资产，SPV 通常委托原始贷款银行继续负责基础资产现金流的日常收取与分配。当资产支持证券到期，证券本息全部被偿付完毕后，如果资产池产生的现金流还有剩余，则应根据合同规定，将节余的现金流返还给发起人，或在发起人和 SPV 间进行分配。至此，证券化交易的全部过程结束。

八、案例分析题

(1) 什么是贷款证券化？

答：贷款证券化是指将银行贷款组建资产池，并以贷款资产池所产生的现金流为支撑和保证发行证券的过程和技术，它属于资产证券化的一种。

(2) 贷款证券化有什么特点?

答：与传统的证券融资相比，贷款证券化是一种结构融资手段、一种流动性风险管理手段、一种表外融资方式、一种只依赖于基础资产信用的融资方式。

(3) 试分析美国次贷危机的成因。

答：美国次贷危机的成因主要有：① 宽松的货币政策。互联网泡沫和"9·11"事件后，为避免美国经济陷入衰退，美国在 2001 年至 2004 年间采取了极为宽松的货币政策，使得大量资金涌入房地产市场，促成美国房地产泡沫，这是美国次贷危机爆发的核心原因。② 信贷条件的放松。随着房价的不断攀升和居民购房热情的高涨，美国金融机构对住房抵押贷款的申请条件越来越宽松。由此出现了大量的次级贷款和超 A 贷款。③ 抵押贷款证券化规模不断扩大。抵押贷款证券化的发展使得这一市场日益庞大而复杂，以购买证券方式投资抵押贷款的市场参与者从数量到种类都在急剧上升，导致投资者的日益分散化。④ 抵押贷款及其证券化市场本身的不规范。在抵押贷款证券化市场的众多参与者中，不乏以追求高额利润为目的的投机者，使得抵押贷款及其证券化市场本身出现了一些不规范的操作。许多放贷机构甚至不要求次级贷款借款人提供包括税收表格在内的财务资质证明；在做房屋价值评估时，放贷机构也更多地依赖计算机程序而不是评估师的结论。在所有人都沉浸在对高额回报的憧憬中时，风险也就悄无声息地膨胀起来。⑤ 市场利率提高。次级贷款和超 A 贷款的一个重要特点是以浮动利率贷款为主。2004 年 6 月，美国进入加息通道，购房者的负债压力迅速上升，很多购房者选择停止还贷、放弃房产。由此导致次级贷款逾期率上升。⑥ 房价的不断下降。在房产高热的时期，次级贷款的风险不高，坏账率也维持在较低的水平。但随着住房市场的持续降温使得购房者出售住房和通过抵押住房再融资变得困难。这直接导致大批次级抵押贷款借款人无法按期偿还贷款，抵押贷款借款人无法按期偿还贷款，次贷推迟偿还和违约率都大幅度上升，使提供次贷而又未实现次贷证券化的住房金融机构出现巨额亏损、倒闭或申请破产保护，从而引发"次贷危机"。

4. 谈谈美国次贷危机对中国的启示。

答：在中国金融自由化、金融证券化和金融全球化的过程中，有效监管和谨慎开放是此次金融危机给我们的最大启示，即：① 谨慎地、恰当地推进金融自由化进程，把握好金融开放的速度；② 在鼓励金融创新和衍生工具发展的同时，要严格加强监管；③ 适当调整货币和财政政策，适时地放松货币政策以稳定经济同时实行较紧的财政政策控制通胀；④ 谨慎而积极地处置对外金融投资。

参 考 文 献

[1] 正堂. 商业银行网点转型赋能[M]. 北京：中国金融出版社，2020.

[2] 刘红林. 商业银行不良资产清收处置[M]. 北京：中国金融出版社，2020.

[3] 巴曙松. 巴塞尔III：金融监管的十年重构[M]. 北京：中国金融出版社，2019.

[4] 殷平生. 商业银行经营管理理论与实务[M]. 西安：电子科技出版社，2021.

[5] 王千红. 商业银行经营管理[M]. 北京：中国纺织出版社，2017.

[6] 李建. 金融学[M]. 3 版. 北京：高等教育出版社，2018.

[7] 彭建刚. 商业银行管理学[M]. 5 版. 北京：中国金融出版社，2021.

[8] 中国人民银行. 中国人民银行决定于 2020 年 4 月对中小银行定向降准，并下调金融机构在央行超额存款准备金利率 [EB/OL]. (2020-04-03)[2022-01-14].
http：//www.pbc.gov.cn/goutongjiaoliu/113456/113469/4002587/index.html.

[9] 李英锋. 提高助学贷款额度，让大学生圆梦更有底气[J/OL]. 北京新青年报：
(2021-09-16) [2022-01-12].https：//article.xuexi.cn/articles/index.html？
art_id=4327836747227556827&item_id=4327836747227556827&study_style_id=feeds_default&t=1631784190345&showmenu=false&ref_read_id=c647aab0-baf3-4a7b-8e0f-5ae2d379ecdf_1642012989057&pid=&ptype=-1&source=share&share_to=dd.

[10] 季健. 商业银行业务与经营[M]. 2 版. 南京：南京大学出版社，2020.

[11] 丁灿. 商业银行治理理论与实践[M]. 南京：南京大学出版社，2017.

[12] 银行业专业人员职业资格考试命题研究组. 银行业法律法规与综合能力(初级)考点精析与上机题库[M]. 成都：西南财经大学出版社，2021.

[13] 周浩明. 商业银行经营与管理[M]. 上海：上海交通大学出版社，2014.

[14] 李春. 商业银行经营管理与实务[M]. 大连：东北财经大学出版社，2015.

[15] 罗斯 P S. 商业银行管理[M]. 9 版. 北京：机械工业出版社，2016.

[16] 曹龙骐. 金融学[M]. 5 版. 北京：高等教育出版社，2016.